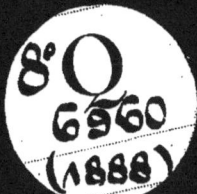

226/73

12

Rodez

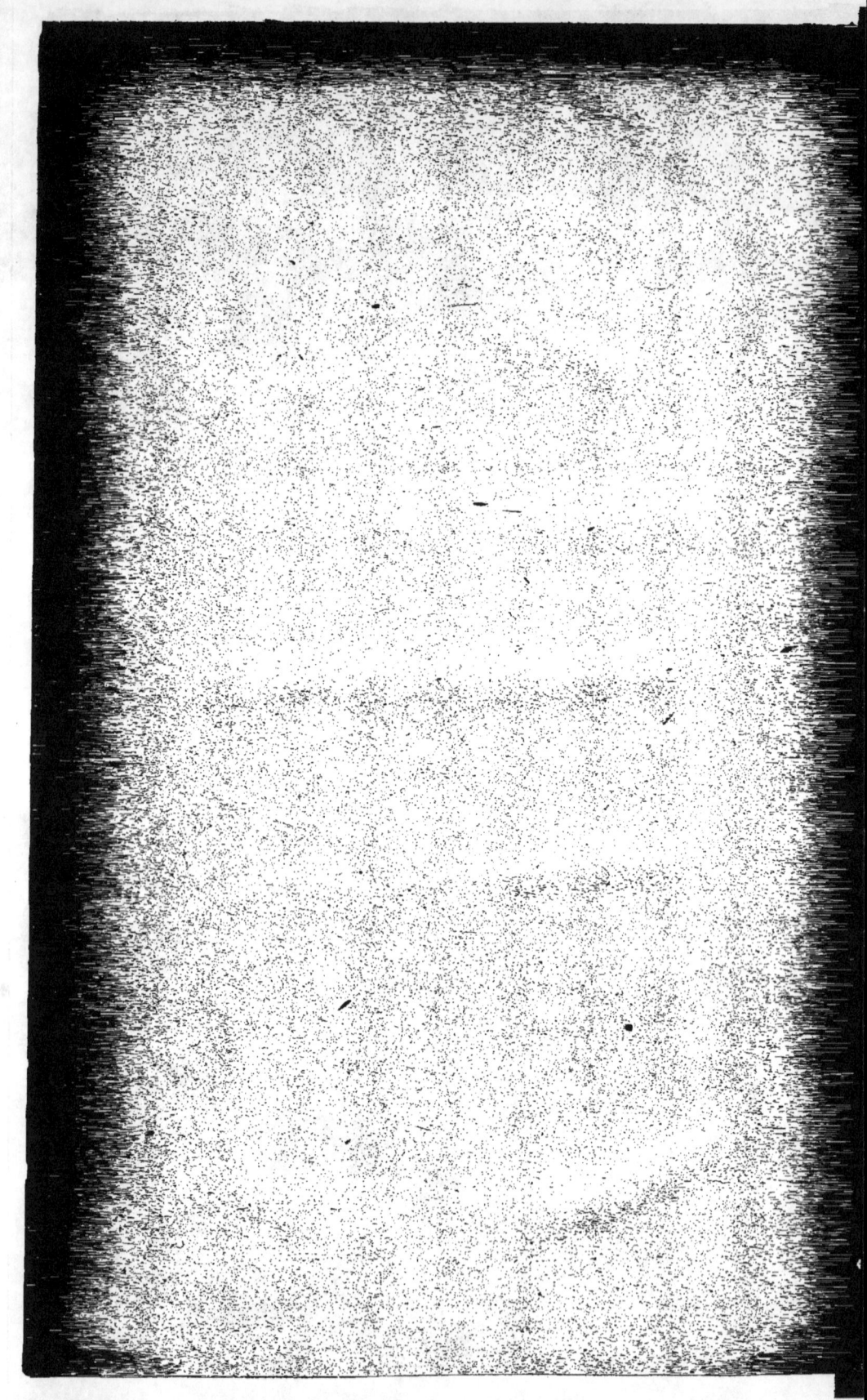

CATALOGUE PARTIEL

DE LA

BIBLIOTHÈQUE

DE LA VILLE DE RODEZ

BELLES LETTRES, SCIENCES ET ARTS, HISTOIRE,
RELIGION, JURISPRUDENCE.

RODEZ
CARRÈRE, IMPRIMEUR-LIBRAIRE

1888

CATALOGUE PARTIEL
DE LA BIBLIOTHÈQUE

DE LA VILLE DE RODEZ

CATALOGUE PARTIEL

DE LA

BIBLIOTHÈQUE

DE LA VILLE DE RODEZ

BELLES LETTRES, SCIENCES ET ARTS, HISTOIRE,
RELIGION, JURISPRUDENCE.

[par Th. de ROUGET]

RODEZ
CARRÈRE, IMPRIMEUR-LIBRAIRE

1888

BIBLIOTHÈQUE

Il n'existait pas, jusqu'à ce jour, à la bibliothèque de la ville, de catalogue où les ouvrages fussent groupés conformément à leur objet. Le lecteur n'avait pour se guider dans ses recherches qu'un répertoire alphabétique où il ne pouvait que très imparfaitement faire le triage des matériaux afférents à son genre particulier d'études.

Dans sa sollicitude si éclairée et si active pour tout ce qui touche aux intérêts de ses administrés, notre sympathique maire M. Louis Lacombe, a songé à combler cette lacune et à mettre promptement le public en mesure de profiter des ressources trop peu connues jusqu'ici de la bibliothèque de la ville.

A cet effet, il m'a chargé de rédiger un catalogue partiel qui pût, en quelques mois, être mis à la disposition du public.

C'est ce que je me suis efforcé de faire de mon mieux, vu le peu de temps dont je pouvais disposer.

Il est vrai qu'il existe un catalogue général, laissé par un de mes prédécesseurs, le distingué bibliographe M. Vésy. Ce travail, qui est encore entre les mains de ses héritiers, demanderait beaucoup de temps et d'argent pour être définitivement ordonné.

C'est pourquoi je me suis borné, sur l'avis de M. le Maire, à profiter des 4,000 fiches rédigées par M. Vésy, que j'ai transcrites, complétées et classées méthodiquement pour former le présent répertoire.

Ce travail, qui n'a point la prétention d'être un catalogue complet, comblera néanmoins une lacune regrettable et rendra quelques services au lecteur, en attendant la publication d'un inventaire définitif des richesses de la bibliothèque.

Th. de ROUGET,
Bibliothécaire de la ville.

SOMMAIRE

BELLES LETTRES

Linguistique	1
Philologie	7
Poésie	14
Théâtre	31
Discours	47
Romans, nouvelles, contes et récits	49
Correspondance	77
Mélanges	79
Bibliographie	83

SCIENCES ET ARTS

Philosophie	88
Pédagogie	106
Politique et économie politique	109
Mathématiques	117
Physique, chimie, mécanique	123
Sciences naturelles	126
Médecine	133
Agriculture	143
Beaux Arts	147
Arts et métiers, commerce, industrie	161
Art militaire	168
Mélanges de Sciences	168

HISTOIRE

Géographie	171
Voyages	175
Histoire universelle	185
Histoire ancienne, grecque, romaine	186
Histoire moderne	188
Histoire de France	193

Chroniques, mémoires et documents historiques.......... 202
Documents relatifs au département de l'Aveyron.......... 214
Biographie.. 216
Archéologie.. 223
Etudes historiques... 229

RELIGION

Histoire de la religion................................... 235
Bibliographie religieuse.................................. 244
Etudes sur la religion. — Livres de piété................ 248
Mythologie.. 259

JURISPRUDENCE........................... 260

MÉLANGES................................ 265

SUPPLÉMENT............................. 268

CATALOGUE PARTIEL
DE LA BIBLIOTHÈQUE

DE LA VILLE DE RODEZ

BELLES LETTRES

LINGUISTIQUE

---

1. **Adler Mesnard.** Grammaire allemande. P. 1874. Gr. in-18.

2. **Alvarez** (Le P. E.). Éléments de grammaire latine. 1863.

3. **Angeli.** Exercices analyt. 1843.

4. **Arnauld et Lancelot.** Grammaire française de Port-Royal. 1809. In-8°

5. **Baret** (Paul). Prononciation du Grec. 1878. In-8°

BELLES LETTRES.

6. **Béronie** (Nicolas). Diction. du patois du Bas-Limousin (Corrèze).

7. **Bescherelle** (aîné). Diction. national (Langue française). 1849. 2 vol. gr. in-4°.

8. — Grammaire nation. Gr. in-8°. 1847.

9. **Blanc** [(S. H.). Nouv. maître d'espagnol. P. Lyon. 1851. In-12.

10. **Boinvilliers.** Diction. des synonymes. In-8°. 1826.

11. **Boiste** (P. C. V.). Diction. universel de la langue française. 1851. In-4°

12. **Bopp.** Gramm. Comparée des langues Indo-Europ. 5 vol. gr. in-8°.

13. **Bouhours** (le P.). Doutes sur la langue française. 1682.

14. — Remarques sur la langue française. 1675.

15. **Bulard.** Grammaire française.

16. **Burnouf** (J. L.). Prem. principes de la grammaire latine. P. 1846. In-8°.

17. **Calepinus** (Ambr.). Dictionarium octolingue coloni. Allob. 1609. In-f°.

18. — Dictionarium. Lugd. 1550. In-f°.

19. **Chabaneau.** Grammaire limousine. In-8°. P. 1876.

20. **Colombié** (V.). Livre de lecture courante. Rodez. Bru 1857. In-16.

21. **Constans.** Chrestomathie de l'ancien français. Paris 1884. In-8°.

22. **Couzinie** (J. P.). Dictionnaire de la langue romano-castraise. Castres 1850. In-4°.

23. **Daniel.** Dictionnaire français-allemand et allemand-français 1877. In-18.

24. **Danzius** (J. Andro). Grammatica-Ebræo-Chaldaïca 1751. 5 vol. P. in-8°.

BELLES LETTRES.

25. **Darribes** (Bernard). Méthode pour apprendre à lire l'espagnol. Tarbes 1864. Gr. in-16.

26. **Delavenne** (le P. Henri). Grammaire de la langue française. 12 édit. P. 1877. In-12.

27. **Dictionnaire** de l'Académie. 1878. In-4°.

28. **Dictionarium** universale latino-gallicum. In-8°.

29. **Diccionario** de la lingua castellana por la Academia española; impreso con el mayor esmero. P. Londou 1824. 2 vol. in-8°.

30. **Diez** (Fréd.). Grammaire des langues romanes. P. 1874. 3 vol. in-8° rel. *Traduction Brachet et Gaston Paris.*

30 bis. **Ducange.** Glossarium mediæ et infimæ latinitatis. 7 vol. in-4°.

31. **Egger.** Notions élém. de grammaire comparée. P. 1856. In-12.

32. **Fénelon.** Réflexions sur la grammaire. 1716.

33. **Freund** (Dr G.) *trad. Thiel.* (N.). Grand dictionnaire de la langue latine. 1858-65.

34. **Galli** (C.). Essai sur la langue des anciens Celtes. St-Etienne. 1843.

35. **Gardin-Duménil.** Synonymes latins. 1777. In-12.

36. **Gantrelle** (J.). Grammaire latine élémentaire. P. 1874. In-8°.

37. **Génin** (F.). Variations du langage français. P. 1845. In-8°.

38. **Gilliéron** (Jules). Petit Atlas phonétique du Valais Roman (Sud du Rhône). P. (s. d.)

39. **Grammaire** hébraïque. In-4°. 1556 Paris.

40. **Guérard.** Leçons d'analyse logique. P. 1855.

41. **Guignes** (de). Dictionnaire chinois, français et latin. P. 1813. In-f°.

43. **Honnorat** (S.-J.). Dictionn. provençal-français. 3 vol. in-4°. 1846.

BELLES LETTRES.

43. **Jaubert** (le Cte). Glossaire du centre de la France. 2 vol. in-8°.

44. **Jullien.** Les éléments matériels du Français. 1 vol. in-8°. 1875.

45. **Jullien** (B.). Thèses de grammaire. 1855. P. In-8°.

46. **Julien** (Stanislas). Méthode pour déchiffrer les noms sanscrits. P. 1861. In-8°.

47. **Lafaye.** Diction. des Synonymes de la langue française. Gr. in-8°.

48. **Lallemant** (MM.). Dictionnaire universel français-latin. P. et Rouen, 1785. Gr. in-8°.

49. **Landais** (Napoléon). Dictionnaire classique de la langue française. P. 1858. Gr. in-16.

50. — Grammaire française. P. 1835. Gr. in-8°.

51. **La Landelle** (de). Le langage des marins. In-8°. 1859.

52. **Larousse.** Petit Dictionnaire. 1881.

53. **Lebeau** (Ch.) Cours de thèmes latins. P. 1853. In-8°.

54. **Lecomte** (Emile) et **Ménétrier.** Exercices français adaptés à la gram. franç. de MM. P. 1856. In-12.

55. **Lescallier.** Vocabulaire des termes de marine anglois-françois et françois-anglois. An VIII. In-8°.

56. **Lespy.** Grammaire Béarnaise. 1 vol. in-8°. 1880.

57. **Lhomond.** Grammaire française. 1816.

58. **Littré** (E). 1° Diction. de la langue française. 4 vol. grand in-4°; 2° supplément.

59. — Histoire de la langue française. 2 vol. in-8°. 1863.

60. **Lorédan Larcher.** Almanach des noms.

61. **Marcel** (J. J.). Diction. français-arabe des dialectes vulgaires. P. 1869 in-8°.

62. **Mary-Lafon.** Tableau hist. de la langue parlée dans le Midi de la France. In-12. 1842.

BELLES LETTRES.

63. **Meidinger** (J. V.). Gram. prat. de la langue allemande et traité de prononciat., par **Eichhoff**. P. 1845. In-8°.

64. **Meigret** (Louis). Grammaire française. 1551.

65. **Ménage**. Dict. étymologique de la langue française. P. 1694. In-folio.

66. **Mercier** (Nicolas). Le manuel des grammairiens. 1711.

67. **Morand** (C) et **Cristoval Pla y Torres**. Dialogues classiq. des langues française et espagnole. P. 1827. In-12.

68. **Müller** (Max). *Trad. Harris (G.) et Perrot (G.)* La science du langage. P. 1867. In-8°.

69. **Nodier** (Charles). Notions élém. de linguistique. In-8°.

70. Nouveau dictionnaire **français-allemand**. 1683.

71. Nouveau dictionnaire **allemand-français** et français-allemand. Strasbourg, 1808. in-16.

72. **Palsgrave** (Jean) et **Du Guez** (Giles). L'éclaircissement de la langue française, suivi de la grammaire de G. du Guez. P. imp. nat. 1852. In 4°.

73. **Perger**. Nouvelle grammaire de la langue espagnole. P. 1704. In-12.

74. **Pihan** (A.-P.). Glossaire des mots français tirés de l'arabe, du persan et du turc. 1847, in-8°.

75. **Pillon** (Alex.). Synonymes grecs. In-8°, 1847.

76. **Poitevin** (P.). Grammaire élémentaire.

77. **Rabinowiez** (J.-M.). *Tr. Clément Mullet*. Grammaire hébraïque. In-8°, 1862.

78. **Raynouard**. Lexique roman. 6 vol. in-8°, 1838.

79. — Grammaire comparée des langues de l'Europe latine. In-8°, 1821.

80. **Restaut** (Pierre). Abrégé des principes de la grammaire française. 1775.

81. **Richelet** (Pierre). *Edit. Wailly (de)*. Dictionnaire portatif de la langue française. (Extrait du grand Richelet.) Lyon, 1775. 2 vol. in-12.

BELLES LETTRES.

82. — Dictionnaire des rimes. 1721.

83. — Le nouveau dictionnaire français. Lyon, 1719. 2 vol. in-f°.

84. **Rozan** (Ch.). Petites ignorances de la conversation. P. (sd) in-12.

85. **Rudelle** (L. de). Conjugating dictionary. London, 1838. In-4°.

86. — Prononciation anglaise. London, 1838. In-4°.

87. — Rhematalogy. London, 1838. In-8°.

88. — Grammar of the french language. London, 1838. In-8°.

89. **Schœbel** (C.). Analogies constitutives de la langue allemande avec le grec et le latin expliquées par le sanscrit. P. 1846. Gr. in-18.

90. **Scot** (Alex.). Apparatus latinæ linguæ. Ludg. 1602. In-folio.

91. **Stephani** (Rob.). Dictionarium latino-gallicum. Lut. 1546. In-folio.

92. **Stephanus** (Rob.). Thesaurus linguæ latinæ. Lugd. 1573. 4 t. en 2 vol.

93. **Stephanus** (Henr.). Thesaurus græcæ linguæ. 1831-65. 9 vol. in-f°.

94. **Tourtoulon** (Ch. de). Etude sur la limite géographique de la langue d'oc et de la langue d'oil. 1 fas. in-8°. 1876.

95. **Truel** (H.). Précis des règles de la prononciation. Toulouse. 1848.

96. **Vayssier** (abbé). Dictionnaire patois-français du département de l'Aveyron. R. Carr. 1879. In-4°

97. **Veneroni.** Il maestre italiano (gram.). In Lione. 1753. In-8°.

98. **Véneroni.** Le maître italien. Lyon. 1771. In-12.

99. **Vergani** (A.). Grammaire italienne. P. 1823. In-12.

BELLES LETTRES.

100. **Vignaus** (de). Diction. des homonymes. In-8°. 1830.

101. **Vossit** (Ger. Joannis). Etymologicon linguæ-latinæ. Lugd. 1664. In-f°.

102. **Wailly** (Noël). Principes de la langue française. P. 1800.

103. — Vocabulaire français. P. 1803.

104. **Wey** (Francis). Révolution du langage en France. P. 1848.

PHILOLOGIE

105. **Amar.** Cours complet de rhétorique. 1811. In-8°.

106. **Artaud.** Fragments pour servir à l'histoire de la Comédie antique. In-8°. 1863.

107. **Barante** (de). Tableau de la littér. française au XVIII siècle. In-12. 1842.

108. — Tableau littéraire du XVIII° siècle. in-12. 1860.

109. **Barrau** (Th.-H.) Méthode de composition de style. 1848. In-12.

110. **Barry.** Rhétorique. 1665. 2 vol.

111. **Bellegarde** (l'abbé de). Réflexions sur l'élégance et la politesse du style. In-12. 1700.

112. **Berger.** Stylistique latin. 1884. In-12.

113. **Blair.** tr. Prévost. Cours de rhétorique. 4 vol. In-8°. 1808.

114. **Bousson de Mairet.** Cours de belles lettres. In-8° 1836.

115. **Bretteville** (l'abbé de). Eloquence de la chaire et du barreau. In-12. 1689.

116. **Chateaubriand.** Essai sur la littérature anglaise. 1836. 2 vol.

117. — Littérature anglaise. 1837. 2 vol. In-8°.

BELLES-LETTRES

118. **Chénier** (M.-J. de). Tableau historique de l'état et des progrès de la littérature française depuis 1789. P. 1834. In-18.

119. **Cicéronis.** Rhétoricor. libri duo. P. In-12. 1611.

120. **Cormenin** (de). Le livre des orateurs. gr. in-8°.

121. **Cuvillier Fleury.** Revue littéraire. 1850-51.

122. **Dacier.** Rapport histor. sur les progrès de l'histoire et de la littér. ancienne. 1810. In-4°.

123. **Damas-Hinard.** La Fontaine et Buffon. gr. in-18. 1861.

124. **Démétrius** de Phalère. tr. Durassier (Ed). De l'élocution. 1875. in-8°.

125. **Demogeot.** Histoire de la littérature. P. 1884. in-8°.

126. — La critique et les crit. en France. 1857. in-12.

127. **Deschanel** (Emile). Le romantisme des classiques. P. 1883.

128. **Destaville** (l'abbé). Le secret du célèbre Roscius, acteur romain, dévoilé. In-12.

129. **Du Bos** (l'abbé). Réflexions critiques sur la poésie et sur la peinture. P. 1740. 4 vol. in-12.

130. **Dufresnoy** (Mme). Beautés de Bossuet. P. (S. D.) In-12. 2 vol.

131. — Beautés de Buffon. P. 1826. In-12.

132. **Du Marsais.** Des tropes. P. 1787. In-12.

133. **Eichhoff.** Tableau de la littérature du Nord au moyen-âge. In-8°.

134. **Enault** (Louis). Littérature (feuilleton).

135. — Littérature des Hindous. Gr. in-8°.

136. **Estienne** (Henri). La précellence du langage français. In-12.

BELLES LETTRES.

137. **Fauriel** (L.). Hist. de la poésie provinciale. 3 vol. in-8°.

138. **Florentino.** Revue des théâtres *(feuilletons)*.

139. **Froment** (Th.) Essai sur l'éloquence judiciaire. In-8°.

140. — L'éloquence et le barreau au XVI° siècle. 1875. In-8°.

141. **Gaillard**. Rhétorique française à l'usage des jeunes demoiselles. P. 1802. In-12.

142. **Gaillard** (G. H.). Rhétorique française. P. 1802.

143. **Gautier** (Léon). Portraits littéraires. P. 1868. Gr. in-18.

143. — Études littéraires pour la défense de l'Église. In-12.

145. **Gautier** (Théoph.) Revue des théâtres *(feuilletons)*.

146. Grammaire et littérature *(Encycl. méthod.)*. 1872-6. 3 vol. in-4°

147. **Geruzez** (E.) Hist. de la littérature franç. pendant la Révolution, 1789-1800. P. 1859. Gr. in-18.

148. — Littérature française. 2 vol. in-12.

149. **Ginguené.** Histoire littéraire de l'Italie. 10 vol. in-8°.

150. **Girard** (l'abbé). Préceptes de rhétorique. Rodez 1816. In-12.

151. **Girard** (Jules). Le sentiment religieux en Grèce. P. 1869. In-8°.

152. **Goya y Muniain** (D. Joseph). El arte poetica de Aristotèles en Castellano *(grec-espagnol)*. 1798. In-4°.

153. **Guyot** (Edme-Gilles). Petit guide des lettres pour 1774.

154. **Hédelin Franc**, abbé d'Aubignac. La pratique du théâtre. 1657.

155. **Helle** (Ernest), Le style (Théorie et histoire). P. 1861. Gr. in-18.

156. **Hervieux** (Léopold). Les Fabulistes Latins, 2 vol. gr. in-8°. Paris 1884.

157. **Histoire littéraire** de la France, par les Bénédictins de Saint-Maur. 15 vol. in-4°, publiée par Cam-Rivain. 1865.

158. **Houssaye** (Arsène). Galerie du XVIII° siècle. 1858. 5 vol.

159. **Hugo** (Victor). Littérature et philosophie.

160. **Isocrate.** Discours sur lui-même. *(Tr. par Cartelier.)* In-8°. 1862.

161. **Janin** (Jules). Revue des théâtres *(feuilleton)*. 1850-51-52.

162. **Jolly** (l'abbé). Remarques critiques sur le dictionn. de Bayle. P. 1748. In-f°.

163. **Jourdain** (Ch.). Histoire de l'Université de Paris au XVII° et XVIII° siècle 1862-66. P. 1862. 2 vol. in-f°.

164. **Jullien** (B). Thèses de métrique et de musique anciennes, de grammaire, de littérature. P. 1861. In-8°.

165. — Thèses de critique et poésies. P. 1858. In-8°.

166. — Thèses de littérature. P. 1856. In-8°.

167. **Jullien.** L'harmonie du langage chez les Grecs et les Romains. 1 vol. in-8°. 1867.

168. — Des formes harmoniques du français. 1 vol. 1876. In-8°.

169. **La Harpe.** Littérature. 19 vol. in-8°.

170. **Lamartine.** Cours familier de littérature. 1852. 2 vol.

171. — Cours familier de littérature. 1856. 2 vol. in-8°.

172. **Le Batteux** (l'abbé). Cours de belles-lettres. P. 1753. In-12 4 vol.

173. **Lebrun** (N.-G.-H.). Essai sur le paysage ou du pouvoir des sites sur l'imagination. P. 1822. In-8°.

174. **Lefranc** (Em.). Abrégé du traité théorique et pratique de littérature. P. 1867. In-12.

BELLES LETTRES. 11

175. **Lemercier** (N.). Cours de littérature. 4 vol. in-8°. 1817.
176. **Lenient** (C.). La satire en France, moyen-âge. 1859.
177. **Lireux** (Aug.). Revue des théâtres (*feuilleton*).
178. **Louandre** (Ch.). Histoire de la littérature par les monuments. 1864.
179. **Luchaire**. Recueil de textes de l'ancien dialecte gascon. 1 vol. in-8°. 1880.
180. **Marmontel**. Littérature. 4 vol. in-8°. 1825.
181. **Maron** (Eug.). Hist. litt. de la Révolution. 1856. In-12.
182. **Matter** (J.). Histoire de l'Ecole d'Alexandrie. 3 vol. in-12. 1840.
183. **Maury** (cardinal). Essai sur l'éloquence de la chaire. 2 vol. in-12. 1810 et 1845.
184. **Mémoires** d'un homme de lettres. 1 vol. in-8°. 1825.
185. **Merlet** (G.). Etudes littéraires. 2 vol. in-8°. 1883.
186. **Mesnard** (P.). Histoire de l'Académie française. In-12. 1857.
187. **Mézières** (A.). Prédécesseurs et contemporains de Shakespeare. P. 1881.
188. **Mourier** (Ath.). Notice sur le doctorat ès-lettres, P. 1855. In-8°.
189. — Notice sur le doctorat ès-sciences, P. 1856. In-8°.
190. **Naudet** (J.). Essai de rhétorique. P. 1816. In-12.
191. **Nisard**. Histoire de la littérature française. 4 vol. in-8°. 1849.
192. **Noël** (Fr.). Gradus ad Parnassum. P. 1818. Gr. in-8°.
193. **Noël et Delaplace**. Leçons de littérature (Prose et vers). 2 vol. in-8° 1811.
194. **Notes** sur la Métrique arabe. In-8°. 1878.

BELLES LETTRES

195. **Observations** sur le Génie du Christianisme, par un groupe de littérateurs. In-8°. Paris. 1817.

196. **Patin.** Études sur les tragiques grecs (Euripide, Sophocle et Eschyle). 4 vol. 1866.

197. **Pélisson** (Paul). Histoire de l'Académie française. 1672.

198. **Poitou** (Eug.). Du roman et du théâtre contemporains. In-12. 1858.

199. **Potiquet** (Alfred). Institut national de France. In-8°. 1871.

200. **Quicherat.** Traité de versification française. In-8°. 1850.

201. **Quintilien** (*édit. Dosson*). De Institutione oratoria. P. 1884. In-12.

202. **Janin** (Jules). Revue des théâtres (*feuilleton*).

203. **Revue** des langues romanes. *En cours de publication.*

204. **Sabatier,** de Castres. Les trois siècles de la littérature française. 1779. 4 vol.

205. **Sabatier** (l'abbé L.). Éloge de Mairan, de l'Acad. française. P. 1842. In-8°.

206. **Sainte-Beuve.** Portraits littéraires. 3 vol. in-12. 1876.

207. — Portraits de femmes. P. In-12. 1876.

208. **Sainte-Beuve** (C.-A.). Étude sur Virgile. P. 1857. Gr. in-8°.

209. **Saint-Marc Girardin.** Littérature dramat. 5 vol. in-12. 1843.

210. **Samson.** L'Art théâtral. P. 1868. 1 vol. gr. in-8°.

211. **Schoell.** Histoire de la littérature romaine. 4 vol. in-8°. 1815.

212. — Histoire de la littérature grecque. 8 vol. in-8°. 1823.

213. **Scoppa** (l'abbé). Beautés poétiques de toutes les langues. In-8°. 1816.

BELLES LETTRES.

214. **Somaise** (de). Le dictionnaire des précieuses. Bibl. elzévir. P. 1856. In-16. 2 vol.

215. **Sommer** (E.). Manuel du style épistolaire. P. 1849. Gr. in-18. 2 vol.

216. **Staaff** (colonel). Littérature française. 6 volumes in-8°. 1873.

217. **Taillefer.** Tableau historique de l'esprit et du caractère des littérateurs français. Versailles et P. 1785. 4 vol. in-8°.

218. **Taine** (H.). Littérature anglaise. 5 vol. in-12. 1866.

219. — La Fontaine et ses fables. In-12. 1861.

220. **Thiébault** (Dieudonné). Traité du style. 2 vol. in-8°. 1797.

221. **Thomas.** Œuvres. Nouv. édit. rev. etc. P. 1792. In-12. 4 vol.

222. **Tissot** (P. F.). Littérature française. 1835. 2 vol.

223. **Vapereau.** Diction. univers. des littératures. Gr. in-8°. 1876.

224. **Vaysster** (l'abbé). Nouvel essai de rhétorique. Toulouse 1863. In-12.

225. **Verniolles** (l'abbé) Hist. de la littérature grecque. In-12. 1874.

226. — La lecture et le choix des livres. In-12. 1877.

227. **Veuillot** (Louis). Molière et Bourdaloue. In-12. 1877.

228. **Villemain.** Cours de littérature (moyen âge) 2 vol. in-8°.

229. — Cours de littérature française (XVIII° siècle). 4 vol. in-8°.

230. — Eloquence chrétienne au IV° siècle. P. 1851. In-8°.

231. — Littérature ancienne et étrangère. P. 1847. In-8°.

14   BELLES LETTRES.

232. — Souvenirs contemporains d'histoire et de littérature. P. 1855. 2 vol. In-8°.

233. **Voltaire.** Commentaires. 3 vol. In-8°. P. 1832.

POÉSIE

234. **Alletz.** Nouveaux ornements de la mémoire, ou morceaux choisis dans les plus célèbres poètes français. P. 1805. in-12 bas. fat.

235. **Almanach du sonnet** pour 1874. Sonnets inédits publiés avec le concours de 150 sonnettistes. Aix 1874. Grand in-16 br.

236. **Almanach des muses** pour 1777-1783-1784.

237. **Alvernhe** (L.). Los flous de mountagno, f°. Rodez 1880.

237 bis. **Amadas** et **Ydoine**, poème d'aventures, publié par Hippeau. P. 1863. Petit in-8°.

238. **Anacreontis.** Carmina, editio Brunckie, tr. par Bins de Saint-Victor. In-8° rel. 1818.

239. **Anacréon** tr. Lefevre (Mlle). Imitation des odes d'Anacréon en vers français. P. 1754. In-12 br.

240. **Arioste** (L.). Orlando furioso di Lodovico Ariosto. In Parigi 1803. 4 vol. in-8° v. m. fil. tr. a. fig. av. la lettre.

241. **Arioste.** Orlando furioso. 1786. 5 vol. Cazin in-18.

242. **Arioste.** *Tr. Mazuy.* Rolland furieux. 1839. 3 vol. in-8°. rel.

243. **Aristophane.** *Tr. par Artaud.* 2 vol. in-12 rel. 1845.

244. — Scènes (en vers) Traduction par Fallex (Eug.). In-12 br. 1859.

245. **Armagnac** (Vte B. d'). Poésies. 1880. Gr. in-16 br.

246. **Arnault** (Ant.-Vinc.). Fables. 1827. 1 vol. in-18 rel.

247. **Aubigné** (Agrippa d'). Les Tragiques. Biblioth. elzévir. P. 1857. In-16 pe.

248. **Baour-Lormian.** Veillées poétiques (s. d.). In-18 rel.

249. **Barthélemy.** Némésis. 1 vol. in-12. 1870.

250. **Batteux** (l'abbé). Chefs-d'œuvre d'éloquence poétique *(avec supplément)*. Lyon et P. 1829. In-12.

251. **Belleau** (Remy). Œuvres complètes. Bibli. elzév. P. 1867. In-16 percale. 3 vol.

252. **Béranger** (P.-J. de). Œuvres complètes. 1845. 2 vol. in-12 br.

253. — Chansons inédites. P. 1828. in-12.

254. **Berchoux** (J.). La gastronomie, poème. Suivi des poésies fugitives de l'auteur. P. 1805. In-18.

255. **Bernis** (Cardin. de). Œuvres. P. Stéréot d'Héran. 1803. 2 t. en 1 vol. in-12.

256. **Bertin** (Ant.). Œuvres complètes. 1821.

257. **Bessières** (Léon). Les poésies du foyer. Nantes 1882.

258. **Besseu** (l'abbé J.). Merles et Fauvettes. 1877. Gr. in-16.

259. **Bladé** (Jean-Fr.). Poésies populaires en langue française recueillies dans l'Armagnac et l'Agenais. 1879.

260. **Boileau-Despréaux** (*Comm. Amar*). Œuvres poét. P. 1829. In-12 cart.

261. — Satires, Le Lutrin. 1867.

262. **Bondi** (Clem.). Poésie di Clemente Bondi. In Nizza 1785. In-12.

263. **Byron** (Lord). *Tr. Richot* (*Amédée*). Œuvres complètes. P. Furne. 1842. Gr. in-8° jés. fig.

264. **Cabrol** (Elie). La première absence. 1 vol. in-8°. 1872.

BELLES LETTRES.

265. **Camoëns.** Les Lusiades. *Tr. Millié (J.-B.-J.).* P. Charp. 1844. Gr. in-18 br.

266. — Les Lusiades. Gr. in-18. 1841.

267. **Canino** (Le Prince de). Charlemagne ou l'Eglise délivrée. P. 1815. 2 vol. in-8°. rel. (*Poème*).

268. **Canonge** (Jules). Varia (poésies). P. 1857. In-32 br.

269. **Cantel** (Henri). Les poèmes du souvenir. Paris. Charpentier 1876. Gr. in-18.

270. **Carmina illustrium** poetar. italor. Pet. in-12.

271. **Catulle et Gallus.** *Tr. Noël (Fr.).* 2 vol. in-8° rel. 1803.

272. **Catulle, Tibulle, Properce.** Veillées de Vénus. *Tr. Denanfrid. Tr. Mirabeau. Tr. Delongchamps.* P. 1845. Gr. in-16.

273. **Cei** (E. G.). Dieu et patrie, poésies. P. 1847. Gr. in-18. br.

274. **Chanson de Roland**, publiée par Francisque Michel. P. 1869. In-12.

275. **Chaulieu.** Œuvres. La Haye 1777. 2 vol. petit in-12.

276. **Chénier** (M. J.). Poésies diverses. 1818. In-8°.

277. **Chénier** (André). Œuvres complètes. 1819. In-8°.

278. **Chevallier** (Pierre). Fables. 1880.

279. **Claudien** *(Tr. de La Tour).* Œuvres complètes. (Trad. en fr. pour la 1re fois). P. an 6-1798. In-8°. 2 vol.

280. **Colet** (Louise). Penserosa. Poésies. 1840. In-8°.

281. COLLECTION DES POÈTES CHAMPENOIS :

  1° **Coquillart** (Guill.). 2 vol.;

  2° **Machault** (G. de). 1 vol.;

  3° **Deschamps** (Eu.) 2 vol.;

  4° **Aubry le Bourgoing** (roman du Chevalier de la Charette). 1 vol.

BELLES LETTRES. 17

   5° **Chrétien** de Troye (roman). 1 vol.;

   6° **Phil. de Vitry** (œuvres). 1 vol.;

   7° **Bertrand de Bar** (Girard de Viane). 1 vol.;

   8° **Huon de Méry** (Tournoément de l'Antechrist). 1 v.

282. — 9° **Le Clère de Troyes**;

  10° **Thibault de Champagne**;

  11° **Chansonniers**;

  12° **Tarbé**. Recherches sur les patois de Champagne. 2 volumes;

  13° **Agnès** de Navarre-Champagne (poésies);

  14° **Leduc**. Roman de Fonique de Condie.

  15° **Roman** des quatre fils Aymon;

  16° **Blondel** de Necle. Ensemble 19 vol. br. in-8°.

283. Collection d'Héroïdes, par Dorat. 1771. 10 volumes in-18. Liège.

284. **Collerye** (Roger de). Œuvres. Biblioth. elzévir. P. 1855. In-16.

285. **Coppée** (F.) Poésies. 1864-69-74-78. P. In-12.

286. **Coquillart**. Œuvres. Bibl. elzévir. Paris 1857. In-16. 2 vol.

287. **Courdounié Mogistrat** (lou). Cant premié. O Boulougno, chas Crespinian. Gnaf. MDCCLXXV.

288. **Dante** *(tr. par Artaud de Montor).* (Divine comédie.) 1° Enfer, 3 vol. 2° Purgat., 3 vol. Paradis, 3° 3 vol. 9 vol. in-32. 1828.

289. **Delavigne** (Casimir). Œuvres complètes. 1836. Gr. in-8°.

290. **Delille**. Œuvres. 1805-21. 17 vol. gr. in-18.

291. — Œuvres (pant. litt.). Gr. in-8°. 1837.

292. — Œuvres choisies. In-12. Br. 1868.

2

BELLES-LETTRES

293. **Delmas** (Pierre). Ars artium (*poème latin avec la traduction sur les devoirs des pasteurs*). P. et Montauban. 1786. In-12.

294. **Desbordes-Valmore**. Pauvres fleurs (*poésies*). 1839. In-8°.

295. — Poésies. 3ᵉ édit. rev. et corr. P. 1822. In-18.

296. **Deshoulières** (Mme et Mlle). Œuvres. 1764. 2 vol. in-18.

297. **Dorat**. Fables ou allégories philosophiques. La Haye. 1772. In-8°.

298. **Du Cereeau** (le R. P.). Poésies diverses. P. 1772. In-12. 2 vol.

299. **Ducis** et **J. Chénier**. Œuvres. Gr. in-8°. Rel.

300. Floire et Blanceflor. Poème du XIIIᵉ siècle, publié par Edelestand du Méril. Bibl. elzevir. P. 1856. In-16.

301. **Ercilla** (Don Alonso de). La Araucana. Madrid. Imp. nacional. 1886. 2 vol. gr. in-16.

302. **Esménard** (J.). La navigation, poème. 2 vol. in-8°. P. 1805.

303. **Fabié**. La poésie des bêtes. 1879.

304. **Fajole** (G. de). Le chasseur aveyronnais, *en vers*. E. Carrère 1869. In-8°.

305. **Favre** (J.-B.). Obras patouézas. 1839.

306. **Ferment** (Alex.). Mes ébauches, *poésies*. 1873. Grand in-18.

307. **Fernandez** (Lucas). Farsas y églogas al modo y estilo pastoril y castellano. Madrid impr. nacional 1867. Gr. in-16.

308. **Figuier** (Mme Louis). Les sœurs de lait. Feuilleton 1860.

309. **Firminhac** (l'abbé). Conques, *poème de sainte Foy*. 1879.

310. — Poèmes aveyronnais. 1874.

311. — Poésies bibliques. Bordeaux 1860 in-12.

BELLES LETTRES. 19

312. — Poésies catholiques. Bordeaux 1873. In-8°.

313. **Fleurentin** (Mlle Zoé). Nouveau livre de compliments en vers et en prose. P. In-18 br.

314. **Florian.** Fables illustrées. Gr. in-8°.

315. — Fables. Nouv. édit. illustrée par Pauquet et H. Emy. P. (s. d.). In-12.

316. **Fredro.** Vœux de jeunes filles. In-12. Paris. 1879.

317. **Gaullyer.** Recueil de pièces de vers. 1722. In-12.

318. **Gaultier-Garguille.** Chansons. Bibl. elzévir. P. 1858. In-16.

319. **Gautier** (Léon). Epopées françaises. 3 vol. in-8°. P. 1865.

320. **Gay** (Mlle Delphine). Nouveaux essais poétiques. P. 1826. Gr. in-18.

321. **Gérard de Rossillon.** Chanson de geste. Bibl. elzévir. P. 1856.

322. **Gesner.** Œuvres. Paris. Dufart, 2 vol. in-8°.

323. — Œuvres complètes. Lausanne (s. d.). In-16.

324. **Gilbert.** Le dix-huitième siècle. Satire à M. Fréron. Amat. 1776. In-8°.

325. — Mon apologie. *Satire.* La Haye. 1778. In-8°.

326. — Œuvres de philosophie de Sans-Soucy. Berlin. 1760. In-8°.

327. — L'art de la guerre. *Poème.* Hid. 1760. In-8°.

328. — Œuvres. P. 1811. In-18.

329. **Goëthe.** Hermann et Dorothée. (B. N.)

330. **Goszczynski.** Château de Kaniow. Nice. In-12. 1878.

331. **Goudelin.** Le Ramelet-Moundi. 1638.

332. **Gras** (Félix). Li Carbounié (*poème*). Avignon. In-8°. 1876.

BELLES LETTRES.

333. **Grégoire de Nazianze.** *Tr. Perrodil (Victor de).* Poésies catholiques. P. 1841. Gr. in-16.

334. **Gresset.** Œuvres. Nouv. édit. rev. Rouen. 1785. 2 t. en 1 vol. in-12.

335. — Edit. Beauvillé (V. de). Poésies inédites de Gresset. In-8° br. 1863.

336. — Vert-Vert. B. N. 1878.

337. **Gringoire.** Œuvres complètes. Bibl. elzévir. P. 1858-77. 2 vol. in-16.

338. **Hauréeau.** Mélanges poétiques d'Hildebert de Lavardin. 1882.

339. **Hésiode.** Œuvres. *Fresse-Montval.* In-12. 1843.

340. **Hippeau** (C.). Poèmes français du XIIe au XIIIe siècles. *Glossaire.* In-8°.

341. **Homère** (*tr. par Mme Dacier*). 1° Odyssée, 1 vol. ; 2° Iliade, 1 vol. 2 vol. in-12. 1845-1846.

342. — (*Tr. par Bitaubé*). 1° Iliade. 1820. 4 vol. in-18 ; 2° Odyssée, 4 vol. in-18.

343. — *Tr. Pierron (Alexis).* Iliade. 1869. 2 vol. in-8°.

344. **Horace** *tr. Binet (René).* P. 1802. 2 vol. p. in-12.

345. — *Tr. Collet (Ferdinand).* Œuvres. P. 1845. Gr. in-16.

346. — *Tr Delort (le G^{al}).* Odes d'Horace, traduites en vers français. P. 1831. In-8°.

347. — Odes (*Traduct. en vers par Potier*). P. 1867. Gr. in-18.

348. — *Tr. Panckouke.* Œuvres comp. In-12 (s. d.).

349. — *Tr. Lahausse (Victor de).* Essai de traduction en vers des plus belles odes d'Horace. P. 1836. In-8°.

350. **Hugo** (V.). L'année terrible. 1 vol. (s. d.). In-8°.

351. — Les chansons. P. 1 vol. (s. d.). In-8°.

352. — Les Châtiments. P. In-8°. 1882.

353. — Les feuilles d'automne. P. In-8°. 1882.

BELLES LETTRES.

354. — Les contemplations. P. 2 vol. 1882. In-8°.

355. — Légende des siècles. P. 4 vol. in-8°. 1883.

356. — Odes et ballades. P. 2 vol. in-8°. 1882.

357. — Voix intérieures. P. in-8°. 1882.

358. **Jasmin** (poésies). Las papillotos, etc. In-12. 1860.

359. **Jourdan** (Mme Victorine). La virginéide, ou histoire de la Vierge immaculée mère de Dieu. Poème en 24 chants. P. 1858. Gr. in-18.

360. **Klopstock**. *Tr. Carlowitz (Mme de)*. La Messiade. In-12. 1853.

361. **La Chanson** du chevalier au cygne et de Godefroid de Bouillon, publiée par Hippeau. 2 vol. p. in-8°. P. 1874.

362. **La Farre** (de). Poésies. An III. In-18.

363. **La Fontaine**. Contes. 2 vol. in-8°. 1824.

364. — Contes et nouvelles. 1787.

365. — Fables. 2 vol.

366. — Fables (*édit. Walckenaer*). In-8° rel. 1838.

367. — Œuvres diverses. 1804.

368. — Œuvres inédites (P. P. Lacroix). P. 1863. In-8°.

369. — Psyché. 1793. 2 vol. in-18 rel.

370. — Théâtre.

371. **Lamartine**. Harmonies poétiques.

372. — Jocelyn.

373. — La chute d'un ange.

374. — Méditations poétiques.

375. — Poésies inédites. 1881.

376. — Recueillements poétiques.

377. **La Porte** (l'abbé de). Le portefeuille d'un homme de goût. (Poètes.) Amst. 1770. 3 vol. in-12.

BELLES LETTRES.

378. **Layral** (l'abbé J.). Roc-Amadour. Poésies historiques. Roc-Amadour, Cahors et P. 1861. In-8°.

379. **Lebrun** (Ecouchard). *Edit Ginguené.* 1811. 4 vol. In-8°.

380. **Legrand** (Em.). Chansons populaires grecques. 1873. In-8°.

381. **Lenartowiez.** Poésies lyriques. In-12. Paris 1881.

382. **Léonard.** 1° Œuvres. — 5° édit. Avignon. An III, 2 vol. in-18; 2° Tasso. Aminta. P. stéor. 1800 en 2 vol. in-18.

383. **Le Kalévala**, épopée nationale de la Finlande et des peuples Finnois. *(Trad. par Léouzou le Duc).* In-8°. P. 1879.

384. **Leroux-de-Lincy.** Recueil de chants historiques français (XII°-XVIII° siècle). P. 1841-42. 2 vol. gr. in-8°.

385. **Le Sage.** Les folies du sieur Le Sage de Montpellier. In-8°. 1874.

386. **Lescurel** (Jehannet de). Chansons, ballades et rondeaux. Bibli. elzévir. P. 1855. In-16.

387. **Linan de Riaza.** Rimas y poesias selectas Zaragoza. 1876. 3 vol. in-8°.

388. **Lorris** (Guil. de) et **J. de Meung.** Roman de la rose. 2 vol. in-12.

389. **Loyson** (Charles). Le bonheur de l'étude, discours en vers et autres poésies. P. 1817. In-12.

390. **Luzel** (F. M.). Chants populaires de la B. Bretagne. Lorient 1868. 2 vol. in-8°.

391. **Malezewski.** Marie Gertrude. In-12. 1878.

392. **Malfilâtre.** Œuvres complètes. P. 1805. In-18.

393. — Poésies. P. 1825. In-16.

394. **Malherbe.** Poésies. *Comm. de A. Chénier.* In-12. 1842.

395. **Manzoni.** Tr. De Latour. Théâtre et poésies. In-12. 1841.

BELLES LETTRES. 23

396. **Matfre Ermengaud**. Le Bréviari d'Amor, suivi de la Lettre à sa sœur. Introduction par Azaïs. 2 vol.

397. **Michaud**. Le printemps d'un proscrit suivi de Mélanges en prose. 5ᵉ édit. augm. de l'Enlèvement de Proserpine, poème. P. 1808. Gr. in-18.

398. **Mickiewicz**. Œuvres diverses. In-12. Paris. 1880.

399. — M. Thadée. In-12. 2 vol. Paris. 1877.

400. **Milton**. Le Paradis perdu, trad. par Châteaubriand. P. 2 vol. in-8°. 1836.

401. **Mistral** (Frédéric). Mireille, poème provençal. P. Charp. 1868. Gr. in-18.

402. **Monti** (Vincent). Le 21 janvier 1793 (poème). 1817.

403. **Moreau Hégésippe**. Œuvres. In-12. 1860.

404. **Musset** (Alfred de). Poésies. P. 1858-9. 2 vol. gr. in-18.

405. **Niemcéwicz**. Œuvres diverses. In-12. Paris 1880.

406. **Nodier** (Charles). Poésies. 2ᵉ édit. In-18. P. 1829.

407. Ode sur le retour des Bourbons. Paris 1814.

408. **Odyniec**. Ballades-Légendes. In-12. Paris 1880.

409. **Orléans (Charles d')**. *(trad. M. Gerichard.)* Poésies. 1842.

410. **Ossian**. Œuvres complètes. *Trad. Lacaussade.* P. 1842. Gr. in-18.

411. **Ovide**. Les Métamorphoses. Trad. en vers français. Nouv. édit. rev. P. Impr. de Caprelet 1803. In-12.

412. — *(tr. par Malfilatre.)* Métamorphoses. 3 volumes in-8°. 1622.

413. **Owen**. Epigrammes choisies. Trad. Hérivalant. Lyon 1819. Gr. in-18.

414. **Palissot**. Mort de Voltaire. P. In-18. 1780.

414 bis. — La Dunciade. In-12. P. 1776.

415. **Partonopeus** de Blois. P. 1834. 2 vol. gr. in-8°.

BELLES LETTRES.

416. **Perse.** Satires. 1761. Amsterdam.

417. **Pétrarque** Tr. *Gramond (de)*. Poésies. In-12. 1842.

418. — Le rime de Francesco Petrarca. Londra (Cazin). 1784. 2 vol. in-18.

419. — Tr. *Poulenc*. 1877. 2 vol. gr. in-18.

420. **Peyrot** (C.). Œuvres patoises complètes. 4ᵉ édit. Millau. 1823. In-8°.

421. **Peyrot** (Claude). Tr. *Peyramale (A.)*. Les Saisons, poèmes patois, trad. en vers français. Paris 1862. Gr. in-16.

422. **Peyrot.** Œuvres diverses. 1788.

423. **Peyrottes** (J.-A.). Pouésias patouèzas del Tarallé. Montpellier. 1840. In-8°.

424. **Phèdre.** Edit. *Berger de Xivray*. P. Didot 1830. In-8°.

425. — Fables. Tr. *Hervieux*. In-12. Paris 1885.

426. **Pindare.** Trad. *Tourlet*. Odes (texte et tr.). In-8°. 1818.

427. **Piron.** Œuvres. 1 vol. in-12. 1857.

428. **Poètes français.** Panth. litt. 2 vol. 1838. In-4°.

429. Les **Poètes** illustres de la **Pologne** au XIXᵉ siècle. Cycle Galicien. 1 vol. Cycle Lithuanien. 2 vol. Cycle Ukrainien. 1 vol. Dernière série. 1 vol. Nice 1878.

430. Les **Poètes** illustres de la **Pologne** au XIXᵉ siècle. Slowacki, Krasiaski. 1 vol. Mickiewicz. 2 vol. Paris 1876.

431. **Pol.** Œuvres diverses. In-12. Paris 1879.

432. **Pope.** La boucle de cheveux enlevée. *(Trad. par M. L. D. F. Despreaux)*. P. 1745. In-12.

433. — Essai sur la critique. P. 1745. In-12. *(Trad. par M. L. D. F. Despréaux)*.

434. **Properce.** *(Trad. Delongchamp)*. Élégies. 1802. 2 vol. in-8°.

BELLES LETTRES.

435. **Racan.** Œuvres complètes. 1857. 2 vol.

436. **Racine** (Louis). La Religion, poème. 1742. Gr. in-8°.

437. **Rapin** (le P.). Les Jardins (latin fr.). Paris an XI (1802). In-8°.

438. **Raoul** le trouvère. Messire Gauvain, *poème de la Table Ronde*, publié par Hippeau. P. 1862. Pet. in-8°.

439. **Raynouard.** Choix de poésies des troubadours. 6 vol. in-8°. 1821.

440. **Reboul** (G.). Poésies nouvelles. In-12. 1846.

441. Recueil de l'Académie des jeux Floraux. 1866 et 1867. 2 vol. in-8°.

442. **Renauld** de Beaujeu. Le Bel Inconnu, *poème de la Table Ronde*, publié par Hippeau. P. 1860. Pet. in-8°.

REVUE DES DEUX MONDES

(Sous ce titre sont compris les n°˚ 443 à 487.)

443. **Augier** (Emile). Pastorales.

444. **Autran.** Le médecin de Luberon. — Les soldats. — Dans le Luberon. — Scènes de la vie rurale. — Côtes de Provence. — Maritima.

445. **Barbier** (Auguste). Erostrate au temple d'Ephèse. — Hymne à la famille. — La charge de Wengrow. — Silva. — Rimes de voyage. — Croquis satiriques. — Devant l'ennemi; les fils des Huns ; à l'Allemagne ; Macte animo.

446. **Baudelaire** (Charles). Les fleurs du mal.

447. **Béranger** (P.-J.). Les pigeons de la bourse.

448. **Blaze de Bury** (H.). Stances à la princesse Marie. — Franz Coppola. — Versailles. — La légende du Louvre. — Stances satiriques. — La veillée du Prince. — High Life.

449. **Borelli** (Dé). La fille du Cygne. — Plage antique. — Lustration. — Sous les lis.

450. **Brizeux** (A.). Les conscrits de Plô-meur. — Les batelières de l'Odet. — Féeries. — Les écoliers de Vannes. — Job et Jonnenn. — La Baie-des-Trépassés. — Poésies de voyages. — Lieds bretons. — Lina. — La veuve de Carré. — Le vieux Rob. — Les pêcheurs. — Les bains de mer. — Histoire d'Armorique. — Poétique nouvelle. — Histoires poétiques. — La lampe de Tullie ; la seconde vue. — Symboles et légendes.

451. **Cantel** (H.). Stances à Alfred de Musset. — L'amour et la mort. — La nuit des morts. — Nuits d'Orient.

452. **Chafenet** (El). Résurrection.

453. **Coppée** (François). Le liseron. — La tête de la sultane. — Le naufragé. — Les Parias. — La marchande de journaux. — L'enfant de la balle. — Les boucles d'oreilles. — Poèmes magyars d'après Petœfi.

454. **Costa de Bastelica**. Les proscrits corses.

455. **Daumas** (Général). Le Chambi à Paris.

456. **Delpit** (Albert). Poésies de guerre. A Jules Sandeau après la mort de son fils. Le laboureur.

457. **Erckmann-Chatrian**. La sentinelle perdue.

458. **Gautier** (Théophile). Espagne. — Les affres de la mort, sur les murs d'une chartreuse. — Le lion de l'Atlas ; le Bédouin et la mer. — Variations nouvelles sur de vieux thèmes. — Variations sur le carnaval de Venise. — Contralto. — Le 15 décembre.

459. **Grenier** (Edouard). L'Elkovan.

460. **Guerrois** (Ch. des). Paysages de Champagne. — Avant l'orage ; sur la route.

461. **Guyau** (M.). Coucher de soleil ; la Méditerranée.

462. **Heine** (Henry). Atta-Troll, songe d'une nuit d'été. — Romancero. — Le retour. — Le livre de Lazare. — Nouveau printemps. — Pensées et poésies posthumes.

463. **Heredia** (José-Maria de). Persée et Andromède. — Le serrement de mains, la revanche de Diego Laynez, le triomphe du Cid.

BELLES LETTRES.

464. **Hugo** (Victor). Les deux côtés de l'horizon. — Le sacre de la femme ; le mariage de Roland. — Le cheval. —

465. **Krasinski** (S.). Les rêves de Cisara ; la nuit de Noël. — La comédie infernale. — Elégies : le Dernier ; la Glose de Sainte Thérèse.

466. **Lamartine** (A. de). La Marseillaise de la paix. — Le cheval et les armes du voyageur. — Le coquillage. — Les esclaves. — Paysage.

467. **Laprade** (V. de). Eleuxis. — Poèmes évangéliques : Le Précurseur. — Le bûcheron. — La tentation. — La source éternelle. — La tempête. — L'Alpe vierge. — Les deux cimes. — L'hiver. — Les deux Muses. — Le fruit de la douleur. — Le poète et le pâtre. — Les taureaux. — Les saisons. — Symphonie alpestre. — Frantz. — Bouquet d'automne.

468. **Leconte de Lisle**. Les Hurleurs. — La Jungle. — Le Vase. — Le rêve d'une reine d'Asie.

469. **Lemoyne** (André). Marine. — La Fuite en Egypte. — Le songe du grand veneur.

470. **Manuel** (Eugène). Pages intimes. — Lassitude. — Impressions de voyage.

471. **Mistral** (F.). Le tambour d'Arcole.

472. **Murger** (Henry). La ballade du Désespéré.

473. **Musset** (Alfred de). L'espoir en Dieu. — A la mi-carême. — Dupont et Durand. — Sur la naissance du comte de Paris. — Idylle. — Silvia. — Une soirée perdue. — Simone. — Souvenirs et poésies. — Sur la paresse. — Sur une morte. — Après une lecture. — Poésies. — Réponse à Ch. Nodier. — Le mie Prigionie. — A mon frère revenant d'Italie. — Poésies. — Sur trois marches de marbre rose. — Souvenirs des Alpes. — Après la lecture d'Indiana.

474. **Nodier** (Charles). A Alfred de Musset.

475. **Normand** (Jacques). La Gervaise. — A la mer.

476. **Olivier** (J.). Les héros helvétiques.

477. **Pailleron** (Edouard). Avril. — Amour. — Pangloss. — Décembre. — Juillet. — Octobre. — L'immortelle. —

A un poète, la Terre, la chanson de la nourrice. — A un saint homme. — Histoires tristes.

478. **Pommier** (Amédée). Les trafiquans littéraires.

479. **Quinet** (Edgar). Le Rhin. — La sirène.

480. **Reynaud** (Charles). Une fantaisie d'Alcibiade. — A un peintre, la Rivière. — Fleur de blé. — A un jeune Maronite, la Haie. — Souvenirs d'Orient. — Élégies. — Paysages.

481. **Sainte-Beuve.** Eglogue napolitaine. — Maria. — La fontaine de Boileau.

482. **Sully-Prudhomme.** Croquis d'Italie. — Poésies intimes. — Le siège. — La mare d'Auteuil. — Les fleurs de sang. — Repentir. — Le renouveau. — Sursum corda. — Poèmes et sonnets.

483. **Theuriet** (André). In memoriam. — La ferme du Val-Clavin. — Les chants du renouveau. — La fille du tonnelier. — A ceux qui pleurent. — La Touraine. — Au coin du feu. — Les voix du printemps. — Récits et paysages. — Les élégies du travail. — Sylvine. — Véronica Sylvestris. — Odes et chansons. — Les saisons. — Poésies de la vie réelle. — La Grand'tante. — Amour obstiné. — Vignes en fleurs. — Amours éternelles. — Le dernier baiser.

484. **Valery-Vernier.** Aux poètes. — Souvenirs d'un vieil air. — Le renouveau des âmes.

485. **Vigny** (Alfred de). La poésie des nombres. — Poèmes philosophiques : la Sauvage, la mort du Loup, la Flûte, le mont des Oliviers, la Bouteille à la mer. — La maison du berger. — La colère de Samson.

486. **Vrignault** (Paul). Poésies traduites de Henri Heine. — Poésies traduites de Geibel, Grün, Lenau.

487. **Anonymes.** Esquisses normandes. — Le Moulin. — Les regains.

488. **Rey** (Edouard-Gabriel). Amour et charité, poème. P. 1856. Gr. in-18.

489. **Richard de Fournival.** Le Bestiaire d'amour, suivi de la réponse de la dame, publié par Hippeau. P. 1860. Petit in-8°.

490. **Robert** (C. M.). Fabliaux inédits. In-8°. 1834.

491. **Roch** (Hip.). Ferréblantié. — Lou portafuïa de l'ouvriè. — Recul de pouëzias languedocienas. — Mounpeïè, 1861. — Gr. in-16.

492. **Rodier** (Clément). Paris et ses archevêques, poème. 1857.

493. **Romancero** de Champagne. 5 vol. in-8°.

494. **Ronsard** (P. de). Œuvres complètes. Bibl. elzévir. P. 1857-67. In-16, 8 vol.

495. **Roucher** (J.-Ant.). Les mois, poème en 12 chants. Liège 1780. In-12.

496. **Rousseau** (J.-B.). Œuvres choisies et odes sacrées. Bruxelles 1774. In-12.

497. **Rutebeuf.** Œuvres complètes. 1874-75. 3 vol.

498. **Sainet-Gelays** (Melin de). Œuvres complètes. 1873. 3 vol.

499. **Saint-Amant.** Œuvres complètes. Bibl. elzévir. P. 1855. In-16, 2 vol.

500. **Saint-Julien.** Les courriers de la Fronde, 2 vol. 1857.

501. **Saint-Lambert.** Œuvres. 1813. 2 vol.

502. **Sandor** (Pétœfi). Poésies Magyares. In-12. 1871.

503. **Ségur** (comte Anatole de). 1° Le poème de saint François. P. 1872. Gr. in-18;
 2° La maison, stances et sonnets. P. 1869. Gr. in-18;
 3° Sainte Cécile, poème tragique. P. 1868. Gr. in-18;
 4° premières fables, 4ᵉ édit. P. 1870. Gr. in-18.

504. **Sénecé.** 1° Œuvres choisies;
 2° œuvres posthumes. Bibl. elzév. P. 1855. In-16, 2 vol.;
 3° œuvres, 2 vol. 1852.

505. **Slowacki.** Le comte Félix. — La mère Macrini. In-12. 1881.

506. — Un épisode en Suisse. — Le tombeau d'Agamemnon. In-12. P. 1876.

507. **Stace**. Tr. Cormiliolle. La Thébaïde. P. 1783. In-12. 3 vol.

508. **Tasse**. Tr. Baour-Lormian. La Jérusalem délivrée. P. 1796. 2 vol. in-8°.

509. — Tr. par le Prince Le Brun. La Jérusalem délivrée. In-12. 1847.

510. — Tr. Pilippon de la Madne P. 1844. Gr. in-8°. (édit. illustrée).

511. — Tr. Eaunay (Hte). La Jérusalem délivrée. Trad. en vers français avec le texte en regard. P. 1846. In-8°. 2 vol.

512. **Tassoni**. Le sceau enlevé. 3 vol. p. in-12. 1758.

513. **Tegnier** (Isaïe). Œuvres. 1838.

514. **Théophile**. Œuvres complètes. Bibl. elzévir. P. 1855-6. In-16. 2 vol.

515. **Thomas** (de l'Académie). Les poésies. Nouv. édit. P. an VII. In-12.

516. **Thompson**. Trad. Bonchamp (Mme). Les Saisons (s. b. n. d.). In-18.

517. **Tibulle**. Tr. Mirabeau. Élégies. 3 vol. in-8°. An III.

518. **Tieys** (J.-L.). Fastes poét. de l'histoire de France. In-8°. 1840.

519. **Vernhet** (père). Poésies patoises. 1877. Gr. in-16.

520. **Veuillot** (Louis). Œuvres poétiques. P. 1878.

521. **Vidal** (F.). Lou Tombourin (en vers provençaux). In-8°.

522. **Vigny** (Alfred de). Poésies complètes. In-12. 1845.

523. **Villon** (François). Œuvres complètes. Bibl. elzévir. P. 1854. In-16.

524. **Virgile**. Tr. Barthélemy. (Texte et trad. en vers fr.). P. 1835-7. 4 vol. in-8°.

BELLES LETTRES. 31

525. — Edit. Benoist (E.). Œuvres. 1869. 3 vol. in-8°.

526. — Œuvres. Tr. *Binet (René)*. P. 1823. 4 vol. in-12.

527. — Tr. *Bonald (Victor de)*. Les bucoliques imitées en vers français. P. 1823. In-12.

528. — Tr. *J.-H. de Gaston*. L'Enéide, tr. en vers. Paris. 1808. 4 vol. in-12.

529. — Comm. *La Cerda*. 1° Bucolica et georgica. Lugd. 1619. 1 vol. — 2° Œneis, t. 2°. 1612; t. 3°. 1617. 2 vol. Ensemble 3 vol. in-fol.

530. — Tr. *Lauwereyns de Diepenhède*. Les Bucoliques (en vers français). P. 1831. In-18. (Texte et tr.)

531. **Virués** (Cristobal de). El Mousserrate del Capitan. Madrid. 1805. In-12.

532. **Voltaire.** La Henriade. In-12. 1848.

533. — La Henriade. Nouv. édit. Rouen, chez Jean Racine. 1789. In-12.

534. — Poésies. P. In-8°. 1828.

535. — La Pucelle. P. In-8°. 1828.

536. **Young** (Eward). Les nuits. 2 t. en 1 vol. in-12. 1769.

537. **Zaleski**. Chants d'Ukraine. In-12. 1878.

THÉATRE

538. **Ancelot** (Mme). Théâtre complet. 1848. 4 vol. in-8°, br.

539. **Andrieux** (F.-G.-J.). Anaximandre, comédie. — Les étourdis, id. — Helvétius, id. — La suite du menteur, id. — Molière avec ses amis, id. 1er volume.

540. — Le trésor, comédie. — Le vieux fat, id. — La comédienne, id. — Quelques scènes impromptu. 2e volume.

541. **Antié et Boisset**. La pauvre famille, mélodrame. 1822.

BELLES-LETTRES

542. Arnaud (Baculd'). Les amants malheureux. In-8°. 1773.

543. Barthe, œuvres choisies. Edit. stéréo. P. 1811. In-18 br. (comédies)

544. Beaumarchais. Œuvres. Gr. in-8° rel. 1837.

545. Belloy (de). Œuvres complètes. P. 1779. In-8°. 6 vol.

546. Bernard (Gentil). Œuvres complètes. Edit. Cazin s. d. In-18.

547. Bongrand. Septime-Sévère. Tragédie en cinq actes. Espalion 1851. In-16 br.

548. Brumoy (A. P.). Théâtre grec. 6 vol. in-12 rel. 1749.

549. Cabrol (Elie). Etienne Marcel. 1 vol. in-12. 1878.

550. — Comédies, 1 vol. in-8°. 1873.

551. Campistron. Œuvres choisies. 1810. In-18.

552. Chefs-d'œuvre du théâtre moderne. Un mari dans du coton, comédie. — Le Médecin des enfants, drame. — Les ennemis de la maison, comédie. — La bataille de Toulouse, drame. — Les faux bonshommes, comédie. — La Marâtre, drame. — La joie fait peur, comédie. — Un chapeau de paille d'Italie, comédie. — Charles VI, opéra. — Nos intimes, comédie. — La Closerie des Genêts, drame. — Le cœur et la dot, comédie. — Risette, comédie. — Gabrielle, comédie. — Le morne au Diable, drame. — Les Mousquetaires de la Reine, opéra. — Le duc Job, comédie. — L'Habit vert, comédie. — Le supplice d'une femme, comédie. — L'honneur et l'argent, comédie. — Le demi-monde, comédie. — François le Champi, comédie. — La grande Duchesse de Gérolstein, opéra. — Mlle de la Seiglière, comédie. — Le Chevalier de Maison-Rouge, drame. — Bataille de Dames, comédie. — La vie de Bohême, comédie. — Une tempête dans un verre d'eau, comédie. — Le Roman d'un jeune homme pauvre, comédie.

553. Chefs-d'œuvre dramatiques. 54 vol. in-12. P. 1791.

BELLES LETTRES. 33

554. **Colardeau.** Œuvres. P. 1793. Cazin. 3 vol. in-18.

555. **Collé.** Œuvres choisies. Edit. stéréot. P. 1819. In-18.

556. **Collin d'Harleville** (J.-F.). Théâtre et poésies fugitives. P. 1805. In-8° d. b. 4 vol.

557. — Le Vieillard et les Jeunes Gens, comédie. — Malice pour Malice, comédie. — Il veut tout faire, comédie. — Les Riches, comédie. — Les Querelles des deux frères, comédie.

558. — Le vieux Célibataire, comédie. — M. de Crac, comédie. — Les Artistes, comédie. — Les Mœurs du jour, comédie.

559. — L'Inconstant, comédie. — L'Optimiste, comédie. Les Châteaux en Espagne, comédie.

560. — Le vieux Célibataire. B. n. 1872.

561. **Corneille** (P.). Œuvres diverses. P. In-12. 1738.

562. — Théâtre. 5 vol. in-12, rel. 1738.

563. — Œuvres. 1785. 5 vol. in-18.

564. — Ariane. — Le Comte d'Essex. — Le Festin de Pierre.

565. — La Place royale, comédie. — L'Illusion comique, comédie. — Médée, tragédie. — Le Cid, tragédie Horace, tragédie.

566. — Mélite, comédie. — La Veuve, comédie. — La Galerie du palais, comédie. — La Suivante, comédie. — Clitandre, tragédie.

567. — Pulchérie, comédie. — Suréna, tragédie.

568. — La Toison d'or, tragédie. — Sertorius, tragédie. Sophonisbe, tragédie. — Othon, tragédie. — Agésilas, tragédie. — Attila, tragédie. — Tite et Bérénice, comédie.

569. — Stilicon, tragédie.

570 — Cinna, tragédie. — Polyeucte martyr, tragédie. — Le Menteur, comédie. — La Mort de Pompée, tragédie. — La Suite du Menteur, comédie. — Rodogune, tragédie.

3

571. **Corneille** (Th.). La Mort d'Achille, tragédie. — Dom César d'Avalos, comédie. — Circé, tragédie. — L'Inconnu, comédie. — Le Comte d'Essex, tragédie. — Bradamante, tragédie.

572. — Les Engagements du hasard, comédie. — Le feint Astrologue, comédie. — D. Bertrand de Cigarral, comédie. — L'Amour à la Mode, comédie. — Le Berger extravagant. — Le Charme de la voix, comédie.

573. — Le Geolier de soi-même, comédie. — Les Illustres Ennemis, comédie. — Timocrate, tragédie. — Bérénice, tragédie. — Commode, tragédie. — Darius, tragédie. — Stilicon, tragédie.

574. — Léodice reine de Cappadoce, tragédie. — Le baron d'Albikrac, comédie. — La Mort d'Annibal, tragédie. — La Comtesse d'Orgueil, comédie. — Théodat, tragédie. — Le Festin de Pierre, comédie. — Ariane, tragédie.

375. — Le Galant doublé, comédie. — Camma, tragédie. Maximian, tragédie. — Pyrrhus, tragédie. — Persée et Démétrius, tragédie. — Antiochus, tragédie.

576. **Cosenza** (baron G.-C.). Clarissa Manson, dramma. Napoli 1818. In-8°, rel.

577. **Courtat** (E.-T.). Un Honnête Homme, comédie. — Un bon Garçon. — La Religion. — L'Emeute. — L'Administration (œuvre posthume).

578. **Crébillon** (Père). Œuvres. 1771. 2 vol. in-12, rel.

579. — Œuvres. Nouv. édit. corrigée. P. 1772 in-18 bas. 3 vol.

580. — Idoménée, tragédie. — Atrée et Thyeste, tragédie. — Electre, tragédie. — Rhadamiste et Zénobie, tragédie. — Sémiramis, tragédie.

581. — Pyrrhus, tragédie. — Catilina, tragédie. — Xercès, tragédie. — Le Triumvirat ou la Mort de Cicéron.

582. **Delavigne** (Casimir). La Popularité, comédie en vers. 1839.

583. — Charles VI, opéra.

584. **Delrieu** (E.-J.-B.). Artaxercès, tragédie en 5 actes. P. 1808 in-8° derelié (fig.).

585. **Destouches.** Œuvres dramatiques. 1757. 4 vol.

586. — Œuvres choisies. Edit. stéréot. P. 1815. 2 vol. in-18.

587. **Duplessis** (Phil.). Œuvres posthumes. 1853. 5 vol. in-8° br.

588. **Eschyle.** Tragédies. *Tr. par Ad.-Bouillet.* In-12 rel.

589. — *Tr. Halevy (Léon).* La Grèce tragique. 1849, 4 vol. in-8° br.

590. — *Tr. Al. Pierron.* P. in-12. 1865.

591. **Euripide.** *Tr. par Artaud.* Tragédies. P. 1842. 2 vol. gr. in-18 relié.

592. **Genlis** (Mme de). La Belle et la bête, comédie. — Les Flacons, comédie. — L'Isle heureuse, comédie. — L'Enfant gâté, comédie. — La Curieuse, comédie. — Les Dangers du monde, comédie.

593. — L'Aveugle de Spa, comédie. — La Colombe, comédie. — Cécile, comédie. — Les Ennemies généreuses, comédie. — La bonne Mère, comédie.

594. — Le Bal d'enfants, comédie. — Le Voyageur, comédie. — Walhek, comédie. — Les faux Amis, comédie. — Le Magistrat, comédie.

595. — La Rosière, comédie. — La Marchande de modes, comédie. — La Lingère, comédie. — Le vrai Sage, comédie. — Le Portrait, comédie.

596. — L'Intrigante, comédie.

597. **Genest** (L'Abbé). Joseph, tragédie. 1711.

598. **Gœthe.** *Tr. Marmier (X.).* 1° Théâtre. 2 vol. in-8° rel. 2° Faust.

599. **Gout** (Henri). Blandine et ses compagnons les martyrs de Lyon, drame. Montp. 1859. In-12 br.

600. **Gringore.** Œuvres complètes. (Bibl. elzévir). P. 1858-77. 2 vol.

BELLES LETTRES.

601. **Halevy** (Léon). La Grèce tragique. — Prométhée. — Electre. — Phéniciennes. — Hippolyte. — In-8°. 1849. 2 exemp.

602. **Houssaye** (Arsène). Le Duel de la Tour, comédie, feuilleton.

603. **Hugo** (Victor). Hernani, drame. — Marion de Lorme, drame. — Le Roi s'amuse, drame. — P. in-8°. 1841.

604. — Cromwel, drame. P. in-8°. 1841.

605. — Lucrèce Borgia, drame. — Marie Tudor, drame. Angelo, drame. — Ruy-Blas, drame. P. In-8°. 1841.

606. — Esmeralda. Ruy-Blas. Burgraves. P. In-8°. 1880.

607. **Jubinal** (Achille). Mystères inédits du XVe siècle. P. 1837. 2 vol. in-8° br.

608. **La Fontaine.** Théâtre. Edit. Steréot. 1804-1809. In-18.

609. — La Grèce tragique. Chefs-d'œuvre d'Eschyle, de Sophocle et d'Euripide, traduits en vers. 2e série.

610. **Le Sage** (René). Œuvres choisies (théâtre). 1813.

611. — Turcaret. Crispin, rival de son maître. 1869. (B. N.)

612. **Longhaye** (le P. G. jés). Théâtre chrétien d'éducation. Tours. 1879. In-8°.

613. **Mazères** (Ed.). Comédies et souvenirs. 3 vol. in-8° br.

614. **Mercier** (L.). La Brouette du vinaigrier (drame). 1792.

615. **Metastase** (P.). Opere drammatiche. 5e edit. Venezia. 1740. 4 vol. in-12.

616. **Mexia** (Pero). Dialogos. M. 1767. Gr. in-16.

617. **Mistère** (le) du Siège d'Orléans, publié par Guessard et Certain (E. de). P. Impr. Impér. 1862. In-4°.

618. **Molière.** Chefs-d'œuvres dramat. In-12. 10 t. en 5 vol. 1791.

619. — Œuvres complètes. 1823. 8 vol. in-18 relié.

BELLES LETTRES.

620. — Œuvres, avec des remarques grammat. et des observations sur chaque pièce, par Bret. P. 1778. 8 vol. P. in-12 v. m.

621. **Monnier** (Henri). Les Diseurs de rien.

622. **Monmerqué.** Théâtre français au moyen-âge. (V. panth. littér.).

623. **Ponsard** (F.). Œuvres complètes. 2 vol. in-8°. 1865.

624. **Quinault** (Phil.). Théâtre. 1715. 3 vol.

625. **Racine** (J.). Théâtre. Avignon. 1810. 3 vol. in-18 rel.

626. **Regnard.** Œuvres. 5 vol. in-12 rel. 1731.

627. — Théâtre. 1784. 4 vol.

Répertoire général du Théâtre Français

(Sous ce titre sont compris les n°° 628 à 695.)

628. 1er vol. **Corneille.** Le Cid. — Horace. — Cinna.

629. 2e vol. — Polyeucte. — Le Menteur. — La Mort de Pompée.

630. 3e vol. — Rodogune. — Héraclius. — Don Sanche.

631. 4e vol. — Nicomède. — Sertorius. — Psyché.

632. 5e vol. — Ariane. — Le Comte d'Essex. — Le Festin de Pierre.

633. 6e vol. **Racine.** La Thébaïde. — Alexandre. — Andromaque. — Les Plaideurs.

634. 7e vol. — Britannicus. — Bérénice. — Bajazet. — Mithridate.

635. 8e vol. — Iphigénie. — Phèdre. — Esther. — Athalie. Poésies diverses.

636. 9e vol. — Œuvres diverses.

637. 10e vol. — Lettres.

BELLES LETTRES.

638. 11e vol. **Crébillon.** Idoménée. — Atrée. — Electre.

639. 12e vol. — Rhadamiste. — Xerxès. — Sémiramis. Pyrrhus.

640. 13e vol. — Catilina. — Le Triumvirat. — Discours.

641. 14e vol. **Voltaire.** Œdipe. — Brutus. — Zaïre.

642. 15e vol. — Adélaïde du Guesclin. — Alzire. — L'Enfant prodigue. — Mahomet.

643. 16e vol. — Mérope. — Sémiramis. — Nanine. — Mort de César.

644. 17e vol. — Oreste. — L'Orphelin de la Chine. — Tancrède.

645. 18e vol. **Molière.** L'Etourdi. — Le Dépit amoureux. — Les Précieuses ridicules. — Sganarelle. — Don Garcie.

646. 19e vol. — L'Ecole des maris. — Les Fâcheux. — L'Ecole des femmes. — La Critique de l'école des femmes. — L'Impromptu de Versailles. — La Princesse d'Elide. — Le Mariage forcé.

647. 20e vol. — Le Festin de Pierre. — L'Amour médecin. — Le Misanthrope. — Le Médecin malgré lui. — Melicerte. — Le Sicilien.

648. 21e vol. — Le Tartuffe. — Amphitryon. — George Dandin. — L'Avare.

649. 22e vol. — M. de Pourceaugnac. — Les Amants magnifiques. — Le Bourgeois gentilhomme. — Les Fourberies de Scapin.

650. 23e vol. — Psyché. — La Gloire du Val-de-Grâce. — Les Femmes savantes. — La Comtesse Descarbagnas. — Le Malade imaginaire.

651. 24e vol. **Regnard.** La Sérénade. — Le Bal. — Le Joueur. — Le Distrait. — Attendez-moi sous l'orme.

652. 25e vol. — Démocrite. — Le Retour imprévu. — Les folies amoureuses. — Le Mariage de la folie. — Les Menechmes. — Epître à M. Despreaux.

653. 26e vol. — Le Légataire universel. — La Critique du Légataire. — Les Souhaits. — Les Vendanges. —

BELLES LETTRES. 39

Sapor. — Le Carnaval de Venise. — Orphée aux Enfers.

654. 27e vol. — Voyages, etc.

655. 28e vol. Venceslas. — Pénélope. — Andronic. — Médée.

656. 29e vol. Manlius, tragédie. — Amasis, tragédie. — Absalon, tragédie. — Marius, tragédie.

657. 30e vol. Inès de Castro, tragédie. — Gustave Wasa, tragédie. — Didon, tragédie. — Mahomet-Second, tragédie.

658. 31e vol. Les Troyennes, tragédie. — Briséis ou la colère d'Achille, tragédie. — Iphigénie, tragédie. — Hypermnestre, tragédie.

659. 32e vol. La Veuve du Malabar, tragédie. — Spartacus, tragédie. — Blanche et Guiscard, tragédie. — Caliste, tragédie.

660. 33e vol. Zelmire, tragédie. — Le Siège de Calais, tragédie. — Gaston et Bayard, tragédie. — Pierre le cruel, tragédie. — Gabrielle de Vergy, tragédie.

661. 34e vol. Le Comte de Warwick, tragédie. — Philoctète, tragédie. — Coriolan, tragédie. — Orphanis, tragédie. — Mustapha et Zéangir, tragédie.

662. 35e vol. Jodelet, comédie. — Don Japhet d'Armenie, comédie. — Le Deuil, comédie.

663. 36e vol. La Mère coquette, comédie. — La Femme juge, comédie. — Le Florentin, comédie.

664. 37e vol. Le Mercure galant, comédie. — Les Fables d'Esope, comédie. — Esope à la cour, comédie.

665. 38e vol. L'Andrienne. — La Famille extravagante. — L'Aveugle clairvoyant. — Le Roi de Cocagne.

666. 39e vol. Le Jaloux désabusé, comédie. — Le Naufrage, ou la Pompe funèbre de Crispin, comédie. — Les Trois frères rivaux, comédie. — La Coquette de village, comédie. — La Réconciliation, comédie.

667. 40e vol. Le Dédit, comédie. — Le Mariage fait et rompu, comédie. — Le Babillard, comédie. — Les

BELLES LETTRES.

Dehors trompeurs, comédie. — L'Epoux par supercherie, comédie.

668. 41e vol. Le Philosophe marié, comédie. — Le Glorieux, comédie. — Le Dissipateur, comédie.

669. 42e vol. L'Homme singulier, comédie. — Le Procureur arbitre, comédie. — L'Impromptu, comédie. — Le Rendez-vous, comédie.

670. 43e vol. Le Préjugé à la mode, comédie. — Mélanide, comédie. — L'Ecole des mères, comédie. — La Gouvernante, comédie.

671. 44e vol. La Métromanie, comédie. — Le Méchant, comédie. — La double Extravagance, comédie.

672. 45e vol. La Coquette corrigée, comédie. — Heureusement, comédie. — Le Jaloux, comédie. — Dupuis et des Ronais, comédie. — L'Anglais à Bordeaux.

673. 46e vol. Les trois Sultanes, comédie. — La jeune Indienne, comédie. — Les fausses Infidélités, comédie. — La Mère jalouse, comédie. — L'Anglomane, comédie.

674. 47e vol. La Feinte par amour, comédie. — Les Rivaux amis, comédie. — Les Epreuves, comédie. — Le Jaloux sans amour, comédie.

675. 48e vol. Le Séducteur, comédie. — L'Inconstant, comédie. — L'Optimiste, comédie.

676. 49e vol. Les Châteaux en Espagne, comédie. — M. de Crac, comédie. — Le vieux Célibataire, comédie.

677. 50e vol. Le Philinte de Molière, comédie. — L'Intrigue épistolaire, comédie. — Les Précepteurs, comédie.

678. 51e vol. Le Conciliateur, comédie. — Les Femmes, comédie. — La jeune Hôtesse, comédie. — Le Retour du mari, comédie.

679. 52e vol. Crispin médecin, comédie. — Le Cocher supposé, comédie. — Le Chevalier à la mode, comédie.

680. 53e vol. La Maison de campagne, comédie. — L'Eté des coquettes, comédie. — Les Bourgeoises à la mode, comédie. — Le Tuteur, comédie.

681. 54e vol. Les Vendanges de Suresnes, comédie. —

BELLES LETTRES. 41

Les Vacances, comédie. — Les Curieux de Compiègne, comédie. — Le Mari retrouvé, comédie.

682. 55e vol. Les Bourgeoises de qualité, comédie. — Les trois Cousines, comédie. — Le galant Jardinier, comédie. — L'Homme à bonne fortune, comédie.

683. 56e vol. La Coquette, comédie. — La fausse Prude, comédie. — Le Grondeur, comédie.

684. 57e vol. Le Muet, comédie. — L'Avocat Patelin, comédie. — L'Esprit de contradiction, comédie.

685. 58e vol. Le double Veuvage, comédie. — Crispin rival de son maître, comédie. — Turcaret, comédie. — L'Épreuve réciproque, comédie.

686. 59e vol. Le triple Mariage, comédie. — La fausse Agnès, comédie. — Le Tambour nocturne, comédie.

687. 60e vol. Le galant Coureur, comédie. — La Nouveauté, comédie. — Le Français à Londres, comédie. — L'Ecole des bourgeois, comédie.

688. 61e vol. Le faux Savant, comédie. — La Pupille, comédie. — Les Originaux, comédie. — L'Etourderie, comédie.

689. 62e vol. La Surprise de l'amour, comédie. — Le Legs, comédie. — Les fausses Confidences, comédie. Le Jeu de l'amour, comédie. — L'Epreuve, comédie.

690. 63e vol. Le Consentement forcé, comédie. — Le Somnambule, comédie. — L'Oracle, comédie. — Les Mœurs du temps, comédie. — Le Cercle, comédie.

691. 64e vol. La Gageure imprévue. — Les Amants généreux. — Le Marchand de Smyrne. — La Partie de chasse. — Le Bourru bienfaisant. — La Manie des arts.

692. 65e vol. Le Barbier de Séville, comédie. — La folle Journée, comédie. — Auguste et Théodore, comédie.

693. 66e vol. Le Père de famille, drame. — Béverlei, tragédie. — Le Philosophe sans le savoir, drame.

694. 67e vol. Eugénie, drame. — L'autre Tartufe, drame. L'honnête Criminel, drame.

BELLES LETTRES.

695. Edit. stéréot. P. 1822. (1ᵉʳ ordre) 27 vol. (2ᵉ ordre) 40 vol. Ensemble 67 vol. in-18 br.

Revue des Deux-Mondes

(Sous ce titre sont compris les nᵒˢ 696 à 712.)

696. **Alton-Shée** (E. d'). Le Mariage du duc de Pompée.

697. **Belgiojoso** (Princesse Christine Trivulce de). Le Pacha de l'ancien régime.

698. **Droz** (Gustave). Feu de Paille.

699. **Feuillet** (Octave). Alix. — La Crise. — Rédemption. — Le Pour et le Contre. — La Partie de dames. — La Clé d'or. — L'Ermitage. — Le Village. — L'Une. — Le Cheveu blanc. — Dalila. — La Fée. — Le Cas de conscience. — Les Portraits de la marquise. — Le Voyageur.

700. **Gautier** (Théophile). La fausse conversion au bon sang ne peut mentir.

701. **Mérimée** (P.). Don Quichotte ou les Deux héritages. — Le faux Démétrius.

702. **Musset** (Alfred de). Il faut qu'une porte soit ouverte ou fermée. — Bettine.

703. **Najac** (E. de). Au pied du mur.

704. **Pailleron** (Edouard). Le chevalier Trumeau.

705. **Rolland de Villarceaux.** Partir pour être évêque et revenir meunier.

706. **Sand** (Georges). Les Mississipiens. — Le Pavé. — Le Drac. — Plutus. — La Nuit de Noël. — Cadio. — Lupo Liverani. — Un Bienfait n'est jamais perdu.

707. **Sartiges** (de). Ne réveillez pas le chat qui dort.

708. **Siefert** (Louisa). Le docteur Bertholdus.

709. **Tourguenef** (Yvan). Trop menu le fil casse.

710. **Veuillot** (Louis). Le Lendemain de la victoire. — Une Samaritaine.

711. **Vitet** (L.) Les Etats de Blois.

712. **Vivien** La Matinée d'un ministre. — La Question de cabinet.

*
* *

713. **Robin** (Francis). Théâtre d'Eschyle. *(Traduction en vers).* P. 1846. Gr. in-18, br.

714. **San Carlos** (R.-T. de). D. Sébastiao rei de Portugal. (Drame). Lisboa 1845. In-16, br.

715. **Sand** (Georges). François le Champi. (Voyez théâtre Moderne.)

716. **Schiller**, Théâtre. *(Tr. Marmier).* 2 vol. in-12, 1848.

717. — 1er volume. Les Brigands. — La Conspiration de Fiesque. — L'Intrigue et l'Amour. — Don Carlos. — Marie Stuart.

718. — 2e volume. Le Camp de Wallenstein. — Les Piccolomini. — La Mort de Wallenstein. — Jeanne d'Arc. — La Fiancée de Messine. — Guillaume Tell.

719. **Scribe** (Eug.). Actéon. — L'Ambassadrice. — Le Domino Noir. — Les Treize. — Bertrand et Raton. — La Passion secrète. — L'Ambitieux. — La Camaraderie. — Les Indépendants. — Dix ans de la vie d'une femme. — Japhet. — La Muette de Portici. — Le Comte Ory. — Gustave III, ou le Bal Masqué. — Ali-Baba ou les 40 voleurs. — La Juive. — Les Huguenots. — Guido et Ginevra. — La Belle-Mère. — L'Oncle d'Amérique. — La Lune de miel. — Simple Histoire. — L'Ambassadeur. — La Calomnie. — La Grand'mère. — Rodolphe, ou frère et sœur. — Avant, Pendant et Après. — La Bohémienne. — La Jeune Allemagne. — La Marquise de Brinvilliers. — La Médecine sans médecin. — Lestocq. — Le Châlet. — Le Cheval de Bronze. — La Neige. — Concert à la cour. — Léocadie. — Le Maçon. — La Dame Blanche. — La Quarantaine. — Le plus beau Jour de la vie. — La Charge à payer. — Le Charlatanisme. — Les Empiriques d'autrefois. — L'Auberge ou les Brigands sans le savoir. — Une Nuit de la garde nationale. — Farinelli. — La Jarretière de la Mariée. — Le Comte Ory. — L'Avare en goguette. — Les Grisettes. — Un

dernier Jour de fortune. — La Vengeance italienne. — Le Chaperon. — Le Savant. — Une Monomanie. — La grande Aventure. — La Vieille. — Fiorella. — La Fiancée. — Les deux Nuits. — Fra-Diavolo. — Le Château de la Poularde. — Le Bal champêtre. — Coraly, où le frère et la sœur. — La Haine d'une femme. — Vatel, ou le petit-fils d'un grand homme. — Le Dieu et la Bayadère. — Le Philtre. — Robert le Diable. — Le Serment. — Le Gastronome sans argent. — Le Ménage de garçon. — La petite Sœur. — Le Mariage enfantin. — L'Artiste. — Le Lac des fées. — La Xancarilla. — Les Martyrs. — La Chambre à coucher. — Leicester, ou le château de Kenilworth. — Le Lorgnon. — La Chanoinesse. — Savoisy, ou l'amoureux de la reine. — Estelle. — Le Verre d'eau. — Être aimé ou mourir. — Le Mariage de raison. — La Chatte métamorphosée en Femme. — Les Elèves du Conservatoire. — Le Diplomate. — La Marraine. — Le Menteur véridique. — La Pension bourgeoise. — La Maîtresse au logis. — Partie de Revanche. — Le Mystificateur. — Caroline. — La Somnambule. — L'Ennui. — L'Ours et le Pacha. — Le nouveau Pourceaugnac. — Le Solliciteur. — Les deux Percepteurs. — Le Combat des montagnes. — Le Café des Variétés. — Le Petit Dragon. — Une Visite à Bedlam. — La Volière du frère Philippe. — Le Fou de Péronne. — Les deux Maris. — Les Eaux du Mont-Dore. — L'Écarté. — Le bon Papa. — La Loge du Portier. — L'Intérieur d'un bureau. — Les Héritiers du Crack. — La Famille du Baron. — Les Actionnaires. — Louise, ou la Réparation. — La seconde Année. — Les premières Amours. — Le Médecin des Dames. — Le Confident. — La Demoiselle à marier. — Les Manteaux. — Les Trois Maîtresses. — Le Budget d'un jeune ménage. — Le Quaker. — La Favorite. — Le Soprano. — Le Témoin. — Le Secrétaire et le Cuisinier. — Frontin Mari-Garçon. — Le Colonel. — L'Intérieur de l'étude. — L'Héritière — Le Coiffeur et le Perruquier. — La Mansarde des artistes. — Le Baiser au portier. — Les Adieux au comptoir. — Le Valet et son rival. — Le Parrain. — Valérie. — Le Mariage d'argent. — Les Inconsolables. — Malvina. — Théobald, où le Retour de Russie. — Madame de Sainte-Agnès. — Aventures et voyages du petit Jonas. — Michel et Christine. — Philibert marié. — Mémoires d'un colonel de Hussards. — la Demoiselle et la Dame. — Le vieux Garçon et la petite fille. — Polichinelle. — La Reine d'un jour. — Za-

BELLES LETTRES. 45

netta, ou jouer avec le feu. — Zoé, ou l'amant prêté. — Philippe. — Une Faute. — Jeune et Vieille. — La Famille Riquebourg. — Toujours, ou l'avenir d'un fils. — Camilla. — Les Malheurs d'un amant heureux. — Le Gardien. — Le Moulin de Javelle. — Yelva, ou l'Orpheline russe. — La Manie des places. — Les Moralistes. — Œuvres complètes. 5 vol. in-8°. 1840.

720. **Shakespeare**. *Tr. Laroche* (Benjamin). Œuvres complètes. P. 1843. Gr. in-18, 4 vol. (Les t. 2, 3, 4, 5). — Antoine et Cléopâtre. — Beaucoup de bruit pour rien. — Hamlet. — La Vie et la Mort du roi Jean. — Henri IV. — La Méchante Femme mise à la raison. — Troïle et Cresside. — Cymbeline. — Les joyeuses Commères de Windsor. — Mesure pour mesure. — Othello. — La Tempête. — Jules César. — Roméo et Juliette. — Coriolan. — Le Conte d'hiver. — Périclès. — Vénus et Adonis. — La mort de Lucrèce. — Richard III. — Henri VIII. — Henri V. — Henri VI. — Richard II. — Macbeth. — Le roi Lear. Comme vous l'aimez. — Titus Andronicus. — Le marchand de Venise. — Le Songe d'une nuit d'été. — Timon d'Athènes. — Peines d'amour perdues. — La douzième Nuit. — Tout est bien qui finit bien. — Les Méprises. — Les deux Gentilshommes de Vérone.

721. — Hamlet. B. N. 1872.

722. — Roméo et Juliette. 2 vol. 1873. B. N.

723. **Sophocle** (*Tr. par Artaud*). 1 vol. in-12. 1842.

724. **Térence**. *Tr. Collet* (Ferdinand). Comédies. P. 1845. Gr. in-16.

725. **Théâtre français** au moyen-âge. Panth.-litt.

726. — Recueils de pièces. 7 vol. in-8°. — Artaxerce. — Le Fabricant de Londres. — Le Père de famille. — Le Comte de Warwik. — L'honnête Criminel. — Le Siège de Paris. — Albert. — Richard cœur de Lion. — Œdipe chez Admète. — Avant, Pendant et Après. — Les Comédiens. — Clytemnestre. — Esope à la cour. — Les deux Figaro. — Jenneval. — Hamlet. — Marie Stuart. — Mélanie. — Le Barbier de Séville. — Lucette. — Caïus Gracchus. — L'Amour français. — Le Mariage de Figaro. — La Femme juge et partie. — Le Valet maître. — Clovis. — Le Procureur arbitre. Jeanne d'Arc à Rouen. — Bélisaire. — Gaston et Bayard. — Le Tableau parlant. — Le Siège de Calais. — Hec-

tor. — Les Victimes cloîtrées. — La Jeunesse du duc de Richelieu. — Le Calife de Bagdad. — Le Prisonnier. — La Veuve du Malabar. — Didon. — Manlius. — Crispin rival de son maître. — Le Sourd. — Jeanne de Naples. — La Dot. — Adélaïde du Guesclin. — Les Templiers. — L'esprit de contradiction. — Régulus. La Mélomanie. — Mélanide. — Les Vêpres siciliennes. — Les deux prisonniers. — Adolphe et Clara. — Charles IX. — Les Aristides modernes. — Philoctète. — Les deux Avares. — Coriolan. — La Bataille d'Ivry. — L'Amant statue. — Othello. — Sylla. — La Démence de Charles VI. — L'Optimiste. — La Princesse Aurélie.

727. **Théâtre Italien.** 2 vol. 1695.

728. **Théâtre moderne.** Chefs-d'œuvres. 1868. 2 vol. in-4° br.

729. **Vega (Lope de).** L'Hameçon de Phenice. — Fontovéjune. — Les travaux de Jacob. — La belle aux yeux d'or. — Aimer sans savoir qui. — Le Moulin. — Le Chien du jardinier. — Le meilleure Alcade est le roi. — La Découverte du Nouveau-Monde. — L'Enlèvement d'Hélène.

730. — Théâtre, *tr. par Damas-Hinard.* 2 volumes, gr. in-18. 1606.

731. **Viollet Le Duc.** Ancien théâtre français. Bibl. elzévir. P. 1854-7. In-16. 10 vol.

732. **Voltaire.** Eriphile. — Zaïre. — Adélaïde du Guesclin. — Le duc d'Alençon. — Le duc de Foy. — Irène. — La Comédie fameuse. — Agathocle. — Socrate. — Saul. — Jules César. — La Fête de Bélébat. — Samson. — Les deux Tonneaux. — Tanis et Zélide. — La princesse de Navarre. — Pandore. — La Mort de César. — Alzire. — Zulime. — Le Fanatisme. — Mérope. — L'Indiscret. — La Femme qui a raison. — Les Originaux. — L'Echange. — L'Enfant prodigue. — La Prude. — Les Guèbres — Sophonisbe. — Les Pélopides. — Les Lois de Minos. — Don Pèdre. — Nanine. — L'Ecossaise. — Le Droit du Seigneur. — Charlot. — Le Dépositaire. — Œdipe. — Brutus. — Sémiramis. — Oreste. — Rome sauvée. — L'orphelin de la Chine. — Tancrède. — Olympie. — Le Triumvirat. — Les Scythes.

733. — Théâtre. Nouv. édit. Amst. 1764. 4 vol. in-12.

734. **Wailly** (Alfred et Jules de). Elzéar Chalamel. — Monck. — Les premières Armes de Blaveau. — Les trois Lunes. — La Mort dans l'embarras. — Amour et Intrigue. — L'Oncle Philibert. — La Folle. — Anglais et Français. — Ma Place et ma Femme. — Moiroud et Compagnie. — Le Comité de bienfaisance. — Le Mari à la campagne. — Une Famille d'ouvriers. — François II et Marie Stuart. — Anatole.

735. **Wailly** (Alfred, Gustave, Jules de). Œuvres (théâtre). P. 1874. 2 vol.

736. **Wilhelm** (Alfred). Brelan de savants, comédie. P. 1859. In-12.

DISCOURS

737. **Alibert** (J. L.). Eloges historiques. P. 1806.

738. **Auger** (Athanase). Œuvres. (Discours de Cicéron). P. 1792. 10 vol.

739. **Bossuet.** Oraisons funèbres 1772.

740. **Bourdaloue.** Chefs-d'œuvres orat. gr. in-18. 1876.

741. **Brossette** (Claude). Ed. Kühmholtz (Achille). Du Vaudeville (Discours). P. 1846. gr. in-18.

742. **Carné.** Discours prix de vertu.

743. **Caro.** Discours prix de vertu. 1886. In-12.

744. **Cuvier** (G.). Eloges historiques. (s. d.) In-8°.

745. **Cuvillier-Fleury.** Discours prix de vertu.

746. **Démosthène.** Tr. Dareste (Rodolphe). Les plaidoyers civils. 2 vol. in-12. 1875.

747. **Démosthène et Eschile.** Tr. Auger (l'abbé). Œuvres complètes, nouv. édit. Angers. 1804. 6 vol. in-8°.

748. **Donoso Cortès.** Lettres et Discours. P. 1850. gr. in-18°.

BELLES LETTRES.

749. **Du Camp** (Maxime). Discours sur les prix de vertu. 1885.

750. **Dumas** Alex. fils. Prix de vertu. 1877. in-12.

751. **Dumas** (J.-B.). Prix de vertu. In-12. 1878.

752. **Favre** (Jules). Plaidoyers. 1882.

753. — Discours parlementaires. 1881.

754. **Fléchier** (Esprit). Oraisons funèbres. P. 1764. in-12.

755. **Foulquier.** Éloge de M. le vicomte de Bonald.

756. **Foy** (général). Discours précédés d'une notice biogr., par M. P. F. Tissot. P. 1826. In-8°.

757. **Lacombe** (Eugène). Discours sur la loi relative aux droits sur les céréales. In-8°. P. 1885.

758. **Lacordaire.** Conférences. 1835-36-43.

759. **Legouvé.** Discours prix de vertu.

760. **Lock** (F.). Les prix Monthyon. 1858. 2 vol. gr. in-18.

761. **Linet** (B.). Conférence publique. 1865.

762. — Discours à la distribution des prix du Lycée. 1874.

763. **Lysias.** Tr. Auger, (l'abbé). Œuvres complètes. P. 1783. In-8°.

764. **Mirabeau** A la Tribune. An IV. In-18.

765. — Chefs-d'œuvres orat. 2 vol. in-18. 1823.

766. **Napoléon III.** Discours, messages et proclamations de l'Empereur. P. 1860. In-8°.

767. **Noël** (l'abbé). Oraison funèbre de Mgr l'Évêque d'Hermopolis, (Frayssinous). R. 1842.

768. **Pailleron** (Ed.). Discours sur les prix de vertu. 1884.

769. **Poisson** (Pierre). Recueil d'oraisons funèbres. XVIII° siècle.

770. **Prevost-Paradol.** Discours prix de vertu.

771. **Oraisons funèbres.** (Recueil.)

BELLES LETTRES.

772. **Orateurs athéniens** (Lycurge, Andocide, etc). Tr. Auger (L'Abbé). 1792. 2 vol. in-8°.

773. Recueil de diverses **Oraisons funèbres.** 6 vol. in-12. 1712.

774. **Rousset** (C.). Discours prix de vertu.

775. **Rousseau** (J.-J.). Discours à l'Académie de Dijon. 1766.

776. **St-René-Taillandier.** Prix de vertu. 1776.

777. **Simon** (Jules). Discours (19 avril 1873). Gr. in-16.

778. — Prix de vertu. In-12. 1879.

779. **Stephanus** (Henric). Conciones ex græcis et latinis historicis excerptæ. H. Steph. 1570 in-f°.

780. **Toureil** (J. de). Œuvres. 1721. 4 vol.

781. **André** de Trémontels (Préfet). Discours (Lycée). 1882.

782. **Viel-Castel** (de). Prix de vertu.

783. **Vaumorière.** Harangues sur toutes sortes de sujets. 4 vol. in-12. 1696.

ROMANS, NOUVELLES, CONTES ET RÉCITS

784. **About** (Edmond). Le roi des Montagnes. 1885. P. In-12.

785. — Causeries. P. 1866-67. 2 vol. in-12.

786. — La Grèce contemporaine. P. 1886. In-12.

787. — Alsace. P. 1882. In-12.

788. **Achard** (Amédée). La robe de Nessus. — Les misères d'un millionnaire, feuilleton.

789. **Alby** (Ernest). Abd-El-Kader à Toulon, feuilleton.

790. **Allard** (Camille). La Dobroutcha. (Souvenirs d'Orient.) 1859. In-8°.

BELLES LETTRES.

791. **Almanach** des nouvelles. 1881.

792. **Amoreux.** Guirlande de Julie. 1824. P. In-12.

793. **Ancelot** (Mme). Renée de Varville, feuilleton.

794. — Georgine, feuilleton.

795. — Les salons de Paris. 1858. Paris. In-12.

796. **Anecdotes** historiques et littéraires. In-12. 1858.

797. **Anecdotes** historiques, par divers. In-12. 1858.

798. **Anne** (Théodore). La folle de Savenay, feuilleton.

799. **Armana** prouvençau. 1863, 1877. En Avignon. Gr. in-16 br. 2 vol.

800. **Arnaud** (Bacul, d'). Julie, anecdote historique.
— L'heureux Repentir. — Nancy, histoire anglaise. — Lucie et Mélanie, nouvelle. — Clary, histoire anglaise. — Batilde ou l'Héroïsme de l'amour, anecdote historique. — Adelson et Salvini, anecdote anglaise.

801. — Sindey et Volsan. — Sargines. — In-8°. 1773.

802. **Aubigné** (Agrippa d'). Les Aventures du baron de Fœneste. Biblioth. elzévir. P. 1855. In-16.

803. **Audiat.** Les oubliés. In-12.

804. **Aunillon.** Force de l'éducation. 1762.

805. **Bacler d'Albe** (le g^{al}). Souvenirs pittoresques. 2 livraisons. 1818-24.

806. **Balzac** (H. de). La dernière Incarnation de Vautrin. — Le Député d'Arcis. — La Maison du chat qui pelote. — Le Bal de Sceaux. — La Bourse. — La Vendetta. — La Peau de chagrin. — (Feuilleton).

807. — Œuvres illustrées. 9 tomes en 3 volumes. P. Gr. in-8°. 1867. — Physiologie de l'Employé. — Les deux Poètes. — Un grand homme de province à Paris. — La Femme abandonnée. — Ève et David. — Facino-Cane. — Albert Savarus. — Le Martyr calviniste. — La Confidence des Ruggieri. — Les deux Rêves. — L'Elixir de longue vie. — Massimilla Doni. — Gambara. — L'Enfant maudit. — Les Proscrits. — Melmoth récon-

cilié. — Séraphita. — Le Bal de sceaux. — La Peau de chagrin. — Louis Lambert. — La Femme de trente ans. — Béatrix. — La Vendetta. — Une double Famille. — Le père Goriot. — César Birotteau. — Ferragus. — La Duchesse de Langeais. — La Fille aux yeux d'or. — La maison Nucingen. — Modeste Mignon. — La dernière incarnation de Vautrin. — Honorine. — Les Marana. — L'Employé. — Les Comédiens sans le savoir. — Un Prince de la Bohème. — Eugénie Grandet. — Le Chef-d'œuvre inconnu. — Une ténébreuse Affaire. — Pierre Grassou. — La Recherche de l'absolu. — Un Episode sous la terreur. — Le Contrat de mariage. — La Cousine Bette. — Le Cousin Pons. — L'Interdiction. — Les Secrets de la princesse de Cadignan. — Le Colonel Chabert. — L'illustre Gaudissart. — La Muse du département. — La Paix du ménage. — Une Passion dans le désert. — Physiologie du mariage. — Vautrin, drame. — Ursule Mirouet. — Les Célibataires. — Pierrette. — Le Curé de Tours. — Un Ménage de garçon. — Paris marié. — — Mercadet. — La Marâtre, drame. — Pamela Giraud, pièce en 5 actes. — Les Ressources de Quinola. — Splendeurs et misères des Courtisanes. — Jésus-Christ en Flandre. — Les Employés. — Gobseck. — La vieille Fille. — Le Cabinet des antiques. — Le Lis dans la vallée. — Une fille d'Eve. — L'Héritière de Birague. — Jean-Louis. — La dernière Fée. — Le Vicaire des Ardennes. — L'Israélite. — Argow le pirate. — Jane la pâle. — L'Excommunié. — Le Centenaire. — Dom Gigadas.

808. **Barbey d'Aurevilly** (J.). Les Prophètes du passé. P. 1880. Gr. in-18.

809. **Bassanville** (Comtesse de). Les Vacances amusantes. P. s. d. in-12.

810. **Baudrand** (l'abbé). Histoires édifiantes et curieuses. Rouen 1863. In-12 cart. fol.

811. **Beauvoir** (M. R. de). Les Salons et les Modes.

812. **Blanchard.** Ecole des mœurs. 1845. In-12.

813. **Boccace.** Il Decamerone di Giovanni Boccacio. Londra 1802. 4 vol. in-12 bas.

814. **Boccalini** (Trajano). De ragguagli di Parnaso. (10ᵉ édit.). Amst. G. Blæu. 1669. 2 vol. p. in-12 v. m. front. gr.

BELLES LETTRES

815. **Boissieu** (A. de). Lettres d'un passant. 2 vol. 1868.
816. **Berdelou** (l'abbé). Les tours de maître Gonin. 1713.
817. **Bouniol** (Bathild). A l'ombre du drapeau. In-12. 1859.
818. **Boyeldieu-Dauvigny** (Mme). Le Bonheur dans le devoir (ouvr. cour.). Tours 1873. In-8°.
819. **Bréhat** (Alfred de). Érouan Lodady ou le Pâtour de Pouhannec, feuilleton.
820. **Bridou** (J.). Célie ou Maliçerte. 1673.
821. **Cadalso** (D. José). Noches lugubres. (Dans le genre des nuits d'Young). Barcelona 1798. In-8°.
822. **Campe**. Nouveau Robinson. In-12 rel. 1833.
823. **Cantagrel** (F.). Le Fou du Palais-Royal (2e édit.). P. 1845, Gr. in-16 br.
824. **Casti**. Novelle galanti dello Ab. Casti. In Milano 1797. 2 vol. In-12 bas.
825. **Carrère** (Mme Zélie). Les Veillées de Jacques Bernard. 1862.
826. **Cervantes** (Michel). Trad. par F. de Brotonne. Don Quichotte. 1853. 2 vol.
827. — Tr. Viardot (L.). Don Quichotte. 1845.
828. **Chamfort**. Œuvres choisies. Bibl. nationale. 3 vol. 1866.
829. **Champagnac**. Sagesse et bonheur. (s. d.) In-12.
830. **Champfleury**. Souvenirs des Funambu. 1859.
831. — Le Violon de faïence, feuilleton.
832. **Chateaubriand**. Génie du Christianisme. — Notes et éclaircissements. — Les Martyrs. — Remarques. — De Paris à Jérusalem. — Voyage en Italie. — Voyage en Amérique. — Les Natchez. — Atala. — Le dernier Abencerage.
833. — Mélanges. In-12. 1858.

834. — Atala. — René. In-12 (s. d.)

835. **Chatillon** (J. de). Phébus. La Jettatrice, feuilleton.

836. **Chopin** (J.). Le Modèle de l'apprenti ou lettres de Baptiste à son bienfaiteur. 1834.

837. **Cleveland** (Histoire de). 1777. 3 vol.

838. **Corbière** (Ph.). Une Fam. noble du Languedoc. 1879.

839. — Viane, souvenirs d'une ville ruinée. 1 pla. in-12. 1882.

840. **Cormenin**. Entretiens de village. 1847. In-12 rel.

841. **Courier** (P.-L.). Œuvres. *Édition d'Arm. Carrel.* 1876. Gr. in-18 br.

842. — Œuvres. 1860. In-12.

843. — Pamphlets. 1832. In-18.

844. **Cottin** (Mme). Œuvres. 1° Malvina, 3 vol. 2° Amélie de Mansfeld, 3 vol. Limoges. 1841. 6 vol. in-18 br.

845. — Claire d'Albe. 1846. 1 vol. gr. in-16.

846. **Couto de Magalaès**. Contes indiens du Brésil. Broch. p. 8. *Traduit par Allain.*

847. **Craven** (Mme). Adelaïde Capecè Minutolo. Gr. in-8°. 1877.

848. — Reminiscences. In-12.

849. **Crébillon** fils. Œuvres. 1777. 14 vol. in-12 rel.

850. **Dash** (la comtesse). Renée, feuilleton.

851. **Dassoucy**. Aventures burlesques. In-12. 1858.

852. **Daudet** (Alph.). Numa Roumestan. 1881. In-12.

853. **Deltuf** (Paul). La femme incomprise, feuilleton.

854. **Des Fériers** (B.). Nouvelles Récréations. 1 vol. in-12. 1858.

855. — Œuvres françaises. Bibl. elzévir. P. 1856. In-16. 2 vol.

BELLES LETTRES.

856. **Diderot.** Romans et contes. B. nat. 3 vol. 1861.

857. **Didier** (Charles). A huit mille pieds au-dessus de la mer, feuilleton.

858. **Doury** (P.). Voyage au pays des bêtes. 1862. 2 vol. in-12 br.

859. **Droz** (Gust.). Monsieur, Madame et Bébé. 33e édit.

860. **Dubuisson** (d'Auxerre). Les trois Rêves. — Dans l'abîme. 1885. In-12.

861. **Ducray-Duménil.** Victor, l'Enfant de la Forêt. 1807. 2 vol. in-18, rel. (4 tomes en 2 vol.).

862. **Du Fail** (Noël). Œuvres facétieuses. Bibl. elzévir, P. 1874. In-16 perc. 2 vol.

863. **Dulac** (Camille). La Nièce de Mme de Sallebron. — Le jeu d'échecs. — Une Révolution dans un jardin

864. **Dumas** (Alex.). Black. — Episodes de la mer. — Acté. — La Californie. — La Dame de Montsoreau. — La San-Felice. — Le Page du duc de Savoie. — Les deux Diane (1re p.) Isaac Laquedem, feuilleton. — La Boîte d'argent. — Un Paquet de lettres. — Mémoires d'un médecin. Olympe de Clèves, feuilleton.

865. — Les trois Mousquetaires. 1883. 2 vol.

866. — Vingt ans après. 1885. 3 vol.

867. — Le vicomte de Bragelonne. 1885. 6 vol.

868. — Monte-Cristo. 1885. 6 vol.

869. — Ange Pitou. 1884. 2 vol.

870. — Comtesse de Charny. 1884. 6 vol.

871. — Le chevalier de Maison Rouge. 1885. 2 vol.

872. — Le collier de la Reine. 1883. 2 vol.

873. — Mes mémoires. 1884. 10 vol.

874. **Duplessis** (Paul). Le Batteur d'estrade.

875. **Enault** (Louis). Nadège. 1858.

BELLES LETTRES.

876. — La quinzaine littéraire. 1854.

877. **Erasme.** Colloques. 1808. In-18.

878. **Ermitage** (l'). de saint Didier. H. L. 2ᵉ édition. Lille 1864. In-8°.

879. **Esope.** *Tr. Gail (J.-B.).* Nouveau choix de fables d'Esope. P. l'an VII. In-8° p.

880. **Eyma** (Xavier). Madeleine. — Jérémie.

881. — Jacques du Parquet. 1856.

882. **Faïl** (Noël du). Œuvres facétieuses. 2 vol. (1834. Bibl. elzévir.

883. **Farrenc** (Mᵐᵉ Césarie). Les deux sœurs ou laideur et beauté. P. et Limoges. In-12 cart. doré. L. B.

884. **Fénelon.** *Ed. Rolland (l'abbé).* Morceaux choisis de Fénelon. 3ᵉ édit. P. 1826. In-18.

885. — Télémaque. 1699.

886. — Dialogues des morts. 1752.

887. — Fables. 1858.

888. **Fenimore-Cooper.** Le Pilote, 2 vol. — Lionel 2 vol. — Les Pionniers, 2 vol. — L'Espion, 2 vol, in-12 s. d.

889. — Les Mohicans, 2 vol. — Précaution ou le choix d'un mari. — Les Puritains d'Amérique, 2 vol, in-12 s. d.

890. **Feuillet** de Conches. Causeries d'un curieux. 4 vol. in-8°.

891. **Féval** (Paul). Pas de Divorce ! 1880. — Jésuites. 1880. — Le Coup de grâce. — Dernière Étape. 1881. — La Première Communion. 1880. — Pierre-Blot. 1880. — Les Étapes d'une conversion. 1879. — L'Homme de fer. 1878. — Voyage au dernier pays breton. 1878. — La Fée des grèves. 1878.

892. — Bouche de fer. 1861, feuilleton. — Le Champ de bataille. 1854, feuilleton.

893. **Fielding.** Tom Jones. 2 vol. in-18.

894. **Figuier** (Mᵐᵉ Louis). Les Sœurs de lait.

895. **Flaubert** (Gustave). Salambo. 1885.

896. — Mᵐᵉ Bovary. 1871.

897. **Florian.** Gonzalve de Cordoue, ou Grenade reconquise. P. 1792. Didot l'aîné. 3 vol, in-18, bas. fig. au front.

898. **Beauregard** (Costa de). Un homme d'autrefois. In-12.

899. **Belot** (Adolphe). Marthe, feuilleton.

900. **Béranger et le P. Guibaud.** Morale en action. 1802.

901. **Bernard** (Catherine). Frédéric de Sicile. 1680.

902. **Berquin.** 1° L'Ami des enfants et des adolescents. — 2° Livre de famille. — 3° Saedford et Merton. Ensemble, 4 vol. in-8° rel. 1858.

903. **Bernard** (Ch. de). L'Anneau d'argent, feuilleton.

904. **Berthet** (Elie). Le Garde Chasse, feuilleton.

905. **Bibliothèque** choisie du *Constitutionnel*. 1° Les grands danseurs du Roi, par Ch. Rabac. — 2° La dot de Suzette, par Fiévée. — 3° Martin, par Eug. Sue (l'introduction). En 1 vol. in-4°

906. **Blanchard.** Ecole des Mœurs. 1822. (T. III.)

907. **Foë** (Daniel de) Robinson Crusoé. Gr. in-12, rel.

908. **Fournier** (Edouard). Le 36ᵉ fauteuil de l'Académie. — Le vieux neuf. — Princes et Rois journalistes, feuilleton.

909. **Fournier** (Marc). Femme et Tigre, feuilleton. 1848.

910. **Gagneur** (Marie). Trois sœurs rivales, feuilleton. 1861.

911. **Galland.** 1° Les mille et une nuits. 1832. 4 vol. in-18 — 2° Autre exemple, avec les notes de Loiseleur Deslongchamps. P. 1835. Gr. in-8°

912. **Gautier** (Th.) Le capitaine Fracasse. 1876. 2 vol.

913. — L'Art Moderne. 1856. — Les Grotesques. 1856.

914. — 1° Esquisses de voyages. — 2° Militona. — 3° Les deux étoiles, feuilleton.

915. **Gérard** (Jules). La Chasse aux Lions. 1884.

916. **Godwin** (W.). Caleb. Williams. P. 1847. 3 t. in-12, 2 vol. gr. in-16.

917. **Goldsmith.** Le vicaire de Wakefield. 1847. in-18.

918. **Goldsmith.** Le Ministre de Wakefield. B. N. 1871. 2 vol.

919. **Gondrecourt** (A. de) Une vraie femme, feuilleton.

920. — Les prétendants de Catherine, feuilleton. — Les péchés mignons, feuilleton. — Le Bonhomme Nock, feuilleton. — La vieille fille, feuilleton.

921. **Gonzalès** (Emmanuel). Variétés, causerie, feuilleton.

922. **Goritz** (Cte Max de). L'âme du banni, feuilleton.

923. **Gozlan** (Léon). Le faubourg mystérieux, 3 cahiers. feuilleton.

924. **Graffigny** (Mme de). Lettres péruviennes. 2 vol. in-12. P. 1761.

925. **Grille** (Fr.). Œuvres, 7 vol. in-12 : 1° Le bric-à-brac, 1 vol. — 2° Miettes littér., 3 vol. — 3° La fleur des pois, 1 vol. — 4° Autographes, 2 vol, 7 vol. in-12.

926. **Guenot** (C.). Lampegia (roman). In-8°. P. 1865.

927. **Guinot** (Eugène). Un drame dans le monde parisien. feuilleton.

928. **Guillaume de Lorris** et **Jean de Meung.** Le roman de la rose, 2 vol. 1864.

929. **Hamilton** (Ant.). 1° Contes. P. 1820. 2 t. en 1 vol. in-18. — 2° Mémoires du comte de Grammont. P. 1824. 2 t. en 1 vol. in-18. — 3° Œuvres diverses. P. 1813-24 in-18, d. bas, 5 t. en 3 vol. in-18.

930. **Hoffman** (B.). Œuvres complètes. P. 1840. In-8°. 8 vol.

BELLES LETTRES.

931. — Contes fantastiques. 4 vol. in-8° rel. 1840.
932. **Houssaye** (Arsène). Les trois sœurs, feuilleton.
933. — Histoire du 41° fauteuil. In-12. 1857.
934. **Hugo** (Ch.). Une famille tragique, feuilleton. 1860.
935. **Hugo** (V.). Histoire d'un crime. 2 vol. 1883.
936. — Le Rhin. 2 vol. 1884.
937. — L'Homme qui rit. 2 vol. in-8°. 1883.
938. — Quatre-Vingt-Treize. (s. d.)
939. — Napoléon-le-Petit. 17° édit. Hetzel. (s. d.)
940. — Notre-Dame de Paris. P. 1836. 3 vol. in-8° rel.
941. — Les Travailleurs de la Mer. 2 vol. in-8°. 1883.
942. — Han d'Islande. — Bug-Jargal. — Le dernier jour d'un condamné.
943. — Les Misérables. 5 vol. 1881.
944. **Janin** (Jules). L'âne mort. gr. in-8°. br. illustré. 1842.
945. **Jehan d'Arras**. Mélusine. Bibl. elzévir. P. 1854. In-16.
946. **Jehan de Paris** (Le roman de). Bibl. elzévir. P. 1855. In-16.
947. **Karr** (Alphonse). Agathe et Cécile, feuilleton.
948. **Karr** (Mlle Thérèse-Alph.). Souvenirs d'hier et d'autrefois. In-12.
949. **Lablée**. Mémoires d'un homme de lettres. 1825.
950. **Labonnefon** (de). 1° Pierre Valdey. 1re édition. 1865. 1 vol. — 2° id. 2° édit. 1866. 1 vol. in-12.
951. **Labrousse** (Fabrice). Béatrix, feuilleton. 1862.
952. **Lacroix** (A. de). Les Reines de la main gauche, feuilleton.

953. **Lacroix** (Paul). Le comte de Vermandois, feuilleton. 1855.

954. — Cymbalum Mundi ; précédé des Nouvelles récréations, de B. des Périers. 1858.

955. **Lafarge** (M.). Heures de Prison.

956. **Lagrange** (Mme la Marquise de). Laurette de Malboissière. In-12 rel. 1866.

957. **La Landelle** (G. de). Le tableau de la mer. — La vie navale. 2e édit. P. Hach. 1867. Gr. in-18, br.

958. **La Madeleine** (Stephen de) Après le travail. In-12.

959. **Lamartine.** Œuvres. 8 vol. in-8°. 1842.

960. — Le tailleur de pierres Saint-Point. 1876. — Graziella. — Le Manuscrit de ma mère. — Mémoires inédits. 1881. — Raphaël. 1876. In-8°.

961. — Nouvelles confidences. 1879.

962. — Mélanges en prose. In-8°. 1876.

963. **Lamartine** (Alph. de). Les Confidences, feuilleton.

964. **Lamothe** (A. de). La Reine des brumes. In-12 br. 1873.

965. **Laplace.** Tom Jones. 2 vol. In-12. An II.

966. **La Tour Landry** (Le livre du chevalier de). Bibl. elzévir. P. 1854. In-16.

967. **Lavergne** (Alex. de). Il faut que jeunesse se passe, feuilleton. — La Circassienne, feuilleton.

968. **Lawrence** (G. A.). Guy Livingstone, feuilleton.

969. **Lectures** instructives et amusantes. Tours, Mame (S. D.). Texte gravé, in-12.

970. **Le Prévost** (Maurice). Les Misérables d'autrefois. 3e édit. P. 1863. Gr. in-18.

971. **Le Sage.** Gil Blas. 1823. 4 vol. in-18 relié.

972. — Gil Blas. 1836. In-8°. 1 vol.

973. — Le diable boiteux. Gr. in-8° (illustré). 1845.

974. — Le diable boiteux, 1842.

975. **Le Sage** (Alain). Le bachelier de Salamanque. 1777. 2 vol.

976. **Limayrac** (Paulin). Littérature. — Variétés, feuilleton.

977. **Loire** (Louis). Anecdotes de théâtre. 1875. In-12.

978. **Loyau d'Amboise**. Henri de France. 1832.

979. **Lucas** (Hip.). Curiosités dramatiques et littér., 1855.

980. **Magalhaès**. Contes Indiens du Brésil. In-12. 1883.

981. **Maistre** (Xavier de). Voyage autour de ma chambre. In-12. 1875.

982. — *Ed. Veuillot (Eugène).* Œuvres. P. 1863. Gr. in-18 br.

983. **Malefille** (Félicien). Mémoires de don Juan, feuilleton. 1847.

984. **Malot** (Hector). Sans famille. In-4°. 1865.

985. **Manuel de la Jeunesse**. In-12. 1884.

986. **Marc-Bayeux** (Aug.). La sœur aînée, feuilleton. 1862.

987. **Marguerite d'Angoulême**, reine de Navarre. L'Heptaméron des Nouvelles, publ. par L. Jacob. P. In-12. 1858.

988. **Marmontel**. Les Incas, ou destruction de l'empire du Pérou. P. 1831. In-8°. 3 vol.

989. **Mars** (Marcel). Le damoiseau. *(Trad. de Larra.)* Gr. in-18. Châteauroux. 1865.

990. — Guerre et siège de Vatan. In-12. br. 1871.

991. **Maurel-Dupeyré**. Bassompierre en Espagne, feuilleton.

992. **Maurice** (Charles). Histoire anecdotique du théâtre. 2 vol. 1856.

BELLES LETTRES. 61

993. **Mayer** (de). Aventures de Charles-Le-Bon d'Armagnac.

994. **Méry.** Un mariage de Paris. — Une conspiration au Louvre. — Paris républicain. Feuilletons.

995. **Meyer** (Paul). Le roman de Flamenca. In-8° br. 1865.

996. **Mille (les) et un jours.** Contes orientaux. P. 1826. 5 vol. in-8°.

997. **Mille (les) et une nuits.** Gr. in-8° relié.

998. **Monnier** (Henri). Les diseurs de rien, feuilleton.

999. **Monseignat** (C. de). Le Cid Campéador. P. 1853. In-12.

1000. **Monteil** (Am.-Alexis). Les étapes d'un volontaire de l'an II de la République (s. l. n. d.) In-8°.

1001. **Musset.** La confession d'un Enfant du siècle. 1865.

1002. **Nicolas de Troyes.** Le grand parangon des nouvelles. Bibl. elzévir. P. 1869. In-16.

1003. **Nodier** (Charles). Contes. Gr. in-8°. 1846.

1004. 1° Nouvelles françoises en prose du XIII° siècle. P. 1856. — 2° Nouvelles françoises du XIV° siècle. P. 1858. In-16.

1005. **Ohnet** (Georges). Le Maître de Forges. 1885.

1006. **Pelletan** (Eugène). Jarousseau, le Pasteur du désert. (Ouvr. couronné). In-12 br.

1007. — Les morts inconnus. — Sensations-magnét. Feuilletons.

1008. **Pellico** (Silvio). Mes prisons. In-12. 1844.

1009. **Picard** (L. B.). Les aventures d'Eugène de Senneville et de Guillaume Delorme. Nouv. édit. P. 1815. In-12. 4 vol.

1010. **Pignotti** (Lorenzo). Favole e Novelle. 6° édit. In Nizza, 1787. 2 t. en 1 vol. in-12.

BELLES LETTRES.

1011. **Ponson du Terrail.** La forge de Nogaret. Feuilleton.

1012. **Prévost** (l'abbé). Hist. de Manon Lescaut. P. (s. d.). Gr. in-8°. Illustré.

1013. **Quinze** (les) joyes du Mariage. 1857.

1014. **Rabelais.** Œuvres. 2 vol. B. N. 1869.

1015. — Œuvres. 1659. 2 vol.

1016. **Raisson** (Horace). La bergère d'Ivry. Feuilleton.

Revue des Deux-Mondes.
(Sous ce titre sont compris les n°s 1017 à 1163.)

1017. **Edmond About.** Tolla. — Le Turco. — L'Infâme. — La Fille du Chanoine. — Les Mariages de province. — L'album du régiment. — Etienne, histoire d'un coq en pâte. — Une rupture. Ahmed le Fellah.

1018. **Amédée Achard.** Nelly. — Thérèse. — Mademoiselle du Rozier. — Maurice de Treuil. — Pierre de Villerglé. — Madame Rose. — La vocation d'Urbain Lefort. — Marguerite de Tanlay. — L'Eau qui dort. — Salomé. — Miss Tempête. — Madame de Sarens. — Madame de Nailhac. — Le serment d'Hedwige. — Le mari de Delphine. — Les rêves de Gilberte. — La recherche de l'Inconnue. — Le livre à serrure.

1019. **Aïdé (Hamilton).** Un poète du grand monde.

1020. **Albane** (P.). Le Péché de Madeleine. — Flamen. — Souci. — Les Propos d'un franc-tireur. — Les Lettres d'Hermann et Dorothée.

1021. **Aldrich** (T.-B.). Marjorie Daw. — Prudence Palfrey. — La Reine de Saba.

1022. **Anstey** (F.). Le Caniche noir.

1023. **Mme d'Arbouville.** Résignation. — Le Médecin de village. — Une Histoire hollandaise.

1024. **Arvède Barine.** La Reine du Régiment.

1025. **Assolant** (Alfred). Les Busserfly. — Acacia.

1026. **Augustin-Thierry** (Gilbert). Le Palimseste.

1027. **Bagréef-Speranski** (Mme E. de). Xénia Damianovna. — La Pokritka.

1028. **Belgiojoso** (Princesse Christine Trivulse de). Emina. — Un Prince Kurde. — Les deux Femmes d'Ismaïl Bey. — Un Paysan turc. — Zobeideh. — Rachel.

1029. **Th. Bentzon.** La vocation de Louise. — Le Chagrin de tante Marguerite. — Le Violon de Job. — Maxime. — La grande Saulière. — Désirée Turpen. — Un Remords. — L'Obstacle. — Georgette. — Le Veuvage d'Aline. — Tête folle. — Une Conversion. — Tony. — Un accident.

1030. **Charles de Bernard.** Le Paratonnerre. — Un Homme sérieux.

1031. **Henri Beyle.** La duchesse de Palliano. — L'Abesse de Castro. — San Francesco à Ripa. — Mina de Wangel.

1032. **Biart** (L.). Dona Evornia. — Ce que femme peut. — Silvéria. — L'Eau dormante.

1033. **Bishop** (Henri). Choy-Suzanne.

1034. **Blaze de Bury** (H.). Vinetti.

1035. **Bonnières** (Robert de). Les Monach. — Jeanne Avril.

1036. **Bret Harte.** Mliss. — Récits californiens (l'Idylle du Val-Rouge, Une Nuit à Wingdam, L'Enfant prodigue de M. Thompson.) — Les Maris de madame Skoggs. — Carrie. — Le Fou de Five-Forho. — Van-li le païen. — Episodes de la vie d'un joueur. — La rose de Tuolumne.

1037. **Bosboom-Toussaint.** Le major Frans.

1038. **Bourget** (Paul). Céline Lacoste.

1039. **Buchon.** (Max). Le Matachin. Le Gouffre-Gourmand.

1040. **Cable** Jean Roquelin. — La Plantation des belles demoiselles.

1041. **Cantel** (H.). Le prince Domenti. — Héraklé.

BELLES LETTRES

1042. **Castellan** (E.). La Toile d'araignée.

1043. **Castellane** (P. de). Mac-Fy.

1044. **Challemel-Lacour.** La princesse Tarakanow.

1045. **Champfleury.** Les Sensations de Josquin. — Les Orgues de Fribourg. — Histoire de M. T.

1046. **Cherbuliez** (Victor). Le comte Kostia. — Le prince Vitale. — Paule Méré. — Le Roman d'une honnête femme. — Le Grand Œuvre. — Prosper Randoce. — L'Aventure de Ladislas Bolski. — La Revanche de Joseph Novrel. — Meta Holdenis. — Mis Rovel. — Le Fiancé de Mlle Saint-Maur. — Samuel Brohl et Cie. — L'Idée de Jean Téterol. — Le bel Edwards. — Le Roi Apépi. — Les Inconséquences de M. Drommel. — Noirs et Rouges. — La Ferme du Choquand. — Olivier Maugant. — La Bête.

1047. **Chevalier** (Augustin). La Loi de Lynch.

1048. **Collas** (Louis). Le Juge de paix.

1049. **Colomb** (Casimir). Le Roman de Mlle Renée.

1050. **Conscience** (Henri). Le Gentilhomme pauvre. — Rikke-Tikke-Tak.

1051. **Daubige** (Ch.). L'arabe Taïeb. — Le Mozabite.

1052. **Daudet** (Ernest). La baronne Amalti. — Vilma. — Clarisse. — Madame Robernier.

1053. **Dawson** (Emmy Mme). Le comte Willy.

1054. **Delpit** (Albert). Robert de Bramafan. — Le fils de Coralie. — Le mariage d'Odette. — Le Duel du Commandant. — La lettre. — Ronald et Misette. — La Marquise. — Le Crime de Bernardin. — Nissa. — Solange de Croix-Saint-Luc. — Le début de Lydia.

1055. **Droz** (Gustave). Un Paquet de lettres. — Autour d'une Source.

1056. **Du Camp** (Maxime). Le Chevalier du cœur saignant. — L'Homme au bracelet d'or. — Les Hallucinations du professeur Floréal. — Richard Pudnoël. — Les Buveurs de cendres.

BELLES LETTRES.

1057. **Duçom** (Eugène). Menine. — La Cicoulane. — Les Caravanes du Chevalier de Mombalères. — La Reine du Sabat.

1058. **Duruy** (Georges). Andrée. — Le Garde du corps. — L'Unisson.

1059. **Ebelot** (Alfred). André Cazeaux l'Indien.

1060. **Eggleston** (Edw.). Le Maître d'école de Flat-Creek. — Le Prédicateur ambulant.

1061. **Erckmann-Chatrian**. Le Fou Yégof. — Histoire d'un sous-maître. — L'Education d'un féodal. — Les Vieux de la vieille.

1062. **Estournelles de Constans** (Paul d'). Dionytza. — Mach.

1063. **Eynaud** (Albert). La Chanson de Férizadé. — La Montagne Kurde. — La Maison du Bey.

1064. **Fabre** (Ferdinand). Le Roman d'un peintre. — Le Roi Ramire.

1065. **Ferry** (Gabriel). José Juan. — Une Guerre en Sonora. — L'île de Tiburon. — Gayetano le contre-bandier. — Les Gambusinos. — L'Hacienda de la Noria. — Le Dompteur de chevaux. — Bermudes-el-Matasiete. — Le Salteador. — Perico-el-Zaragate. — Fray Serapio. — Remigio Vasquez. — Les Mineurs de Rayas.

1065. — Le Capitaine don Blas et la conducta de Platas. — Les Jarochos. — Le Pilote Ventura. — Le Licencié don Tadeo Christobal. — Le Capitaine Ruperto Castanas. — Les sept Norias de Bajan. — Le Soldat Cureno. — Christino Vergara. — Le Rastreador.

1066. **Feuillet** (Octave). Bellah. — La petite Comtesse. — Le Roman d'un jeune homme pauvre. — Histoire de Sibylle. — Monsieur de Camors. — Julia de Trécœur. — Un Mariage dans le monde. — Les Amours de Philippe. — Le Journal d'une femme. — Histoire d'une parisienne. — La Veuve. — Le Voyageur. — La Morte.

1067. **Flévée** (A.). El Resucitado.

1068. **Figuier** (Mᵐᵉ). Scènes et souvenirs du Bas-Languedoc. — Les fiancés de la Cardiole. — Scènes et souvenirs des Maremmes du Rhône. — Le Gardian de la Camargue.

1069. **Fistié** (Camille). Suzanne Descharmes. — Le Fifre.

1870. **Forgues** (E.). Stuart de Dunleath. — Thorney-Hall. — Georgy Sanden. — Dorlcote-Mill. — Une Parque. — De Lunatico. — La Fille du roi Bruce. — Heures de loisir. — La Famille du docteur. — L'Anneau d'Amasis. — Romola, une histoire florentine. — Austin Elliot.

1071. — Sandra Belloni. — L'Épreuve de Richard Feverel. — Barberine au joug. — Cousine Phillis. — Le Rachat de Jane. — Fausses routes. — Lady Tattersall. — Jaune ou bleu. — La Mort de Deadly Dash. Fleurettes et réalités. — Zioba, archives d'une famille vénitienne. — Comment femme pardonne. — Avice Dare. — Moby Dick.

1072. — Elsie Venner. — Nicolinka. — La Marquise de Novion. — En l'année Treize.

1073. **Fos** (Maurice de). Zoïtza, légende grecque.

1074. **Franzos** (K. E.). Le Juge de Biala.

1075. **Fridolin** (Major). La Retraite des Dix mille. — Un Tour aux Neilgerrhies. — Sir Andrew Ashton. — Une Histoire de chasse.

1076. **Fromentin** (Eugène). Dominique.

1077. **Gauthier** (Théophile). Le Club des Hachichins.

1078. **Gennevraye** (A.). L'Ombra.

1079. **Gérard de Nerval**. Les Femmes du Caire. — Les Esclaves. — Le Harem. — La Cange du Nil. — La Santa Barbara. — Les Maronites, un prince du Liban. — Les Druses, le calife Hakem. — L'Anti-Liban. — Les Fêtes de Mai en Hollande. — Sylvie.

1080. **Girardin** (Jules) Les théories du docteur Wurtz. — Le Fiancé de Lenora.

1081. **Gourdault** (J.) La Vire aux mayens.

1082. **Gozlan** (Léon). Un épisode du blocus continental. — Le capitaine Gueux. — Le château Bouret. — Le château de la Frette. — Le château de Luciennes.

BELLES LETTRES.

1083. **Gréville** (Henri). L'Expiation de Savéli.

1084. **Halévy** (Ludovic). L'abbé Constantin.

1085. **Hartmann** (Maurice). La Femme du Consul. — Deux destinées. — La Babouche.

1086. **Heine** (Henri). Histoire du tambour Legrand. — Les Bains de Lucques. — Les Nuits florentines. — Méphistophélès et la légende de Faust. — Les dieux en exil. — Les Aveux d'un poète.

1087. **Herbanges** (J. d'). La Jaguerre. — Prosper.

1088. **Herzberg.** (Frankel). — Baschinka. — Reb Herschel.

1089. **Heyse** (P.). Méran.

1090. **Hugo** (Victor). Le Soir d'un jour de marche.

1091. **Jacquemont.** El Matarife.

1092. **James** (Henry). Le dernier des Valérius. — Le premier amour d'Eugène Pickering. — La Madone de l'avenir. — Cousin et Cousine. — Quatre rencontres.

1093. **Janin** (Jules). Le Voyage d'un homme heureux.

1094. **Karr** (Alphonse). Feu Bressier. — La famille Alain.

1095. **Kavanagh** (Julia). Ma cousine Jeanne.

1096. **Keller** (Godefroi). Frère Eugénius.

1097. **La Madelène** (Henri de). Jean des Baumes. — Silex.

1098. **La Madelène** (Jules de). Le marquis de Saffras. — Le comte Alghiera.

1099. **Lamiraudie** (C. de). Manarph.

1100. **Laveleye** (Emile de). Marina.

1101. **Lavergne** (L. de). Elise et Albert.

1102. **Léger** (L.). La Rychtarka de Jestièd.

1103. **Le Roux** (Alfred). Henriette.

1104. **Limayrac** (Paulin). L'ombre d'Eric.

BELLES LETTRES.

1105. **Lindau** (R.). Simidso-Sedji. — Les Peines perdues.

1106. **Louis-Lande** (L.). Camaron.

1107. **Loti** (Pierre). Mon frère Yves. — Pagodes souterraines. — Corvée matinale. — Un Vieux. — Propos d'exil.

1108. **Marc-Monnier.** Donna Grazia. — Carmèle. — Miss Ouragan. — Gian et Hans. — La petite Angela.

1109. **Marcel** (Jean). Jacques Donné.

1110. **Mérimée** (P.). Colomba. — Arsène Guillot. — Carmen. — La dame de Pique. — Apparitions. — Lokis. — Lettres à une inconnue.

1111. **Metz-Noblat** (A. de). Pichichia.

1112. **Mélènes** (Paul de). Le Chevalier de Tréfleur. — Briolan. — La Comédienne. — Une Légende mondaine. — Les Soirées du Bordj. — Cornelia Tulipani. L'Homme abandonné. — Les Solitudes de Sidi-Pontrailles. — Voyages et pensées militaires. — La Bonne fortune de Ben-Afroun. — Gertrude. — Le Deuil de lady Jessing. — Aïsha-Rasa.

1113. — Les Visions de la Tente. — La Princesse Prométhée. — L'Ecueil de Lovelace. — Un Essai de bonheur conjugal. — L'Asile. — La Devise des Cruentaz. — Les Caprices d'un régulier.

1114. **Murger** (Henri). Claude et Marianne. — Un Dernier rendez-vous. — Adeline Protat. — Les Buveurs d'eau. — Francis Bernier. — Hélène. — Lazare. — Les Vacances de Camille.

1115. **Musset** (Alfred de). La Confession d'un enfant du siècle. — Emmeline. — Les Deux maîtresses. — Frédéric et Bernerette. — Le Fils du Titien. — Margot. — Croisilles.

1116. **Musset** (Paul de). Le dernier Abbé. — Madame de la Guette. — Puylaurens. — La Bavolette. — Le Bisceliais. — Le Vometo. — Le Bonacchino. — Le Mezzo-Matto. — La Frascatana. — La Pagota. — La Foire de Sinigaglia. Le Bastarda. — Le Patito. — Le Cavalier servant. — Don Fa-Tutto. — Histoire d'un Diamant. — Les Dents d'un Turco.

BELLES LETTRES.

1117. **George Ohnet.** Les Dames de Croix-Mort.

1118. **Ouida.** Lady Tattersall. — Jaune ou Bleu. — La Mort de Deadly Dash. — La Branche de lilas. — Une Feuille dans l'ouragan. — Nello et Patrasche. — Deux petits Sabots. — Le Plat de noces. — La Renommée. — Umilta. — Les Fresques. — Don Gesualdo.

1119. **Ourliac** (Edouard). Mademoiselle de la Charnay. — Limoëlan.

1120. **Pavie** (Théodore). Les Pincheyras. — La Peau d'Ours. — Pepita. — Rosita. — Antonina. — La Loca Cuerda. — El Cochupin. — Le Capitaine Robinson. — Toby le Lumberer. — Ismaël el-Raschydi. — Les Babouches du Brahmane. — Padmavati. — Cherumalle-Mahout.

1121. — Patmakhanda. — Les Makouas. — Miss Nella. — Devadatta. — Joaquim. — Manoela. — El Nino de la Rollona. — Le Caboteur du cap Frehel. — Marie la Frileuse. — Les Deux Coups de Feu. — La Lande aux Jagneliers. — La Fauvette Bleue. — Valentin. — Les Pêcheurs de Cancale. — Gretchen. — La Panthère Noire.

1122. **Perrot** (Paul). Mademoiselle du Plessé. — La Bague d'Argent. — Le Prieuré. — Un Parasite. — Les Sept Croix-de-Vie. — Le Testament de Monsieur Tupffer. — L'Amour éternel.

1123. **Peyrebrune** (Georges de). Marco. — L'Epingle d'or. — Jean Bernard.

1124. **Flauchut** (Ed.). Rita.

1125. **Pontmartin** (A. de). Octave.

1126. **Pouvillon** (Emile). L'Innocent. — Jean de Jeanne.

1127. **Putlitz** (G. de). La Maison de la Demoiselle.

1128. **Rabusson** (Henry). Dans le Monde. — Madame de Givré. — Le Roman d'un Fataliste. — L'amie. — Le Stage d'Adhémar. — Un Homme d'aujourd'hui.

1129. **Renan** (Ernest). Souvenirs d'enfance.

1130. **Reybaud** (Mme Charles). Marie d'Enambuc. — L'Oblat. — Misé Brun. — Le Cadet de Colobrières. Félix. — Clémentine. — La Dernière Bohémienne. — Mademoiselle de Malepeire. — Le Cabaret de Gaubert. — L'Oncle César. — Comment ma tante Isabelle resta fille.

1131. **Rhodes** (A.). Un Voyage sentimental sur les bords du Jourdain.

1132. **Richepin** (Jean). Sœur Doctrouvé.

1133. **Rivière** (Henri). Le Colonel Pierre. — La Seconde vie du docteur Roger. — Les Voix secrètes de Jacques Lambert. — Les Méprises du cœur. — Le Meurtrier d'Albertine Renouf. — La Marquise de Cireix. — L'envoûtement. — Mademoiselle d'Avremont. — Le Comte d'Arbray. — Les Hallucinations de M. Margerie. — Madame Herbin. — La Faute du Mari. — Philippe. — Le Châtiment. — Un Dernier succès. — Flavien. — Edmée de Nerteuil. — La Marquise de Ferlon. — La Marquise d'Argantini.

1134. **Rouslane** (V.) Le Mari de Prascovia. — Le Juif de Sofievka.

1135. **Sacher-Masoch** (L. de). Don Juan de Colomea. — Frinko Balaban. — Marcella, le conte bleu du bonheur. — La Barina Olga. — La Justice des paysans. Le Haydamak. — Le Mariage de Valérien Kochanski. — La Hasara-Raba. — Récits galliciens.

1136. **Saint-Julien** (C. de). Moumounia.

1137. **Sainte-Beuve**. Christel.

1138. **Sand** (George). Lélia. — La dernière Aldini. — L'Orco. — L'Uscoque. — Spiridion. — Les Sept Cordes de la Lyre. — Gabriel. — Pauline. — Mouny-Robin. — Le Château des Désertes. — L'Homme de neige. — Elle et lui. — Jean de la Roche — La Ville noire. — Le Marquis de Villemer. — Valvèdre. — Tamaris. — Antonia. — Mademoiselle La Quintinie. — Ce que dit le ruisseau. — Laura. — La Confession d'une jeune fille. La Coupe. — Monsieur Sylvestre. — Le Dernier amour. — Mademoiselle Merquem. — Pierre qui roule. — Malgrétout. — Césarine Dietrich. — Francia. — La Reine Coax. — Le Nuage rose. — Les Ailes du courage. — Yéous. — Un Hiver au Midi de l'Europe. — L'Île Ma-

BELLES LETTRES.

jorque. — Lettres d'un Voyageur. — Ma sœur Jeanne. — Flamarande. — Marianne. — Le Chêne parlant. — Le Chien et la fleur sacrée. — La Tour de Percemont.

1139. **Sand** (Maurice). Callirhoé. — Miss Mary.

1140. **Sandeau** (Jules). Le docteur Herbeau. — Richard. — Vaillance. — Fernand. — Mademoiselle de la Seiglière. Madeleine. — Un Héritage. — Sacs et Parchemins. — La Maison de Penarvan. — Le colonel Evrard. — Jean de Thommeray.

1141. **Saveney** (Edgar). Madame Fortimi. — Popovitza.

1142. **Scudo** (P.) Le Chevalier Sarti. — Frédérique (suite du Chevalier Sarti).

1143. **Serret** (Ernest). Francis.

1144. **Souvestre** (Emile). Le Sorcier du Petit-Haule. — La Fileuse. — La Chasse aux Trésors. — Les Huttiers et les Cabaniers du Marais. — Les Kacouss de l'Arnor. — Les Bryérons et les Saulniers. — Les Boisiers et le Braconnier Bon-Affût. — Le Traîneur de Grèves. — Le Marinier de la Loire. — Le Gardien du Vieux-Phare. — Le Passeur de la Vilaine. — Le Garde du Lazaret.

1145. — L'Eclusier. — La Fillole des Allemagnes. — Le Chasseur de Chamois. — L'Hospice de Selisberg.

1146. **Stapfer** (H.). Le Brigadier Trickball.

1147. **Stauben** (Daniel). Scènes de la vie Juive en Alsace.

1148. **Thackeray** (Miss). La Campanule.

1149. **Theuriet** (André). L'abbé Daniel. — Lucile Desenclos. — Les souffrances de Claude Bouet. — L'Ondine. — Mademoiselle Guignon. — Le Mariage de Gérard. — L'Automne dans les bois. — La Fortune d'Angèle. — La Recherche d'un Coléoptère. — Raymonde. — La Chanson du Jardinier. — Le Filleul d'un Marquis. La Maison des deux Barbeaux. — Le Fils Maugars. — Saint Enogat. — Un Miracle. — La Princesse Verte. — L'Ecureuil. — Douarnenez. — Sauvageonne. — Rose-Lise. — Michel-Verneuil. — Bigarreau. — La Pamplina. — Eusèbe Lombard. — Péché Mortel. — Hélène. — Au Paradis des Enfants.

1150. **Tolstoï** (comte Léon). Trois Morts. — Souvenirs du siège de Sébastopol.

1151. **Toubin** (Ch.). Jean-Denis le Vigneron. — La Ferme du Champ-de-l'Epine. — Les Contrebandiers du Noirmont. — Le Paysan d'Alaise.

1152. **Tourguénef** (Ivan). — Moumounia. — Faust. — Anouchka. — Les Trois Rencontres. — Le Journal d'un Homme de trop. — Apparitions. — L'Aventure du Lieutenant Yergounof. — Etrange Histoire. — Le Roi Lear de la Steppe. — Le Gentilhomme de la Steppe.

1153. **Uchard** (Mario). La comtesse Diane. — Jean de Chazal. — Mon Oncle Barbassou. — L'Etoile de Jean. — Inès Parker. — Mademoiselle Blaisot. — Joconde Berthier.

1154. **Valon** (Alexis de). Le Châle Vert. — Le Châle Noir. — La Corrèze et Roc-Amadour.

1155. **Valrey** (Max). Marthe de Montbrun. — Léonie. — Hermine.

1156. **Varigny** (Chs de). Kiana. — Parley Pratt. — Ella Wilson. — Les Ruines d'Uxmal.

1157. **Vautier** (E.). Le Docteur Fauvel. — Le Mari de Suzanne. — André Maubert. — La Marraine. — Le Remords du Docteur. — La Fortune du cousin Jérôme.

1158. **Villert**. Yasmina.

1159. **Vincent** (Jacques). Jacques de Trévannes. — Le Retour de la Princesse. — Misé Féréol. — Le cousin Noël.

1160. **Vogüé** (Vte Eugène Melchior de). Vanghéli. — Histoire d'Hiver.

1161. **Wilkie Collins**. Baisers Purifs. — La Corde Fou. —

1162. **Anonymes**. Madame de Marçay. — Natacha de V. — Laurence. — Mon grand-père Vaultret. — Expiations. — Mathilde de Thiennes.

1163. Table de 1831 à 1885. La collection à partir de 1838.

BELLES LETTRES. 73

1164. **Reyre** (l'abbé). Le Fabuliste des enfants adolescents. Lyon et P. 1812. Fig. in-12.

1165. **Reybaud** (Louis). La Vie à rebours. — La comtesse de Mauléon. — Mathias l'humoriste. — Edouard Mongeron. — Ce qu'on peut voir gratis dans une rue, feuilleton.

1166. — Jérôme Paturot. 2 vol. in-18. 1847.

1167. **Ribbe** (Ch. de). Une famille au XVIe siècle.

1168. **Richardson**. Clarisse Harlowe. 10 vol. p. in-18. Rel. 1784.

1169. — Grandisson. 1786. 4 vol. in-18. Rel.

1170. **Robert** (Mme Clémence). Daniel le laboureur. 1855.

1171. **Rolland** (Amédée). Les fils de Tantale. R. F.

1172. **Rondelet** (A.). Mémoires d'Antoine. In-12. 1862.

1173. **Rousseau** (J.-J.). La nouvelle Héloïse. Nouv. édit. Avignon 1805. 4 vol, in-18 br. fat.

1174. **Rowcroft** (C.) Marc-Brandon, feuilleton.

1175. **Saintine** (X. B.). Chronique des trois reines, feuilleton.

1176. — Picciola, 1 vol. in-12. 1867.

1177. **Sainte-Croix** (Aimé de). Naufrage d'un capitaine hollandais. Limoge (s. d.) in-8° cart. (Dur.)

1178. **Saint-Laurent** (Ch.). Un martyr du dévouement, ou l'amour filial. 1867.

1179. **Saint-Pierre** (Bernardin de). Paul et Virginie. 1871.

1180. — Paul et Virginie. 1792. in-18 rel.

1181. **Sand** (George). Jacques. — Le Compagnon du tour de France. — André. — Lavinia. — Mattea. — La Marquise. — Flavie. — Metella. — Le Piccinino. — Constance Verrier. — La Petite Fadette. — Elle et Lui. — Les Sept Cordes de la Lyre. — Mlle Merquem. — Lélia. — Indiana.

1182. **Sandeau** (Jules). La Chasse au Roman. — Valcreuse, feuilleton.

BELLES LETTRES.

1183. **Satyre-Ménippée.** Ratisbonne. 1726. In-12. 3 vol.

1184. **Saunier** (E.). L'an-fer.

1185. **Scarron** (Virgile travesti). Tome 5ᵉ des œuvres. Amst. Pierre Mortier. 1704, p. in-12.

1186. — Le Roman comique. Bibl. elzévir. P. 1857. In-16. 2 vol.

1187. **Scènes de la vie privée** (mœurs anglaises). 1855.

1188. **Scott** (Walter). Œuvres. 1840. 14 vol. in-8°.

1189. — 8 vol. 1830. In-12.

1190. — Œuvres complètes. 1837. 30 vol. in-8° br. — Les Aventures de Nigel. — Le Monastère. — L'Abbé. Anne. — Anne de Geierstein. — Le Château dangereux. — Les eaux de Saint Roman. — Woodstock. — Les chroniques de la Canongate. — Les fiancés. — Le talisman. — Description de l'Ecosse. — La fiancée de Lammermoor. — Une légende de Montrose. — Quentin Durward. — Waverley. — L'Antiquaire. — Marmion. — La Dame du lac. — Harold l'indomptable. — Le champ de Waterloo. — Kenilworth. — La prison du Mid-Lothian. — Guy Mannering. — Rob-Roy. — Peveril du Pic. — Le Nain noir. — La Chambre tapissée. — Extrait de l'Eyrbiggia-Saga. — La Maison d'Aspen. — Robert de Paris. — Le Jour de saint Valentin. — Le Vieillard des tombeaux. — Ivanhoe. — Le Pirate. — Redgauntlet.

1191. **Scribe** (Eugène). Le Filleul d'Amandis. — La jeune Allemagne, feuilleton.

1192. **A. Schmidt** (chan.). *Tr. Laurent (l'abbé).* Le jeune ermite suivi de nouveaux contes. P. Limoges. (s. d.). In-18.

1193. **Ségur** (Marquis de). Un hiver à Rome. In-12 br. 1877.

1194. **Ségur** (le comte de). Galerie morale. In-12 rel. 1845.

1195. **Soulié** (Frédéric). Confession générale. P. 1857. 2 vol. in-8° br.

1196. — Les mémoires du diable. P. 1857. 2 vol. in-8°.

1197. — Le veau d'or. 1852.

1198. **Soulié** (Pierre). Notes au crayon (mœurs ruthénoises), par Saint-Cernin. R. R. Vir. 1880. Gr. in-16. — A propos d'Alexis Monteils. 1883.

1199. **Souvestre** (Emile). Les derniers bretons. 2 vol. 1875.

1200. — Le monde tel qu'il sera. 1871.

1201. **Souvenirs** de Saint-Gabriel, institution libre. Le Puy. 1866. Gr. In-18.

1202. **Staël** (Mme de). Corinne. 1846. In-18.

1203. **Staël-Holstein** (Mme de). Delphine. Genève 1802. 4 vol. in-12.

1204. — Delphin. 1802. Corinne 1846 et œuvres diverses.

1205. **Stern** (Daniel). Valentia. (R. F.).

1206. **Sterne** (Laurence). Voyage sentimental en France 1866.

1207. **Stowe** (Henriette). Tr. *Michiels (Alfred)*. La cabane de l'oncle Tom. 4e édit. P. 1853. Gr. in-8°.

1208. **Straparole**. Les facétieuses nuits Bibl. elzévir. P. 1857. In-16, 2 vol.

1209. **Stapleaux** (Léopold). Les Cent Francs du dompteur.

1210. **Sue** (Eugène). Mathilde. 3 vol. in-16 rel. 1845.

1211. — A. Judith, ou la loge d'opéra. — B. Le tête-à-tête (proverbe). — C. Un ministre sous Lous XV. — D. Le jeune docteur. — F. Polenkin, ou un Caprice. — F. Le prix de la vie. Feuilleton.

1212. — Mystères de Paris. 1845. 5 vol. in-16.

1213. **Tabarin**. Œuvres complètes. Bibl. elzévir. P. 1858. In-16. 2 vol.

1214. **Tardieu** (A.). Variétés, feuilleton.

BELLES LETTRES

1215. **Thiers** (Ad.). Variétés, feuilleton.

1216. **Thomas** (André). Maître Cayeux. 1854.

1217. **Thoré** (T.). Variétés, feuilleton.

1218. **Topffer** (Rodolphe). Le Presbytère. 1863.

1219. **Ulbach** (Louis). Les deux Médecins. 1854. Feuilleton.

1220. **Valmont** (le comte de). 6 vol., p. in-8° 1821.

1221. **Valbert** (G.). Le roi Louis II de Bavière. Juillet 1886.

1222. **Val d'Or** (le). Par M. l'abbé H... P. 1863. In-12.

1223. **Vargas** (Les aventures de don Juan de). 1853.

1224. **Variétés**. Scènes de la vie privée. — Mœurs anglaises, feuilleton.

1225. — Launay. — Gauthier. — Sandeau. — Méry. La Croix de Berny, feuilleton.

1226. — 1° Fiorentino, musique. — 2° Adam, musique. — 3° Matharel, théâtres. — Revue-Dramat, feuilleton.

1227. — historiques et littéraires, Bibl. elzévir. P. 1855-63. In-16. 10 vol.

1228. **Vattier** (Gustave). Santa-Maria, feuilleton.

1229. **Verne** (Jules). 1° Les Voyageurs du XIX° siècle. — 2° La Maison à vapeur. P. 1881. 2 vol. gr. in-8° (illustrés).

1230. — De la Terre à la Lune (ouvrage couronné). — Autour de la Lune. P. Hetzel (s. d.), gr. in-18.

1231. — Edit. Hetzel. La Découverte de la Terre. In-4°. — Les Indes noires. — Le Chancellor. In-4°. — Le Pays des Fourrures. In-4°. — Voyage au Centre de la Terre. In-4°. — Les grands Navigateurs du XVIII° siècle. In-4°. — Aventures du capitaine Hatteras. In-4°. — Vingt mille lieux sous les Mers. In-4°. — Michel Strogoff. In-4°. — Le docteur Ox. In-4°. — Le Tour du Monde en 80 jours. In-4°. — Cinq Semaines en Ballon. In-4°.

BELLES LETTRES.

1232. **Veuillot** (Louis). Pierre Saintive. In-8°. 1861. — Les Pèlerinages de Suisse. In-8°. 1861.

1233. — Rome et Lorette. Tours (s. d.). In-8°. 1841.

1234. **Voltaire.** Facéties. — Dialogues. — Romans.

1235. **Viel-Castel** (le Comte H. de). Conversations, feuilleton.

1236. **Villars** (F.). Orgueil et Pauvreté. Rouen 1856. In-12.

1237. **Villedieu** (Mme de). Les Exilés. 1673.

1238. **Viollet-Le-Duc** (N.). Six mois de la Vie d'un jeune homme. 1853.

1239. **Weill** (Alex.). La Littérature allemande et française, feuilleton.

1240. **Wiseman** (Cardinal). Fabiola (Eglise des Catacombes). In-12 rel. 1858.

1241. **Wyss** (Rudolph). Robinson Suisse. 1844. In-12 rel.

1242. **Young** (Edward). Les Nuits.

CORRESPONDANCE.

1243. **Abeilard.** Lettres. 1791. 1 vol. in-18.

1244. **Balzac** (Guez de). Lettres (2e et 3e p.) 1645.

1245. — Lettres à M. Courart. 1659.

1246. **Bellegarde** (Mme de). — Lettres au maréchal de Biron.

1247. **Bussy-Rabutin.** Lettres. 1737. 6 vol. in-12.

1248. **Ciceronis** Epistolæ familiares (*cum comment. Manulii*). Lugd. 1580. In-f°.

1249. **Courcelles** (Marquise de). Mémoires et correspondance. Bibl. elzévir. P. 1855. In-16.

1250. **Falloux** (Comte A. de). Correspondance du R. P. Lacordaire et de M. Swetchine. 1865. In-12. Paris

BELLES-LETTRES

1251. **Fénelon.** Lettres et mélanges. 1697-8.

1252. **Gérard** (François). Correspondance. 2 vol. in-8°. 1886.

1253. — Correspondance. In-8°. 1867.

1254. **Girault** (C. X.) Lettres inédites de Buffon et J.-J. Rousseau. P. 1819.

1255. **Grimm et Diderot.** Correspondance. 16 vol. in-8°.

1256. **Guérin** (Eugénie de). Lettres. In-12.

1257. **Guizot et Odoul.** Abeilard et Héloïse. In-8°.

1258. **Guizot (M. et Mme) et Odoul.** Lettres d'Abailard et d'Héloïse. In-In-8°. P. 1853.

1259. **Lacordaire** (le Père). Correspondance avec Mme Swetchine. In-12. 1865.

1260. **Mabillon et Monfaucon.** Correspondance avec l'Italie. 3 vol. in-8°. P. 1846.

1261. **Maintenon** (Mme de). Lettres et entretiens (Education des filles). 1861. 2 vol. in-12.

1262. **Maistre** (Joseph de). Lettres et opuscules inédits. P. 1853. 2 vol. gr. in-18.

1263. **Malboissière** (Laurette de). Lettres d'une jeune fille du temps de Louis XV. 1866.

1264. **Marguerite de Valois.** Mémoires et Lettres. 1842.

1264 bis. **Mazarin** (cardinal). Lettres écrites pendant son ministère, *publiées par A. Chéruel.* Tomes 1 à 4. P. In-4°.

1265. **Monbart** (Mme de). Lettres Taïtiennes. P. (s. d.). In-18.

1266. **Monmerqué** (Mme de). Lettres de Mme de Sévigné. P. 1851. Gr. in-18.

1267. **Napoléon Ier.** Correspondance. 25 vol.

BELLES LETTRES. 79

1268. **Pascal.** Les Provinciales ou Lettres écrites par Louis de Montalte. 10ᵉ édit. Cologne 1697. In-12.

1269. — Provinciales. 1827. In-18.

1270. **Piolin** (Dom). 1º Origines chrétiennes de la Gaule. (Lettres.) 2ᵉ Supplément. 2 vol. in-8º. 1855.

1271. **Savary.** Lettres sur l'Egypte. P. 1785-86. In-8º. 3 vol.

1272. **Sazerac de Limagne** (Joséphine). Journal, Pensées et Correspondance. P. 1874. Gr. in-18.

1273. **Sévigné** (Mᵐᵉ de). Lettres. P. 1838. 2 vol. gr. in-8º.

1274. — Lettres. 6 vol. in-12. 1843.

1275. — Lettres choisies. 2 vol. 1874.

1276. **Shakespeare.** Trad. Michel (Francisque). 1839. 3 vol. gr. in-8º.

1277. **Sourdis** (Henri d'Escoubleau de). Edit. Sue, Eugène. Correspondance d'Henri d'Escourbleau de Sourdis. P. Crapelet. 1839. In-4º. 3 vol.

1278. **Swetchine.** Lettres. 2 vol. in-12.

1279. **Voltaire.** (Edit. Courtat.) Les vraies lettres de Voltaire à l'abbé Moussinot. 1875. In-8º.

1280. — Correspondance. P. 1828. In-8º.

MÉLANGES

1280 bis. **Agoub** (J.). Mélanges de littérature. 1835. In-8º.

1281. **Alembert** (d'). Mélanges de littérature. 1773-76. 5 vol.

1282. **Andrieux** (F.-G.-J.). Le jeune créole (comédie). — Le procès du Sénat de Capoue (anecdote). — Fables, poésies, mélanges et proses. — Dialogue. — Dissertation sur les langues. Lénore (drame). P. 1818. In-8º.

1283. **Anthologia**, græco-latina. 1604. Petit in-4º.

1284. **Anthologie.** 2 vol. (Col. D.).

BELLES LETTRES.

1285. **Arnaud** (Bacul d'). Anne Bell. (Hist. anglaise). — Fayel (tragédie). — Euphémie (drame).

1286. **Balzac** (Guez de). Œuvres diverses, 1658.

1287. **Beaumarchais**. Amusements littéraires. Tome 3°.

1288. **Boniface**. Une lecture par jour. — Hiver et été. 2 vol. in-8° (s. d.).

1289. **Bossuet**. Œuvres complètes (Migne). 1856-57. 11 vol.

1290. — Œuvres posthumes, 1753. 3 vol.

1291. **Boufflers**. Œuvres diverses (prose et vers), nov. édit. cor. P. an III in.

1292. **Bouhours** (le P.). Pensées ingénieuses des anciens et des modernes. Nouv. édit. aug. P. 1734. 12 N. br.

1293. **Buffon**. Œuvres complètes. P. 1838, 55 vol. In-18.

1294. **Cassiodorus** (Aurélius). Opéra. P. 1589. In-f°.

1295. **Chambord** (comte de). Etudes poétiques. — Correspondance. Genève 1871. Gr. in-16.

1296. **Châteaubriand**. Œuvres. In-8°. 1840.

1297. **Ciceronis** Opera omnia (cum commentariis Lambini). P. 1566. In-f°.

1298. **Coleccion** de los mejores autores españoles. Les tomes 15, 16 et 21. 1838. 1° Quintana. — Tesoro del Parnaso español; 2° Tesoro de los romanceros; 3° Tesoro de los poemas epicos. 3 vol. in-8°.

1299. **Conférences** du palais du Trocadéro. P. 1879. In-8°.

1300. **Courtat** (F. T.). Œuvres complètes, réunies en 3 vol. in-8°. P. 1872.

1301. — Etude sur les misérables. — Discours de Nemo pour la peine de mort. — La maternité. — Mélanges poétiques (œuvres posthumes).

1302. **Daniel** (l'abbé). Choix de lectures (littérature et morale). P. 1850. In-8°.

BELLES-LETTRES.

1303. **Delille.** Discours, lettres, odé — Description de l'Arcadie, épîtres. 1820.

1304. **Ducis et J. Chenier.** Œuvres. 1839.

1305. **Du Marsais.** Œuvres. P. 1797. In-8°. 7 vol.

1306. **Enquêtes** et documents relatifs à l'enseignement supérieur. Fasc. 15 à 24. P. In-8°.

1307. **Fénelon.** Œuvres complètes. 1830. 27 vol. In-8°.

1308. **Figayrolles** (D^r). Les succès d'un jeune militaire. 1862.

1309. **Fléchier.** Œuvres complètes. 4 vol. 1782.

1310. **Fontenelle.** Œuvres. P. 1742-1751. 8 vol. in-12.

1311. **Gustave III**, roi de Suède. Ecrits polit., littér. et dramatiques. 5 vol. 1803.

1312. **Hermite** (L') de la Chaussée-d'Antin. 1813. In-12.

1312 bis. **Lemaire.** Bibliotheca classica latina. 150 vol. In-8°.

1313. **Le Roy-Mabille.** Œuvres. Gr. in-8° rel. (s. l. m'd.). 1879.

1314. **Lettres** sur toutes sortes de sujets. 2 vol. in-12. 1690.

1315. **Lucien.** Trad. Massieu (l'abbé). Œuvres. P. 1781. 6 vol. in-12.

1316. **Marty** (l'abbé). Œuvres inédites litt. phil. relig. In-8°. 1862.

1317. **Mélanges.** Feuilleton. 1845-51.

1318. **Moncrif** (Paradis de). Œuvres choisies. P. 1801. 2 t. en 1 vol. in-18.

1319. **Montesquieu.** Pièces diverses. P. 1821. In-12.

1320. **Moratin** (D. Leandro de). Obras postumas. M. 1867. In-8° br. 3 vol.

1321. **Nisard** (Collection). 27 vol. Gr. in-8°.

BELLES LETTRES.

1322. **Ozanam** (A.-F.). Œuvres choisies. P. 1859. Gr. in-18.

1323. **Palissot**. Œuvres complètes. Londres. 1779. 7 vol. in-12.

1324. **Pasquier** (Estienne). Œuvres. Amst. 1723. 2 vol. in-f°.

1325. **Pope**. Œuvres. 7 vol. in-12. 1763.

1326. **Regnard**. Théâtre, Voyages en Laponie et en Pologne. 1845.

1327. **Rieu** (Paul). Attaques d'un anonyme à propos d'une conférence mort-née (de Marius Topin).

1328. **Saint-Evremont**. Œuvres. 1714. 8 vol. (Les t. 3, 4, 5, 6, 8, 9, 10, 11, 12).

1329. **Saint-Pierre (Bernardin de)**. Œuvres diverses. 1839.

1330. **Saint-Réal** (César). Œuvres. 1757. 8 vol.

1331. **Scriptor. græcor. bibliotheca**. (Collection grecque de Didot).

1332. **Servan**. Œuvres choisies. Limoges. 1818. 2 vol. in-8°.

1333. **Staël-Holstein** (Mme de). Œuvres complètes. Didot. 1836. 2 vol. Gr. in-8°.

1334. **Stassart** (baron de). Edit. Dupont-Delporte. Œuvres complètes. P. 1855. Gr. in-8°.

1335. **Sterne**. Œuvres complètes. 1818. 6 vol. in-12. P. 1818.

1336. **Thomas** (Ant.). Œuvres. 1773. 4 vol. in-12.

1337. **Variétés** historiques et littéraires. 1855-63. 10 vol. in-12. P.

1338. **Vauvenargues**. Œuvres complètes. 1797. 2 vol. in-12. P. 1823.

1339. **Villemain**. Discours et mélanges. 1846. In-12.

BELLES LETTRES. 83

BIBLIOGRAPHIE

1340. **Annuaire** des Bibliothèques pour 1886-7.

1341. **Barbier** (A.). Anonymes et pseudon. 4 volumes in-8°. 1822-7.

1342. **Bibliographie** des trav. hist. et archéologiques. 1re livraison. 1 vol. gr. in-8°.

1343. **Bibliothèque** de l'Ecole des Chartes. 1839 à 1887.

1344. — Notice des objets exposés : 1° Départ^t des imprimés ; 2° Id. des mss ; 3° Id. des estampes. Ens. 3 vol. in-8°. P. 1878.

1345. **Bulletin** des Bibliothèques et des Archives. Année 1885. N° 2.

1346. — du Comité des travaux historiques et scientifiques. Année 1885. N° 2.

1347. **Catalogue** des man^s des archives départementales, communales, hospitalières.

1348. — général des manuscrits des Biblio. de France.

1349. — général des manuscrits des Bibliothèques publiques des départements. P. Imp. Nation. 1849-78. 6 vol. in-4°.

1350. — de la Bibliothèque du Comité de législation étrangère. 1879. In-8°.

1351. — alphab. des ouvrages mis à la disposition des lecteurs (Bilioth. nation.). P. 1879. Gr. in-16.

1352. — du Ministère de l'instruction publique. P. 1878.

1353. — de la Bibliothèque de Montpellier : 1° Ouvrages du Dr Fages, 1 vol. ; 2° Théologie, 1 vol. ; 3° Belles-Lettres, 1 vol. ; 4° Polygraphie, 1 vol. ; 5° Histoire, t. Ier. 5 vol. in-8°.

BELLES LETTRES

1354. — méthod. de la Biblioth. de Boulogne-sur-Mer. 4 vol. in-8°. 1865.

1355. — de la Bibliothèque de Jacques Adert. 1887.

1356. — de la Bibliothèque de M. L. Dufour. In-12. 1735.

1357. — de la Bibliothèque de Fourcroy (s. d.).

1358. — de la Bibliothèque de feu M. Naudin. Paris 1865. In-8°.

1359. — de la Bibliothèque de M. Neilly.

1360. — des livres de L. Techener. In-8°. Paris 1887.

1361. **Dantès** (A.). Tables biog. et bibliogr. des sciences, des lettres et des arts. P. 1866. In-8°.

1362. **Delayant** (L.). Catalogue de la Bibliothèque de la ville de La Rochelle. 1878. In-8°.

1363. **Delisle** (Léop.). Les manuscrits du comte d'Ashburnham.

1364. — La Bibliothèque nationale en 1876. In-8°.

1365. — Manuscrits français de la Biblioth. nation. 1876. 2 vol. in-8°.

1366. — Mélanges de paléographie et de bibliographie. P. 1880. Gr. in-8°.

1367. **Duplessis** (Georges). Inventaire de la collection d'estampes relatives à l'histoire de France (de Michel Hennin). P. 1876. 5 vol. in-8°.

1368. **Franklin** (Alfr.). Recherches sur la Bibliothèque publ. de l'Eglise de N.-D. de Paris. In-8°. 1863.

1369. — Histoire de la Bibliothèque de Saint-Victor, à Paris. In-8°. 1865.

1370. **Gallardo** (D. Barth. José). Ensayo de una Bibliotheca española de libros raros y curiosos. Madrid 1863-6. 2 vol. in-4°.

1371. **Girault de St-Fargeau.** Bibliographie de la France. In-8°.

BELLES LETTRES.

1372. **Grimblot** (Paul). Autographes de Mme de Maintenon. 1867.

1373. **Izambard** (H.), La Presse parisienne. In-12. 1853.

1374. **Janin** (Jules). Notice sur le livre d'heures d'Anne de Brétagne. 1859.

1375. **La Barrera y Leirado** (Al. Gayetano). Catalogo bibliografico y biografico del teatro antiguo español. Madrid. 1860. Gr. in-8°.

1376. **Labiche** (J.-B.). Notice sur les dépôts littéraires, d'après les mss. de la bibliothèque de l'Arsenal. P. 1880. Gr. In-8°.

1377. **Lacroix** du Maine et **Duverdier**. Bibliothèques françaises. 6 vol. in-4°. 1772-3.

1378. **Lalanne** (Lud). Curiosités bibliographiques, 1857.

1379. **Lavernède** (Th. de). Catal. des livres de la Biblioth. de Nismes. 1836. 2 vol. In-8°.

1380. **Leglay.** Catalogue des manuscrits de la Bibliothèque de Lille. P. 1848. 1 vol. in-8°.

1381. **Lemarchand** (Alb.). Catal. des manuscrits de la Biblioth. d'Angers. Angers. 1863. In-8°.

1382. **Lucas** (Hippol.), Revue bibliographique, feuilleton.

1383. **Maffei** (Eugenio) y **Rua Figueroa** (D. Ramon). Bibliografia minerale. Madrid. 1872-3. 2 vol. In-8°.

1384. **Manne** (E. de). Anonymes et pseudon. 1834. 1 vol. in-8°.

1385. — Nouveau diction. des ouvrages anonymes et pseudon. Lyon. 1862. 1 vol. in-8°.

1386. **Montreuil** (T.). La Bibliothèque nationale. In-8°.

1387. **Morin** (A.). Catalogue des collections du conservatoire des arts et métiers. P. 1855. In-12.

1388. **Munoz y Rivero** (D. Jesus). Paleografia diplomatica española de los siglos XII al XVII. Madrid. 1880. Gr. in-16.

BELLES LETTRES.

1389. — Paleografia visigoda. Madrid. 1881. In-8°.

1390. **Munoz y Romero** (D. Tomas). Diccionario bibliografico-historico de los antiquos reinos, provincias, ciudades, villas, eglesias y santuarios de España. Madrid. 1858. Gr. in-8°.

1391. **Musée Pédagogique.** Catal. des ouvrages et documents. 2 vol.

1392. **Namur** (P.). Bibliographie générale. 2 vol. in-8°. 1838.

1393. **Nicolaus** (Antonius). 1° Bibliotheca hispana nova sive Hispanorum scriptorum qui ab anno 1500 ad 1684 floruerunt notitia. 1783. 2 vol.

1394. **Omont.** Inventaire des manuscrits du supplément grec de la Bibliothèque nationale.

1395. **Panzer.** Annales typographici 1793-1803. 11 vol. in-4°.

1396. **Paris** (Louis). Les manuscrits de la Bibliothèque du Louvre brûlés. In-8°. 1872.

1397. **Perennès.** 1° Diction. de bibliographie cathol. 4 vol. Gr. in-8°. 2° Bibliologie cathol. 2 vol. gr. in-8°.

1398. **Polybiblion.** T. 1 à 22. P. 1868. In-8°.

1399. **Quérard** (J.-M.). 1° La France littér. 10 vol.

1400. — Auteurs pseudonymes et anonymes dévoilés. P. 2 vol. in-8°. 1857.

1401. **Richard.** L'art de former une bibliothèque.

1402. **Robert** (Ulysse). Inventaire somm. des mss. des Bibliothèques de France. 1er fasc. P. 1879. Gr. in-8°.

1403. **Rouveyre** (Edouard). Connaissances nécessaires à un bibliophile. 2 vol. in-8°.

1404. **Soullée** (L.). Catalogue de la Bibliothèque de la ville de Pau. In-8°. 1886.

1405. **Tables** de la Bibliographie. Années 1827 et 1830.

1406. **Touranjou** (André). Catalogue de la Bibliothèque d'Ajaccio. Ajaccio 1879. In-8°.

1407. **Vachon** (Marius). La Bibliothèque du Louvre et la collection bibliographique Motteley. P. 1879. In-8°.

1408. **Wateville** (Baron de). Rapport sur les bibliothèques scolaires. In-8°. 1879.

1409. **Wailly** (Nat. de). Eléments de paléographie. 1838. 2 volumes.

SCIENCES ET ARTS

PHILOSOPHIE

1410. **Açarq** (d'). Grammaire philos. 1760.

1411. **Aguesseau** (d'). Méditations philosophiques sur l'origine de la justice, etc. Yverdon, 1780. In-12. 4 vol.

1412. **Alibert** (baron J. L.). Physiologie des passions. P. 1845. 4 vol. in-18.

1413. **Ampère** (A. M.). Essai sur la philosophie des sciences. 1834-43. 2 vol. in-8°.

1414. **André** (le P.) Edit. Cousin. Œuvres philos. In-12. 1843.

1415. **Antonin** (Marc-Aurèle). Pensées. *Trad. par Alexis Pierron*. 1867. In-12.

1416. **Antonius de Rossellis.** Potestas. Imp. et Pape In-4°. 1517.

1417. **Aristote.** *Trad. Pierron et Zévort*. Métaphysique. 1840. 2 vol. in-8°.

SCIENCES ET ARTS.

1418. — Métaphysique. (Barthélemy.) 3 vol. in-8°.

1419. — Morale à Eudème. (Barthélemy.) 1 vol. in-8°.

1420. — Morale à Nicomaque. Trad. Barthélemy St.-H. 2 vol. in-8°.

1421. **Arnauld** (Ant.) Œuvres philos. 1843. In-12.

1422. **Arnobe.** Disputationes. 1546.

1423. **Artaise** (Ch. d'). Réflexions d'un jeune homme (1re partie). 1786.

1424. **Atger.** Esprit d'observation. 1809.

1425. **Babin** (Aug.). Le Guide de la Sagesse. In-12. 1881.

1426. — Almanach Spirito-Chrétien. In-16. 1880.

1427. — Le véritable Générateur. In-12. 1884.

1428. — Catéchisme Universel. In-16. 1885.

1429. — Le Petit Catéchisme psychologique et moral. In-12. 1876.

1430. — Encyclopédie Morale. In-16. 1885.

1431. — Trilogie Spirite. Petit in-8°. 1885.

1432. — Trilogie Morale. Petit in-8°. 1865.

1433. **Bacon** (Franc.). Essai sur la Justice universelle. 1806. In-18.

1434. — Œuvres. In-12. 1870.

1435. **Baguenault de Puchesse.** L'Immortalité. 1864.

1436. **Balmès** (Jacques). Tr. Manec (Ed.) Philosophie fondamentale. 1852. 3 vol. in-12.

1437. — Lettres à un Sceptique. In-12. 1855.

1438. **Barbaste** (D'). De l'Homicide et de l'Anthropophagie. 1856. In-8°.

1439. **Barrau** (E. de). Une Conférence de Marius Topin à Valady. 1882.

SCIENCES ET ARTS.

1440. **Barthe** (Ed.) Appel à la raison sur la vérité religieuse. P. 1850. In-8°.

1441. **Bellières** (Hyacinthe). Philosophie nouvelle. Vienne 1876-83. 3 vol.

1442. **Bersot** (Ernest). Conseils d'enseignement, de philosophie et de politique. P. 1879. Gr. in-16.

1443. **Berton** (l'abbé Charles). Essai philos. sur les droits de la raison. (Réponse au P. Chastel.) P. 1854. Gr. in-18.

1444. **Blumenbach** (J. F.). Tr Pugnet (J. F.). Institutions physiologiques. Lyon 1797. In-12.

1445. **Bonald** (v^{te} de). Titre du dos. (Mélanges.) 1° De la Famille. P. 1826. 2° L'Invariable. 3° Nouvel Essai sur les Hiéroglyphes Egyptiens. 4° Sur M. de Krudner. En 1 vol. in-8°.

1446. — Œuvres. P. 1854. 7 vol. in-8° rel.

1447. **Borne-Volber.** Maximes et Observations. In-16. 1877.

1448. **Bossuet.** Edit. Simon (Jules). Œuvres philosophiques. P. 1844. Gr. in-18.

1449. — Traité du libre arbitre. 1731.

1450. **Bouhours** (le P.). Manière de bien penser. 1691.

1451. — Pensées ingénieuses des anciens. 1734.

1452. **Bourdet** (Dr Eug.). De la morale dans la philosophie positive. In-8°. 1866.

1453. **Bourdon** (Isid.). Physiologie comparée. 1830. In-8° (le t. 1er).

1454. **Bourdonné** (de). Le Courtisan désabusé. 1658.

1455. **Brunetto Latini.** Ed. Chabaille (P.). Li livres dou tresor. P. impr. imper. 1863. In-4°.

1456. **Buffier** (le P.). Ed. Bouillier. Œuvres philos. 1843 Gr. in-18.

1457. **Burke** (Edm.). *Tr Lagentie de Lavaisse (E.).* Recherche philosophique sur l'origine de nos idées du sublime et du beau. P. 1803. In-8°

1458. **Bussy** (Ch. de). Les Philosophes convertis. P. 1860. Gr. in-18.

1459. **Cahier** (H.). Six mille proverbes. 1856. Gr. in-18.

1460. **Caro** (E.). Problèmes de morale sociale. 1876. In-8°.

1461. **Carra de Vaux** (le baron). Raisons des devoirs... 1864. In-8°.

1462. **Cassan-Floirac** (abbé de). 1° Le rationalisme devant la raison. P. 1858. In-8°. 2° (Autre exempl.)

1463. **Chaignet** (A.-Ed.). La psychologie de Platon. In-8°.

1464. **Charron et autres.** Choix de Moralistes français. Panth. litt. Gr. in-8°. 1836.

1465. **Charron.** De la sagesse. Paris. 1783. 2 vol. in-8°.

1466. — De la Sagesse. *Edit. Am. Duval.* 1824. 3 vol. in-8°.

1467. **Chastel** (le P.) s. j. Les rationalistes et les traditionalistes. P. 1850. In-12.

1468. **Châteaubriand.** Œuvres morales. In-8°. 1840.

1469. **Cicéron.** *Tr. par Gallon de Labastide.* 1806. 2 vol. in-12.

1470. — *Tr. d'Olivet (l'abbé).* Pensées de Cicéron. P. 1777. In-12.

1471. — *Tr. Brosselard.* Des Devoirs de l'homme. An IV. In-8°.

1472. **Clarke** (Samuel). *Edit. Jacques (Am).* Œuvres philos. 1848. Gr. in-18.

1473. **Combalot** (l'abbé). Eléments de philosophie catholique. P. 1833. In-8°.

SCIENCES ET ARTS.

1474. **Condillac.** Œuvres complètes. (Lacanal). 1798. 9 vol. in-8°. Plus 1 vol. d'une édition différente.

1475. **Condillac** (Abbé de). Œuvres. An VI. 1798. 22 vol. in-8°.

1476. **Courcy** (Alfred de). L'honneur. P. 1858. Gr. in-18.

1477. **Cousin.** Cours de l'histoire de la philosophie. 1° Introduction, 1 vol. — 2° Dix-huitième siècle, 2 vol. Ens. 3 vol. in-8°.

1478. — Fragments philosohiques. P. 1826. In-8°.

1479. — Cours de philosophie. 6 vol. in-8°.

1480. — Des pensées de Pascal. 1843. In-8°.

1481. **Cuoco.** Tr. Barère. Voyage de Platon en Italie. 1807. 3 vol. in-8°.

1482. **Damiron.** Cours de philosophie. 1837-42. 3 vol. in-8°.

1483. **Dancel.** Influence des voyages sur l'homme. 1864. In-8°.

1484. **Danses** (Les) des salons par un observateur. P. Dentu. 1855. Gr. in-18.

1485. **Debreyne** (P.-J.-C.). Pensées d'un croyant catholique (Matérialisme moderne, âme des bêtes, magnétisme). 2ᵉ édit. P. 1840. In-8°.

1486. **Delalle** (l'abbé). Éléments de philosophie chrét. P. s. d. In-8°.

1487. **Delauro-Dubez.** L'Athée redevenu chrétien. 1837.

1488. **Delrio** (Martin). Tr. Du Chesne (André). Les controverses et recherches magiques. P. 1611. In-8°.

1489. **Demoustier.** Cours de morale. An XII. 1804. In-12.

1490. **Descartes.** Œuvres. Edition de J. Simon. 1841. Gr. in-18.

1491. **Despiney** (Dʳ Ch.). L'art de vivre (avec une lettre de Mgr Mermillod). P. 1878. Gr. in-18.

1492. **Devay** (Francis). Physiologie humaine (rapports avec la religion). 1840. In-8°.

1493. **Diderot.** Pensées philosophiques. La Haye. 1746. P. in-12.

1494. **Dourif** (l'abbé). Du stoïcisme et du christianisme. (s. d.). In-8°.

1495. **Dupanloup** (Mgr). L'athéisme et le péril social. In-8°.

1496. — Avertissement à la jeunesse. In-12.

1497. **Duquesnoy** (l'abbé F.) La perception des sens. P. 1877. 2 vol. in-18.

1498. **Durand** d'Arsac (Dr J.-P.). La Philosophie physiologique et médicale à l'Académie de médecine. P. 1868. In-8°.

1499. — De l'Influence des milieux sur les caractères de race chez l'homme et les animaux. P. 1868. In-8°.

1500. — Essais de Physiologie philosophique. P. 1866. In-8°.

1501. — Braidisme. 1860.

1502. — Electro-dynamisme vital. 1855.

1503. — Religion Saint-Simonienne. 1832.

1504. **Egron** Le livre de l'ouvrier. In-12.

1505. **Engel** (marquis d'). Essai sur cette question : Quand et comment l'Amérique a-t-elle été peuplée. 4°. 1767.

1506. **Erasme.** Eloge de la Folie. 1870.

1507. — Tr. La Veaux (de). Eloge de la Folie (avec les fig. de J. Holbein). Basle 1780. In-8°.

1508. **Erreurs** de Voltaire. 2 vol. in-12.

1509. **Esprit** (l') des Anciens Philosophes. 5 vol. in-18.

1510. **Essai** d'instruction morale, ou les devoirs. 2 vol. in-4°. 1812.

1511. **Fabre** (Joseph). Notions de philosophie. P. 1874. Gr. in-18.

1512. — Cours de philosophie. P. 1870. Gr. in-18.

1513. **Fabry** de Cornus. Le Génie de la Révolution considéré dans l'éducation. P. 1817. 3 vol. in-8°.

1514. **Fénelon**. Existence de Dieu.

1515. — Ed. Jacques (A.). Œuvres philosophiques. P Gr. in-18. 1731. 2 vol. 1845.

1516. **Fernand** (Jacques). Remember. — Le Temps et l'Eternité. 1872. Gr. in-18.

1517. **Ferraz**. Psychologie de Saint Augustin. In-8°

1518. **Filachou** (J. E.). Psychologie analytique. — Traité des Facultés (thèse). Montp. 1859. In-8°.

1519. **Filleau** de la Chaise. Discours sur les Pensées de Pascal. 1672.

1520. **Flottes** (l'abbé). Etudes sur Pascal. In-8°.

1521. — Etude sur Daniel Huet. 1857. In-8°.

1522. **Fontenelle**. Entretiens sur la Pluralité des mondes, augmentés des dialogues des morts. Nouv. édit. Lyon 1800. In-12.

1523. **Franck** (Ad.). Diction. des sciences philosophiques, 2ᵉ édition. Gr. in-8°.

1524. — La Kabbale. In-8°. 1843.

1525. **Gabriel** (l'abbé). La Vie et la Mort des nations. In-8°.

1526. — Théodicée pratique. In-8°.

1527. **Gauthier** (Léon). Appel aux Hommes de bien. 2ᵉ édit. P. 1873. In-18.

1528. **Gay** (l'abbé Prosper). Vue philos. de la chute de l'humanité en Adam. In-8°.

1529. **Gérard** (l'abbé). Le Comte de Valmont. 6 vol. in-12.

SCIENCES ET ARTS.

1530. **Giraud** (Card. P.). De la Loi du travail. 4ᵉ édit. Lille 1861. In-18 portr.

1531. **Girou** de Buzareingues. Physiologie. P. 1848.

1532. — Précis de morale. P. 1852. In-8°.

1533. — Philosophie physiol. polit. et morale. P. 1828. In-8°.

1534. **Grandet** (Joseph-Marie). Philosophie de la Révélation. 2ᵉ essai. P. 1851 In-8°.

1535. — Philosophie de la Révélation. — La Trinité selon l'Ecriture, vrai fondement de la science. Rodez Ratery 1864. In-8°.

1536. **Gratry** (A.). Petit manuel de critique (philos. relig. polémi.). P. 1866. Gr. in-18.

1537. — Les sources (philos. cathol. polem.). P. 1864-6. 2 vol. gr. in-18.

1538. **Gratry** (l'abbé). Philosophie (connaissance de l'âme). 2 vol. in-8°.

1539. **Grosmaire** (l'abbé). Fragments de philosophie chétienne. P. 1872. Gr. in-18.

1540. **Haguenault** de Puchesse. L'immortalité. In-8°

1541. **Harris** (James). Hermès ou Recherches philosophiques sur la grammaire universelle. 1796.

1542. **Hauchecorne**. Anatomie philosophique an IV. 2 vol. in-8°.

1543. **Hégel**. Tr. Bernard (Ch.). Esthétique. 1875. 2 vol. in-8°.

1544. **Hello** (Ernest). M. Renan, l'Allemagne et l'Athéisme au XIXᵉ siècle. P. 1859. In-8°.

1545. **Hieronymus Gardanus**. De Subtilitate. 1551.

1546. — De Rerum Varietate. 1558.

1547. **Hume**. 1° Œuvres philosophiques. Londres 1788. 7 vol. p. in-8°.; 2° id. Amst. 1759. 5 vol. p. in-8°.

1548. **Hurel** (A.). Les Pêcheurs et les Pêcheresses de l'Evangile. In-12. 1869.

SCIENCES ET ARTS.

1549. **Jeannel** (Ch.). La loi. Première leçon du cours de philosophie morale professé à la Faculté des lettres de Montpellier. Montp. 1858. In-8°.

1550. **Joire** (D.). Questions industrielles — Questions sociales. P. 1870. In-12.

1551. **Jouffroy.** Cours d'Esthétique. In-8°. 1843.

1552. **Jullien** (B.). Thèses de philosophie. P. 1873. In-8°.

1553. — (Thèses diverses). — De quelques points des sciences dans l'antiquité. 1 vol. in-8°. 1854.

1554. **Kuhn** (Jean). La vie de Jésus-Christ au point de vue de la science. P. 1842. Gr. in-18.

1555. **Labat** (J.-B.). Etudes philos. et mor. sur l'histoire de la musique. P. 1852. In-8°. 2 vol.

1556. **La Bouillerie** (de). L'homme, sa nature. In-8°. 1879.

1557. **La Bruyère.** Les Caractères. 1865. In-12.

1558. — Les Caractères. 1733. 2 vol.

1559. — Les Caractères. P. stéréot. d'Heran. 1802. 3 vol. in-18.

1560. **Lacas** (l'abbé). Le Mentor de l'homme. Orange. 1846. In-12.

1561. **La Dixmerie** (de). Contes philosophiques et moraux. Avignon. 1766. In-12. 2 t. en 1 vol.

1562. **Lamé** (D.). Philosophie de Laromiguière. Guéret et P. 1867. In-8°.

1563. **Lamennais.** Le Livre du Peuple. (B. N.). 1866.

1564. **Lamennais** (F. de). 1° Essai sur l'indifférence. 4 vol. 2° Défense de l'essai. 1 vol. Ens. 5 vol. In-8°.

1565. **Landriot** (Mgr). Le Symbolisme. In-12. 1866.

1566. **Lanfrey** (P.). L'Eglise et les Philosophes au XVIII° siècle (avec une étude bibg. par M. de Pressensé). P. Charp. 1859. Gr. in-18.

1567. **La Rochefoucauld.** Maximes morales. Bibl. elzévir. P. 1853. In-16.

1568. **Laromiguière** (P.). Leçons de philosophie. 7e édit. P. 1858. 2 vol. in-8°.

1569. **Lauret** (Henri). De Perturbationibus animi. Gr. in-8°. 1885.

1570. — Réponse à M. Guyau. In-8°. 1886.

1571. — Philosophie de Stuart Mill. In-8°. 1886.

1572. **Laverdant** (Gabriel-Désiré). Les Positivistes. 3e épître. — Le Miracle. Bar-le-Duc et P. 1881. Gr. In-18.

1573. **Leibniz.** Tr. Jacques (A.). Œuvres. 1842. In-12.

1574. — Œuvres. 7 vol. in-8° br. édit. Foucher de Careil. 1859-1875.

1575. **Léopold** (avocat). Le Livre des Epoux. In-12. 1828.

1576. **Leveaux** (Alphonse). Etude sur les essais de Montaigne. P. Plon. 1870. Gr. in-18 port.

1577. **Lévêque** (Ch.). La science du beau. 2 vol. in-8°. 1861.

1578. **Llabour.** Cours de philosophie (autographié). in-4°.

1579. **Locke.** Tr. Coste. De l'éducation des enfants. 5e édit. Amst. 1737. In-12. 2 vol.

1580. **Locke et Leibniz.** Œuvres. Gr. in-8°. 1839.

1581. **Logique** de Port-Royal. P. 1730. In-12 v.

1582. **Lourdoueix** (de). Les Folies du Siècle. In-8°. 1818.

1583. **Lucrèce.** Edit. trad. Lagrange. De la nature des choses. 2 vol. in-8°. P. 1768.

1584. — Tr. Pongerville (de). De la nature des choses. P. 1845. Gr. in-16.

1585. **Mabille** (Paul). Controverses sur le libre arbitre au XVIIe siècle. Dijon. 1879. In-8°.

1586. **Mabilleau** (Léopold). Etude histor. sur la philosophie de la renaissance en Italie. 1881.

1587. **Mably.** Des Droits et des Devoirs des citoyens. (B. N.). 1865.

1588. **Macnaeb** (H. Greg.). Examen des nouv. vues de Robert Owen. 1821. In-8°. *Tr. Laffon de Ladébat.*

1589. **Magy** (E.). De la Science et de la Nature. In-8°. 1865.

1590. **Maistre** (Joseph de). Œuvres. 8 vol. in-8°. 1852.

1591. — Du Pape.

1592. — Examen de la philosophie de Bacon.

1593. — Les soirées de Saint-Pétersbourg.

1594. — Eclaircissements sur les sacrifices.

1595. **Malebranche** (N.). Recherche de la vérité. *(Annoté par Bouiller).* 2 vol. in-12 (s. d.). Paris.

1596. **Maréchal** (H. J.). Etude sur le mariage. P. Tournay 1858. In-12.

1597. **Maret** (H.) Chan. hon. Essai sur le panthéisme. P. 1841. In-8°.

1598. **Margerie** (A. de). La restauration de la France. 1872. In-8°.

1599. **Marion** (Henri). De la solidarité morale, essai de psychologie appliquée. 1880.

1600. **Martin** (Th. Henri). Les Sciences et la Philosophie. Gr. in-18. P. 1869.

1601. **Martinet** (l'abbé). La Science de la vie. 2 vol. in-8°. 1850.

1602. **Matignon** (le P. A.). Les Morts et les Vivants. — Entretiens sur les communications d'outre-tombe. 2e édit. P. 1864. Gr. in-18.

1603. **Meignan** (Mgr). Le Monde et l'Homme primitif selon la Bible. P. 1869. In-8°.

1604. **Memorias** de la real Academia de ciencias

morales y politicas. M. 1879. Gr. in-8°. 2 t. en 4 vol. dont les 3 dern. vol. sont de la 1`e` édit. 1864-9.

1605. **Mes Méditations** sur les Tombeaux, traduit de l'italien. P. et Liège. 1792. (Italien et Français.) In-8°.

1606. **Mœurs** (les) s'en vont; Sauvons les mœurs! par A. L. T. Toulouse et P. (s. d.) In-18.

1607. **Molloy**. Géologie et Révélation. In-8°. 1877.

1608. **Montaigne** (M.). Essais. P. 1793. In-8°. 3 vol.

1609. **Montesquieu**. Lettres Persanes 2 vol. (B. N.) 1864.

1610. — De l'esprit des lois.

1611. **Moralistes anciens**. Entretiens de Socrate. — Pensées de Marc-Aurèle. — Manuel d'Epictète. — Tableau de la vie, par Cébès. — Sentences de Théognis, de Phocylide, de Démophile, des Sages de la Grèce, Vers dorés de Pythagore, etc., etc. Traduit du grec par Lefèvre. 1840. In-8°. (Le faux-titre porte : Bibliothèque des philosophes et des historiens grecs.)

1612. **Moralistes grecs**. 1 vol. in-12. 1845.

1613. **Moreau** (L.). J. J. Rousseau et le siècle philosophe. In-8°. 1870.

1614. **Muller**. Politesse française. In-12.

1615. **Nicolas** (Aug.). Etudes philos. sur le Christianisme. 4 vol. in-12. 1853.

1616. — L'Etat sans Dieu, mal social de la France. P. 1873. Gr. in-18.

1617. **Nicolle** (l'abbé). Plan d'éducation. In-8°. 1834.

1618. **Orti y Lara** (D. Juan. Man.). La Ciencia y la Divina revelacion. (Obra prem.) M. 1881. Gr. in-8°.

1619. **Papillon** (Fernand). Histoire de la Philosophie moderne. 2 vol. in-8°. 1876.

1620. **Parisis** (Mgr). Les impossibilités ou les libres-penseurs désavoués par le simple bon sens. Paris 1857. In-8°.

1621. **Pascal** (Bl.). Pensées. 1812. 2 vol. in-18.

SCIENCES ET ARTS.

1622. — 1° Pensées. 2 vol. *Ed. Faugère (Prosp.)*. 2° Pascal (Jacqueline). — Lettres. 1 vol. Ens. 3 vol. in-8°. P. 1844-5.

1623. **Pauw.** 1° Recherches sur les Egyptiens. 2 vol. 2° Recherches sur les Grecs. 2 vol. Ens. 4 vol. rel. complets, formant les t. 4, 5, 6, 7 des œuvres philos.

1624. **Pelletan** (Eugène). Le Monde marche. 1858. In-12.

1625. **Ferrard** (J.-E.). Logique classique. In-8°. 1860.

1626. **Pierquin** de Gembloux. Idiomologie des animaux (langage des bêtes). P. 1844. In-8°.

1627. **Piétri** (l'abbé C. de). Les Principes de la société au XIX° siècle. 3° édit. P. 1862. Gr. in-16.

1628. **Ploger** (l'abbé). Dieu dans ses œuvres. 1876-7. 2 vol. gr. in-18.

1629. **Platon**, *Edit. Schwalbé et Aimé Martin*. Œuvres. (Coll. du Panth. litt.) P. 1845. Gr. in-8° jésus. 2 vol.

1630. — Œuvres. 1° Dialogues, etc. 2° L'État ou la République. 1 vol. 2 vol. in-12 rel.

1631. — *Tr. Cousin*. Œuvres. 13 vol. in-8°. 1826-52.

1632. **Polignac** (Cardinal Melchior de), *éd. de l'abbé Ch. de Rothelin d'Orléans*. Anti-Lucretius, sive de Deo et naturâ libri novem. P. 1747. In-8° v. m. fig. 2 t. sous la même série de chiffres.

1633. **Pope**. *Tr. Du Resnel (l'abbé de Sept-Fontaines). Tr. Despréaux*. Principes de morale. (Essai sur l'homme.) P. 1745. In-12. v. m.

1634. **Pradié** (P.). Essais sur l'être divin. P. 1845. In-8°.

1635. — Le Philosophe. P. 1858. In-8°.

1636. **Précis** de l'histoire de la Philosophie, publié par les directeurs du Collège de Juilly. P. 1835. In-8°.

1637. **Principes** (les) de la Philosophie (contre Descartes, etc.). P. 1682. In-12. 2 vol.

1638. **Proclus**. Com. Cousin. Opéra (gr. latin). P. 1820-7. In-8°. 6 vol.

SCIENCES ET ARTS.

1639. **Prony** (R. de). Mécanique philosophique. 1800. In-4°.

1640. **Quitard** (P. M.). Dictionnaire des proverbes. P. 1842. In-8°.

1641. **Ravaille** (l'abbé). Don Juan. P. 1876. In-12.

1642. **Ravaisson** (F.). Essai sur la métaphysique d'Aristote. 2 vol. in-8°. 1837.

1643. **Receveur** (l'abbé) Observations crit. sur le système de M. de La Mennais. P. et Besançon. 1823. In-12.

1644. **Reid** (Thomas). Edit. Jouffroy (Th.). Œuvres complètes. 6 vol. in-8°. 1836.

Revue des Deux-Mondes.

(Sous ce titre sont compris les numéros 1645 à 1700.)

1645. **Barthélemy Saint-Hilaire.** Étude du Péripatétisme. 1er 1838.

1646. **Boissier** (G.). La Vie future dans Virgile. 1er juin 1873.

1647. **Caro** (E.). La Métaphysique et les Sciences positives. 15 novembre 1866.

1648. — Le Déterminisme, la Responsabilité morale et le Droit de punir dans les nouvelles écoles philosophiques. 1er août 1873.

1649. — Gœthe, Histoire de son esprit ; Gœthe et Spinoza. 15 octobre 1865.

1650. **Cousin** (V.). Du Mysticisme. 1er août. 1845.

1651. — Du Beau et de l'Art. 1er septembre 1845.

1652. **Huet** (F.). Essai sur l'activité du principe pensant. 15 juin 1854.

1653. **Janet** (P.). La Liberté de penser. 1er septembre. 1866.

1654. — Les Problèmes philosophiques de M. A. Laugel. 1er juillet 1868.

1655. — Le Matérialisme contemporain ; l'Ecole naturaliste en Allemagne ; une théorie anglaise sur les Causes finales M. Darwin. 15 août et 1er décembre 1863.

1656. — Essai de philosophie religieuse, par M. E. Saisset. 15 janvier 1862.

1657. — Le Scepticisme moderne, Pascal et Kant. 15 mars 1865.

1658. — Un nouveau Système sur la vie future, (Le Système du monde moral par M. Ch. Lambert.) 15 mai 1863.
1659. — Le Cerveau et la Pensée, données physiologiques, débats scientifiques sur la Folie. 15 juin et 15 juillet 1865.

1660. — Du Caractère et du Traitement de la Folie. Stephansfeld. 15 avril 1857.

1661. — La Méthode expérimentale et la Physiologie, travaux de M. Claude Bernard. 15 avril 1866.

1662. — L'Unité morale de l'espèce humaine. 15 octobre 1868.

1663. **Laugel** (A.). Le Problème de l'âme devant la Métaphysique et la Science. 1er septembre 1861.

1664. — Le Spiritualisme dans la science, travaux de M. G.-A. Hirn. 15 mai 1869.

1665. — Pythagore, sa Doctrine et son Histoire d'après la critique Allemande. 15 août 1864.

1666. **Lerminier.** Métaphysique et Logique d'Aristote. 1er septembre 1838.

1667. — Les Destinées de la Philosophie antique. Aristote, l'Ecole d'Alexandrie. 1er mai 1846.

1668. **Lévêque** (Ch.) La Philosophie de l'esprit, ses défenseurs et ses adversaires. 15 octobre 1864.

1669. — La Nature et la Philosophie idéaliste. 15 janvier 1867.

1670. — La nouvelle Philosophie de la nature, l'atome et l'esprit. 1er juin 1869.

1671. — Du Sommeil et du Somnambulisme au point de vue psychologique. 15 avril 1858.

1672. — Le Sens du Beau chez les Bêtes, le Darwinisme psychologique et la Psychologie comparée. 1er septembre 1873.

1673. — Le Rire, le Comique, le Risible dans l'esprit et dans l'art. 1er septembre 1863.

1674. — Du Génie Grec au temps d'Alexandre, Epicure et Praxitèle. 15 octobre 1865.

1675. **Littré.** Du Développement historique de la Logique. 1er avril 1849.

1676. — Du Progrès dans la Société et dans l'État. 15 avril 1859.

1677. — Auguste Comte et Stuart Mill, la Philosophie positive. 15 août 1866.

1678. **Montégut** (É.). De l'Amour et du Mariage selon M. Michelet. 15 décembre 1858.

1679. — Les Petits Secrets du Cœur, une conversion excentrique. 15 janvier 1859.

1680. — La Vraie nature du Bonheur. — 15 décembre 1864.

1681. **Perrens** (F. T.) *Les Confessions d'un Métaphysicien*, par Térenzio Mamiani. 15 janvier 1867.

1682. **Rémusat** (Ch. de). Des Tristesses humaines, 15 décembre 1864. — La Vie future. 15 janvier 1865.

1683. — De la Philosophie dans ses rapports avec l'État de la Société française. 15 février 1842.

1684. — Le Père Gratry, la Philosophie de l'Oratoire. 15 juillet 1854.

1685. **Renan** (E.). de la Métaphysique et de son avenir. 15 janvier 1860.

1686. — Channing et le Mouvement unitaire aux États-Unis. 15 décembre 1854.

1687. **Saint-Marc Girardin.** Les Confessions de Saint Augustin. 15 août 1840.
1688. **Saint-René Taillandier.** Saint Augustin et la Liberté de Conscience. 15 juillet 1862.
1689. **Saisset** (E.). Recherches nouvelles sur l'Ame et la Vie. 15 août 1862.
1690. — Le Christianisme et la Philosophie. 15 mars 1845.
1691. — De l'Etat Moral de notre époque. 15 janvier 1850.
1692. — La Philosophie spirituelle et la Renaissance religieuse. 15 mars 1853.
1693. — Travaux récents sur Aristote et Leibnitz. 15 août 1846.
1694. — La Philosophie de Saint Augustin. 15 mai 1855.
1695. — Auguste Comte et Littré, la Philosophie positive. 15 juillet 1846.
1696. — Un nouvel Essai d'Esthétique, la *Science du Beau*, par M. M. Ch. Lévêque. 15 novembre 1861.
1697. **Taine.** M. Jean Reynaud, Essai de Philosophie religieuse. 1er août 1855.
1698. **Vacherot** (E.). La Science et la Conscience. — Les Physiologistes. 1er mai 1869.
1699. — Les Historiens, la Morale et le Fatalisme dans l'Histoire. 1er juillet 1869.
1700. — Le Fatalisme métaphysique. 1er août 1869.

1701. **Rouillot** (Abbé A. F. J.). Transformation surnaturelle de l'homme. P. 1877. In-8°.
1702. **Rousseau** (J.-J.). Œuvres complètes. 1782, 24 vol. in-8°.
1703. **Rupert** (L.). Que penser et que faire ? In-12. 1871.
1704. **St-Réal** (l'abbé de). De la Critique. In-12. 1691.

1705. **Saphary.** L'Ecole éclectique et l'Ecole française. P. 1844. Gr. in-8°

1706. **Savérien.** Histoire des progrès de l'esprit humain dans les sciences. P. 1775, 1778. 4 vol. in-8°.

1707. **Schmolders** (Aug.). Ecoles philos. des Arabes. P. 1842. In-8°.

1708. **Des Sciences** positives et du surnaturel, par L***. In-8°.

1709. **Sénèque,** Le Philosophe. *Tr. La Grange.* 1778. 5 vol.

1710. — *Edit. tr. La Beaumelle (Angleviel, de).* Pensées. Paris. Barbou. 1779. In-12.

1711. — *Edit. La Beaumelle (Angl. de).* Pensées de Sénèque. P. Barbou. 1768. In-12.

1712. **Simon** (Jules). Le Devoir. 1856.

1713. — La Liberté. 1859. 2 vol.

1714. — La Religion naturelle. P. 1866. Gr. in-16.

1715. **Sutter** (David). Esthétique générale et appliquée. P. impr. impér. 1865. Gr. in-4°.

1716. **Szafkowski** (L. R.). Recherches sur les hallucinations. 1849.

1717. **Tholon** (l'abbé). Le Surnaturel devant la libre-pensée.

1718. **Timée de Locres,** en grec et en français, avec des dissertations, par M. le marquis d'Argens. Berlin, 1763. In-12.

1719. **Tissot** (J.). Du développement de l'esprit philos. comme objet de l'éducation. — Rapport sur le Concours Laromiguière. Dijon, 1864. In-8°.

1720. — Manie du suicide. 1840. In-8°.

1721. **Tonnellé** (Alfred). Fragments sur l'art et la philosophie. 1860. In-8°.

1722. **Valroger** (H. de). L'âge du monde et de l'homme d'après la Bible et l'Eglise. P. (s. d.) Gr. in-18.

SCIENCES ET ARTS.

1723. **Vauvenargues.** 1° Œuvres complètes rev. et augm. P. 1797. In-12 bas. 2 vol. 2° Œuvres complètes nouv. édit. P. 1823. Le t. 2°. 3° Id. t. posthumes. 2 vol. in-8°, br.

1724. **Verdier** (J.). Cours d'éducation. P. 1777. In-12.

1725. **Veuillot** (Louis). Petite philosophie. P. 1854. In-16.

1726. **Vitteau** (D^r.). La médecine dans ses rapports avec la religion (contre le matérialisme). 1857. In-8°.

1727. **Volney.** Les Ruines (médit.). P. 1702. In-8°. (Dern. ff. gâtés). 2 fig.

1728. **Voltaire.** 1° Dictionnaire philosophique. 2° Phisophie. 3° Essai sur les mœurs. P. 1826. In-8°.

1729. **Wey-Francis.** Manuel des droits et des devoirs. 1848.

1730. **Wolff** (Chrétien). La Logique. 1744.

1731. **Zeller et Boutroux.** La Philosophie des Grecs. 3 vol. gr. in-8°. P. 1877 et 1883.

PÉDAGOGIE

1732. **Affre** (l'abbé). Nouveau Traité des écoles primaires. 1826.

1733. **Allain** (E.). L'Instruction primaire avant la Révolution. P. 1876.

1734. **Annuaire** de l'Enseignement primaire. 1886.

1735. **Art** (l') d'être poli avec tout le monde. In-12. (s. d.).

1736. **Ballexserd** (J.). Education phys. des Enfants. 1762.

1737. **Balme-Frézol** (l'abbé). Réflexions et Conseils prat. sur l'éducation des Filles. 1863. 2 vol.

1738. **Bourgeau** (Th.). Les Usages du monde, ou ce qui s'observe dans la bonne compagnie. Poitiers et P. 1869. Gr. in-18.

1739. **Braun.** Cours de Pédagogie. In-8°. 1885.

SCIENCES ET ARTS.

1740. **Bulletin** de la Société Générale d'Education. 21 fasc. 8°.

1741. **Chantal** (J.-B.-J.). La Civilité primaire, nouv. édit. P. (s. d.). Lecoffre. In-18.

1742. **Collin** (A.). Méthode pour l'Enseignement et l'étude de l'Histoire. 2 fasc. in-4°. 1882.

1743. **Compayré**. Histoire de la Pédagogie. In-12. (s. d.).

1744. **Curot** (l'abbé J.). Manuel des Pères et Mères de famille. Lyon 1869. Gr. in-16.

1745. **Dupanloup** (Mgr). La Femme chrétienne et française (éducation des filles). P. 1868. Gr. in-8°.

1746. **Enseignement** élémentaire. 1844. In-12.

1747. **Fénelon**. De l'Education des filles. — Dialogues sur l'éloquence. — Lettres sur l'éloquence.

1748. **Figayrolle** (Dr P. N.). Manuel des Instituteurs. 1840.

1749. **Fleury** (Claude). Traité du Choix et de la Méthode des études. Nouv. édit. revue. Nismes 1784. In-12.

1750. **Fonssagrives**. 1° Education physique des garçons; 2° s. d. des filles. 2 vol. in-12.

1751. **Genlis** (Mme). Adèle et Théodore (éducation). 3 vol. in-12.

1752. **Girou** de Buzareingues. Education des garçons. R. 1845. In-12.

1753. — Marie, ou de l'Education des filles, suivie d'un précis de morale. Rodez Carrère. 1841. In-12.

1754. **Guillié** (D^r). Instruction des aveugles. P. 1817.

1755. **Hébert-Duperron** (l'abbé). Premier livre de l'école et de la famille. P. 1862. In-16.

1756. **Hervas y Panduro** (Lorenzo). Escuela española de Sordomudos. M. Impr. real. 1795. In-8°. 2 vol.

1757. **Hillard** (F. C.). Tr. Ramon (l'abbé J.-A.). Choix d'une profession. P. 1844. Gr. in-18.

SCIENCES ET ARTS.

1758. **Hippeau** (C.). Instruction publique aux États-Unis. P. 1870. In-8°.

1759. **Karr** (Alph.). Méditation sur la civilité.

1760. **Labonnefon** (H. de). 1° Leçons prat. de civilité et de morale. P. 1869. In-12.

1761. **Langlois-Fréville**. Traité théor. et prat. de récitation. P. 1858. Gr. in-18.

1762. **Limagne** (A.). Solfège-Manuel, Passy-Paris. 1866. 3 parties en 1 vol. in-8°.

1763. **Mabille**. Traité de mnémotechnie. In-8°. 1869.

1764. **Magnat** (l'abbé Antonin). Méthode... du plain-chant. Lyon. 1857. Gr. in-16.

1765. **Maintenon** (Mme de). Ed. Lavallée (Th.). Entretiens sur l'éducation des filles. P. 1855. Gr. in-18. 1855.

1766. **Morale** en action. In-12. 1846.

1767. **Musée** Pédagogique et bibliothèque centrale de l'enseignement primaire. Fasc. 9°. P. 1886. In-8°.

1768. **Œil** (L') du Maître, ou Essai sur la manière de conduire les élèves. P. 1820. In-18.

1769. **Pomey** (le P.). Colloques scolastiques et moraux pour l'instruction des petits écoliers. Toulouse. (s. d. XVII° s.). In-24.

1770. **Principes de musique** (à l'usage du couvent de N.-D. d'Albi. Albi. 1867. Gr. in-16.

1771. Répertoire des ouvrages pédagogiques du XVI° siècle. 1885-86, 1 vol. (bis).

1772. **Rivoire** (Xavier). Du progrès de l'instruction primaire dans le département de l'Aveyron. 2° édit. Rodez. Carrère. 1868. In-12 br.

1773. **Rondelet** (Antonin). Conseils aux parents (Education.) In-12. 1861.

1774. **Rozan** (Charles). Petites ignorances de la conversation. P. (s. d.).

SCIENCES ET ARTS.

1775. **Saintomer** (l'aîné). Grav. Lefrançois. P. (s. d.). Graphométrie suivie d'une collection d'écritures. In-f° br.

1776. **Savigny** (l'abbé de). La civilité en images et en action. Limoges et P. (s. d.) Gr. in-8°.

1777. **Tastu** (Mme). Education maternelle. In-4°. 1836.

1778. **Théis** (Alex. de). Conseils aux jeunes gens qui sortent des écoles primaires. P. 1834. In-12. br.

1779. **Thénot** (J.-P.). Traité de perspective prat. 1872. Gr. in-8°.

POLITIQUE ET ÉCONOMIE POLITIQUE.

1780. **Affamés** de liberté, prenez et lisez. P. et Toulouse. 1878. In-12.

1781. **Affre** (Mgr). Liberté d'enseignement. P. 1843. 1 vol.

1782. **Almanach** de la Bourse pour 1886. P. In-16 fig.

1783. **Anglade** (Jules). Le Poison civique. 1882.

1784. **Argout** (comte de). Observations sur l'écrit de M. Clausel contre M. de Cazes.

1785. **Armengol y Cornet** (D. Pedro). Algumas verdades a la clase obrera. M. 1874. Gr. in-16.

1786. **Audiffret** (Mis d'). Système financier de la France. 1854. 5 vol. in-8°.

1787. **Audiganne.** Les populations ouvrières. 2 vol. 1854.

1788. **Audiganne** (A.). Les ouvriers en famille, ou entretiens sur les devoirs et les droits de l'ouvrier. 2e édit. (ouvrage couronné). P. 1852. In-18.

1789. **Aurigny** (G. d'). Livre de police hum. 1550.

1790. **Bastide**-Stuart. Nomination des administrateurs des Hôpitaux et des Bureaux de Bienfaisance. In-8°. 1878.

110   SCIENCES ET ARTS.

1791. **Bathie.** Nouveau cours d'économie politique. P. 1866. 2 vol.

1792. **Battur** (G. B.). De l'ordre et de la liberté. P. 1829. In-8°.

1793. **Baudrillart** (H.). Man. d'économie politique. 1864. In-12.

1794. **Bausset-Roquefort.** Devoirs, droits, assistance. In-12. 1849.

1795. **Belesta** (Mis de). Administration de Toulouse. 1784-5. 2 vol.

1796. **Berthelot.** Navigation. 1701. T. 1er.

1797. **Berton** (Ch.). Socialisme et charité. P. 1855. In-12.

1798. **Block** (Maurice). Annuaire de l'économie polit. et de la statistique. 1880. 1 vol. In-18.

1799. **Blosseville** (Mis de). Colonisation pénale de l'Angleterre en Australie. In-8°. 1859.

1800. **Bourg** (Antoine du). Les corporations ouvrières de Toulouse.

1801. **Boyer** (l'abbé) de Paumes. Défense de l'ordre social. P. 1835. In-8°.

1802. **Brière** (A.). Tarifs des Chemins de fer. In-4°. Paris 1881.

1803. **Caillet** (J.). L'Administration en France. 2 vol. gr. in-18.

1804. **Calendrier** histor. de l'Enseignement avant la Révolution. 1881.

1805. **Champagnac.** Travail et Industrie. (s. d.). In-12.

1806. **Chantome.** La Politique catholique. In-18. 1863.

1807. **Châteaubriand.** Polémique.

1808. — Œuvres politiques. In-8°. 1840.

1809. — Réflexions polit. sur quelques écrits du jour. 1814. In-8°.

SCIENCES ET ARTS. 111

1810. **Chaussard.** Esprit de Mirabeau ou Manuel de l'homme d'Etat. P. 1797. In-8°. 2 vol.

1811. **Chemin de fer** de Carmaux à Rodez (Station à Sainte-Catherine). 1882.

1812. **Chevalier** (Michel). Cours d'économie politique. 1842. 2 vol. in-8°.

1813. — Voies de communication aux Etats-Unis. 1840-3. 3 vol. in-4° plus 1 volume de Table.

1814. — Des Intérêts matériels. 1838. In-8°.

1815. **Commission** de la propriété littéraire et artistique. 1863. In-4°.

1816. **Compte-rendu** général de l'Administration des finances pour 1883.

1817. **Conquet** (P.) d'Espalion. Annuaire de l'Administration des finances 1856. P. 1856. In-8°.

1818. **Dalloz** (Ed.). Propriété des Mines. 1862. 2 vol. in-8°.

1819. **Deschamps** (le P.). Les Sociétés secrètes et la société. Avignon 1874. 3 vol. in-8°.

1820. **Delaurier** (Emile). Opinion de Lamartine sur le scrutin de liste. 1 vol. in-12. 1883.

1821. **Delombre** (P.). L'Etat et les Tarifs des chemins de fer. Brochure in-8°. 1880.

1822. **Denayrouze** (Louis). Le Socialisme de la science. — Essai d'économie politique. P. 1881. In-8°.

1823. **Deschamps** (R. P. V.). Les Sociétés secrètes. 3 vol. in-8°. 1876.

1824. **Desmoulins** (Edm.). Les Libertés populaires au Moyen âge. P. 1876. In-16.

1825. **Desmoulins** (Cam.). Œuvres. B. N. 3 vol. 1871.

1825 *bis*. **Desseilligny** (A. P.). De l'Influence de l'éducation sur la moralité et le bien-être des classes laborieuses. 2ᵉ édit. P. 1869. In-12.

1826. **Dictionnaire** de l'économie politique. 1854. 2 vol. gr. in-8°.

SCIENCES ET ARTS.

1827. **Du Mesnil-Marigny**. Catéchisme de l'économie politique. 3 édit. P. 1864. Gr. in-18.

1828. **Dupin** (Baron Ch.). Bien-être et Concorde des classes du peuple français. P. décembre 1840. In-16.

1829. **Dupuit** (M. J.). La Liberté Commerciale. P. 1861. Gr. in-18.

1830. **Duval** (Jules). L'Économiste français. 1862-67. 3 vol.

1831. Étude sur l'organisation du suffrage de tous les Contribuables. *(Gazette de France).* Fasc. br. 1848.

1832. **Évaluation** du Revenu Foncier de la France. (Loi du 9 août 1879.) (1884).

1833. **Expilly** (Charles). La Traite, l'Emigration et la Colonisation. 1865. In-8°.

1834. **Garnier** (Jos.) Economie politique. Gr. in-18.

1835. **Gérando** (de). De la Bienfaisance. 4 vol. in-8°.

1836. **Girou** de Buzareingues (Ch.). Du Recrutement. (S. d.).

1837. **Godin** (Alexis). Du Crédit public. In-8°.

1838. **Grenier** (F.). L'Industrie dans le Cantal. 1836.

1839. **Guillemin** (Am.). Les Chemins de fer. 1862. In-8°

1840. **Guizot**. De la Démocratie en France. 1849. In-8°.

1841. **Hanotaux** (Gabriel). Maximes d'Etat de Richelieu.

1842. **Hervé-Bazin**. Economie politique. In-12. 1880.

1843. **Heurtier**, Rapport sur l'émigration européenne. P. 1854. In-8°.

1844. **Josseau** (J.-B.). Le Crédit Foncier de France. 2° édit. P. 1861. In-8°.

1845. **Kauffmann** et **Chérpin**. Franc-maçonnerie. In-4°. 1850.

1846. **Lacombe** (Francis). Etudes sur les Socialistes. P. et Poitiers 1850. Gr. in-18.

1847. **La Guéronnière** (le Comte de). La Politique nation. P. 1869. In-8°.

1848. **Lamartine.** Le Conseiller du peuple. (1re série à 6e série). 6 vol. in-12. 1865.

1849. **Lamst.** Manuel de la Bourse. 10e édit. P. 1838. In-18.

1850. **Landriot** (Mgr). L'Autorité et la Liberté. In-12. 1872.

1851. **Lasserre** (Henri). Réforme du suffrage universel. Gr. in-18. P. 1873.

1852. **Lastros y Juiz** (D. Franc.). La Colonizacion penitenciaria de las Marianas y Fernando Poo (memoria laur). M. 1878. Gr. in-18.

1853. **Latour du Moulin.** Lettres sur la Constitution de 1852. P. 1861. In-8°.

1854. **Le Play.** La Réforme sociale en France. 2 vol. in-8°. 1864.

1855. — Organisation du travail. In-12. 1870.

1856. **Leroy-Beaulieu** (P.). La Question ouvrière au XIXe siècle. P. 1872. Gr. in-8°.

1857. **Lettre** sur la loi scélérate. 1882.

1858. **Lettres** critiques à G.-T. Raynal.

1859. **Level** (Émile). Les Chemins de fer et le budget. P. 1883.

1860. **Livre de Poste**, ou état général des postes du royaume de France pour l'an 1825. In-8°. Rel. aux armes de France.

1861. **Lorrain** (M.-F.). Le Problème de la France contemporaine. P. 1879. Gr. in-18.

1862. **Louis-Philippe Ier.** Discours. P. 1833. 3 vol. in-8°.

1863. **Louis-Philippe d'Orléans**, comte de Paris. Les Associations ouvrières en Angleterre. Nouv. édit. P. 1869. Gr. in-18.

SCIENCES ET ARTS.

1864. **Louvard** (L.). Tarifs de chemins de fer. In-8°. 1881.

1865. **Lunet** (B.). Les Chemins de fer dans l'Aveyron. 1882.

1866. **Machiavel.** Le Prince. *Trad. Ferrari.* 1871.

1867. **Madre** (Le comte Ad. de). Des ouvriers et des moyens d'améliorer leur condition. P. 1863. Gr. in-18.

1868. **Manuel** des Œuvres. Institutions religieuses et charitables de Paris et principaux établissements des départements pouvant recevoir des orphelins, des indigents et des malades de Paris. P. 1883. Gr. in-18.

1869. **Manuel** du bon français où les vrais principes religieux et politiques. 2ᵉ édition. Toulouse. 1871. Gr. in-18.

1870. **Marbeau** (F.). Du Paupérisme en France. P. 1874.

1871. — Des Crèches, ou moyen de diminuer la misère. P. 1846.

1872. — Economie sociale. In-12. 1874.

1873. **Martineau** (Harriet). Contes sur l'Economie polit. Les t. 1, 2, 3, 4, 5, 6, 8. P. 1833.

1874. **Mémoire** ou Vœu du second ordre. Rodez. 1789. In-8°.

1875. **Menendez** de la Pola (D. José). *Breve refutacion de los falsos principios economicos de la internacional.* M. 1874. Gr. in-16.

1876. **Mercier** (Edouard). Influence du bien-être matér. sur la moralité (avec supplément). 2 vol. in-8°. 1854.

1877. **Ministère** de l'Intérieur. Situation financière des communes de France. 1878-79-80-81. 4 vol.

1878. **Mirabaud** (Le comte de). Banque d'Espagne. 1785.

1879. **Moly.** Du Cadastre dans ses résultats.

1880. **Monnier** (Alex.) Hist. de l'Assistance publique. In-8°.

1881. **Montesquieu.** Esprit des lois. P. 1821. 4 vol. in-12.

1882. **Montlosier** (Comte de). Dénonciation aux cours royales. 1826. In-8°.

1883. — Mémoire à consulter. 1826. In-8°.

1884. **Moyen** (Le) d'en finir sans se battre.

1885. **Neymarck** (Alfred). Aperçus financiers. 2 vol. in-8°. 1872.

1886. **Nouette-Delorme** (Félix). La Question des chemins de fer. P. 1872. In-8°.

1887. **Olivier** (Emile). Le 19 janvier. Compte rendu aux électeurs de la 3ᵉ circonscription de la Seine. 5ᵉ édition. P. 1869. Gr. in-18.

1888. **Ozanam** (A.-F.). Réflexions sur la doctrine de Saint-Simon. Lyon et P. 1831. In-8°.

1889. **Palous.** Quelques Observations à propos d'un rapport sur le projet de station.

1890. **Passy** (F.). La Liberté du travail et les Traités de commerce. Br. in-8°. 1879.

1891. **Patris et Devaux.** Manuel des jeunes républicains. An II.

1892. **Périn** (Charles). Les Doctrines économiques depuis un siècle. P. et Lyon. 1880. Gr. in-18.

1893. **Picot** (Georges). Un Devoir social et les logements d'ouvriers. In-12. Paris. 1885.

1894. **Planet** (L'abbé Henri). Petites Lettres à la Montagne. P. 1870. Gr. in-18. (Question sociale.)

1895. **Poitou** (Eugène). La Liberté civile et le pouvoir administ. en France. Gr. in-18. P. Charp. 1869.

1896. **Pradié** (P.). La Démocratie française. 12ᵉ édit. P. 1861. In-8°.

1897. **Pradt.** De l'Emigration. 1824.

1898. **Prémontval** (De). Pensées sur la Liberté. Berlin et Postdam. 1754. In-12.

SCIENCES ET ARTS.

1898. **Reybaud** (L.). Réformateurs et Socialistes modernes. 2 vol. in-12. 1864.

1900. **Richelieu** (Cardinal de). *Ed. Hanstaux (Gabriel)*. Maximes d'Etat et fragments politiques du cardinal de Richelieu. P. impr. nat. 1840. In-4°.

1901. **Rondelet** (Antonin). Du Spiritualisme en Economie politique. P. 1859. In-8°.

1902. — Les réunions publiques et les congrès d'ouvriers. P. 1869. Gr. in-18.

1903. **Bossi**. Economie polit. 4 vol. in-8°. 1843.

1904. **Rousseau** (J.-J.). Du Contrat social. (B. N.). 1865.

1905. **Rouvellat**. Situation des esclaves dans les colonies françaises. 1845.

1906. **Roux** (Xavier). La Révolution jugée par les révolutionnaires. P. 1877. In-16.

1907. — Les Associations ouvrières. P. 1876. In-16.

1908. **Sabbagh** (Michel). *Tr. (Sylvestre de Sacy)*. La Colombe messagère. (Texte arabe et trad.). In-8° 1805.

1909. **Saint-Albin** (A. de). Les Mystères de la franc-maçonnerie. P. (s. d.) 1864. In-18.

1910. **Sarrasy** (Isidore). Les Tribulations du Contrôleur, et les Livres de l'impôt en France. P. et Albi 1860. In-8°.

1911. **Simon** (Jules). La Liberté civile. In-12. 1872.

1912. **Situation** financière des communes de France. 1878-1879-1880-1881. 4 vol.

1913. **Smith** (Adam). *Tr. Roucher*. Recherches sur la nature et la cause des richesses des nations. 5 vol. in-8°.

1914. **Sudre**. Histoire du Communisme. In-12. 1850.

1915. **Tableau** du Commerce de la France avec ses Colonies et les Puissances étrangères en 1880. Gr. in-4°. 1881.

SCIENCES ET ARTS.

1916. **Tallon** (Eugène). La Vie morale et intellectuelle des ouvriers. P. 1877. Gr. in-18.

1917. **Thiers** (A.). De la Propriété. P. 1848. Gr. in-18.

1918. — Discours des 14 et 18 mars 1867 sur la politique extérieure de la France. Tours 1867. Gr. in-18.

1919. — Discours sur les finances. P. 1865. in-8°

1920. — Discours parlementaires. T. 1 à 5, 6, 7, 8, 9, 10, 11. P. 1879. In-8°.

1921. **Tounissoux** (l'abbé). Le Bien-être de l'ouvrier. In-12. 1868.

1922. — Ne Fuyons pas les campagnes. Gr. in-18. P. (s. d.).

1923. **Vafny** (S. C.). Etudes sur la Dépopulation des Campagnes. Auch 1862. Gr. in-18.

1924. **Veuillot** (Louis). L'Illusion libérale. In-8°. 1866.

1925. **Viallet** (Dr). Etudes d'économie charitable. 1881.

1926. **Vignon** (L.-F.). Du Prêt à intérêt. P. 1859. Gr. in-18.

1927. **Vital** (J.-D.). Le nouvel Eraste, ou l'Ami du peuple. Charolles 1859. Gr. in-18.

1928. **Voltaire.** Politique et Législation. P. 1826. In-4°.

MATHÉMATIQUES

1929. **Abraham** (J.). Arithmétique. Rouen. 1605. In-8°.

1930. **Abrégé** d'arithmétique décimale, Par F. P. B. Tours et P. 1874. In-18.

1931. **Aguila** (C. J. E. H. d'). Découverte de l'orbite de la terre... (Astrostatique). P. 1806. In-8°.

1932. **Agussol** (Sylv.). Mesure exacte des corps ronds. Millau. 1832. In-8°.

1933. — Quadrature du cercle. 1813.

SCIENCES ET ARTS.

1934. **Arago** (F.). Astronomie populaire. 1852. 4 vol. in-8°.

1935. **Arbogast.** Du calcul des dérivations. 1800. In-4°.

1936. **Archimedis** Opera omnia græce et latine Basileæ. 1544. In-f°.

1937. **Azémar** (l'abbé). Leçons élém. d'arithmétique. Toulouse. 1860. In-12.

1938. **Babinet** (J.). **Blum** (J.). Eléments de géométrie descriptive. Texte et planches. P. 1860. 2 vol. in-8°.

1939. **Bailly** (J. Sylvain). Histoire de l'astronomie ancienne et moderne. Traité de l'astronomie indienne et orientale. Ens. 5 vol.

1940. **Barrème** (Fr.). Comptes faits. 1721.

1941. — Arithmétique. 1720.

1942. **Berthevin et Trueil.** Arithmétique. 1823.

1943. **Bezout.** Arithmétique. An VII.

1944. — Cours de mathématique. 1798. 6 vol.

1945. — Cours de mathématiques. 1798. 9 vol. in-8°.

1946. **Borda et Delambre.** Tables trigonométriques décimales (logarithmes). An IX. In-4°.

1947. **Bossut** (Ch.). Histoire générale des mathématiques. 2 vol. in-8°.

1948. **Breton** (P.). Traité du nivellement. 1848. In-8°.

1949. **Cassanac** (Eugène). Traité d'arithmétique, rédigé conformément aux programmes officiels du Gouvernement. P. 1858. In-8°.

1950. **Cassini.** Eléments d'astronomie. 1740. in-4°.

1951. — Tables astronomiques du soleil et de la lune. 1740. In-4°.

1952. **Cauchy** (Aug.). Œuvres complètes publiéee sous la direction de l'Académie des sciences. Ministère de l'instruction publique. 1re série tome I, IV, V. 2e série tome VI.

SCIENCES ET ARTS. 119

1953. **Chalret.** Eléments d'arithmétique. 1777.

1954. **Collin.** Arithmétique et tenue de livres.

1955. **Coulvier-Gravier.** Recherches sur les météores. 1859. In-8°.

1956. **Cousin** (J. A. J). Introduction à l'étude de l'astronomie physique. 1787. In-4°.

1957. **Delamarche** (C.-F.). Les usages de la sphère et des globes. P. 1791. In-8°.

1958. **Delambre.** Rapport histor. sur les progrès des sciences mathématiques. P. Imp. imp. 1810. In-8°.

1959. **Duhamel.** Géométrie souterraine. 1787. T. 1er (seul publié). In-4°.

1960. **Duval-Le-Roy.** Eléments de navigation. Brest. 1802. In-8°.

1961. **Eyssérle** et **Gautier** (J.-B.). Traité d'arithmétique théor. et prat. (syst. métr. : 1200 problèmes). 32e édit. P. 1865. In-12.

1962. **Faye** (H.). Cosmographie. In-8°.

1963. **Flammarion.** Le monde avant la création de l'homme. 1885.

1964. — Les terres du ciel. 1885.

1965. **Fresnel** (Augustin). Œuvres complètes. 3 vol. 1866-70.

1966. **Gayffier** (J. de). Man. des Ponts et Chaussées. 1845. 2 vol.

1967. **Genssane** (De). Géométrie souterraine. (Mines). Montpellier. 1776.

1968. **Glaisher, Flammarion,** etc. Voyages aériens. Gr. in-8°.

1969. **Goiffon** (J.). Harmonie des deux sphères. P. 1739. In-4°.

1970. **Guillemin** (Amédée). Le ciel. Notions élément. d'astronomie. P. 1877.

1971. — Le soleil. In-12. 1869.

1972. **Guisnée.** Application de l'algèbre à la géométrie. 1733. In-4°.

1973. — Application de l'algèbre à la géométrie. 1705.

1974. **Hallei.** Édit. Auteroche (Chappe d'). Tables astronomiques. 2e édit. P. 1754. In-8°.

1975. **Hennequin** (Amand). Les leçons du bon pasteur sur la cosmographie, sur l'hygiène populaire, sur la numération.

1975 bis. **Jehan** (L.-F.). Diction. d'astronomie, de physique et de météorologie. P. Gr. in-8°.

1976. **Kaemtz.** Tr. Martin (Ch.). Cours complet de météorologie. In-12. 1858.

1977. **Labonnefon** (H. de). Nouvelle arithmétique des commerçants. P. 1870. Gr. in-18.

1978. **La Caille** (Abbé de). Leçons élémentaires de mathématiques. Nouv. édit. P. 1770. In-8°.

1979. — Ann. La Lande (de). Leçons élém. d'astronomie. 4e édit. P. 1780. In-8°.

1980. **La Caille** (abbé de). Cours élém. et complet de mathématiques pures. 2e édit. P. an VII. In-8°.

1981. **Lacroix** (P.-F.). Éléments d'algèbre à l'usage de l'Ecole Centrale des Quatre-Nations. P. 1830. In-8°.

1982. **Lagout** (Edouard). Panorama de l'algèbre. In-8°. P. 1879.

1983. — Takitechnie. In-8°. P. 1881.

1984. **Lagrange.** Œuvres. Ed. Serret (J.-A.). 1867-77. 7 vol. in-4°.

1985. **Lalande** (Jérôme de). Bibliographie astronomique. An XI. 1803. In-4°.

1986. — Astronomie. 1771-81. 4 vol. in-4°.

1987. **Lamothe** (L.). Traité élémentaire d'arpentage et de lavis des plans. 8e édit. P. 1849. In-12.

1988. **Laplace.** Œuvres complètes. T. 1, 2, 3, 4. P. 1878. In-4°.

SCIENCES ET ARTS. 121

1989. — Œuvres. Mécan. céleste, etc. 7 vol. in-4°. 1843-7.

1990. **Le Blond** (Guill.). Abrégé de l'arithmétique et de la géométrie. 1748.

1991. **Lescan** (J.-F.). Trigonométries rectiligne et sphérique. P. Didot 1819. In-8°.

1992. **Luc** (J.-A. de). Idée sur la météorologie. P. 1787. 2 vol. in-8°.

1993. **Luçon** (J.). Traité élém. d'arpentage. In-12. 1842.

1994. **Legendre** (A.-M.). Eléments de géométrie, 8e édit. P. 1809. In-8°.

1995. — Géométrie. 12e édit. 1823. In-8°.

1996. **Luya** (J.). Amusements arithmétiques et algèbr. de la campagne. 2 vol. in-4°. 1779.

1697. **Machines** et Astronomie (cours de l'Ecole polytechnique). In-4°.

1998. **Manilius** (Marcus). Tr. Pingré (Al.-G.). Astronomiques. P. 1786. 3 vol. in-8°.

1999. **Mauduit** et **Delahire**. Les Eléments des sections coniques démontrées par synthèse. P. 1757. In-8°.

2000. **Mazéas**. Mathématiques. 1777.

2001. **Merville** (le P. de). Leçons de mathématiques à l'usage des collèges. 1761.

2002. **Monge** (G.). Géométrie descriptive et théorie des ombres et de la perspective, par Brisson. 1827. In-4°.

2003. **Montferrier** (de). Cours élém. de mathématiques. 2 vol. in-8°. 1837.

2004. — Dictionnaire des sciences mathématiques. Paris 1835-1840. In-4°. 3 vol.

2005. **Montucla**. Histoire des mathématiques. P. 1758. 2 vol. in-4°.

2006. **Ozanam** (J.). Méthode génér. pour tracer des cadrans sur toute sorte de plans. P. 1697. In-12.

2007. — La géométrie pratique, la trigonométrie théor. et prat., la longimétrie, la planimétrie et la stéréométrie. P. 1689. In-12.

2008. **Ptolémée** (Claude). Tr. l'abbé Halma. — Comm. Delambre. 1° Almageste; 2° Chronologie; 3° Hypothèses (grec. fr.). 4 vol. in-4°.

2009. **Raynaud** (baron). Arithmétique. 1840.

2010. — Arithmétique. 22e édit. 1840. In-8°.

2011. **Ritt** (G.). Nouv. arithmétique des écoles primaires (théorie et applications). P. 1854. In-12.

2012. **Rivard** (F.). Trigonométrie rectiligne et sphérique. P. 1750. In-8°.

2013. — Eléments de géométrie. 1739.

2014. **Rozié** (A.-R.). Le Guide des experts. R. 1862. In-12.

2015. **Saigey** et **Sonnet**. Problèmes d'arithmétique et solutions de problèmes. P. 1846-48. 2 vol. in-12.

2016. **Sauri** (l'abbé). Précis d'astronomie. 1787.

2017. **Sigorgne**. Institutions Newtoniennes. 2e édit. rev. P. 1769. In-8°. 1747.

2018. **Sonnet** (H.). Premiers éléments de géométrie texte et pl. 2 vol. gr. in-18. P. 1847.

2019. — Géométrie théor. et prat. 7e édit. texte et pl. P. 1872. 2 vol. in-8°.

2020. — Diction. des mathématiques appliquées. Grand in-8°. 1868.

2021. **Suret** (J.-L.). Le prompt calculateur. In-8°. 1837.

2022. **Système** métrique décimal des poids et mesures avec problèmes à l'usage des écoles chrétien. P. septembre 1840. In-12.

2023. **Tait** (P.-G.). Traité élém. des quaternions. 1882.

2024. **Tédenat** (P.). Leçons élém. de mathématiques. R. et P. 1801. 2 vol. in-8°.

SCIENCES ET ARTS. 123

2025. **Trincano**. Traité complet d'arithmétique. P. 1781. In-8°.

2026. **Vocabulaire** des mesures républicaines. R. Car. Br. in-8°. (s. d.) mais du temps.

2027. **Voiron**. Histoire de l'astronomie depuis 1781 jusqu'à 1811 (suite de l'histoire de l'astronomie de Bailly). P. 1810. In-4°.

PHYSIQUE, CHIMIE, MÉCANIQUE

2028. **Amussat** (Dr A.). Galvanocaustique thermique. 1876.

2029. **Aristote.** Physique. (Barthélemy). 2 vol.

2030. **Ayrton Paris** (John). La physique et la chimie appliquées à la médecine. P. 1826. In-8°.

2031. **Berthelot** (Marcellin). Chimie organique. 1860. 2 vol. in-8°.

2032. **Bertholon** (l'abbé N.). Electricité des végétaux. 1783.

2033. **Berthoud** (Ferd.). Histoire de la mesure du temps par les horloges. 1802. 2 vol. in-4°.

2034. **Berzélius.** Chimie. 8 vol. in-8°. 1829-33.

2035. **Beudant.** Physique. 1829. In-8°.

2036. **Brewer.** La Clef de la science. 1854. Gr. in-12.

2037. **Brisson** (M. J.). Physique. An VIII. 3 vol. in-8°.

2038. **Castelnau** (L.). Précis des leçons préparatoires au baccalauréat ès-sciences physiques. In-12.

2039. **Chancel** (Gust.). Cours élément. d'analyse chimique. P. 1851. In-12.

2040. **Chaptal** (J.-A.). Chimie. 3e édit. 1796. 3 vol. in-8°.

2041. **Chevreul** (M. E.). De la baguette divinatoire. 1854. In-8°.

SCIENCES ET ARTS.

2042. — De la loi du contraste des couleurs (atlas). In-4°. 1839.

2043. **Cours** de mécanique appliquée aux machines. (Cours de l'école polytechn.) autographié. 1 vol. p. in-f° cart.

2044. **Delaunay.** Mécanique. 1854. Gr. in-18.

2045. **Desains.** Physique. 2 vol. in-12.

2046. **Exposé** de quelques vérités démontrées et rejetées. 1779.

2047. **Fabre** (J.-Henri). La science élémentaire, lectures courantes. Physique. P. 1864. Gr. in-18.

2048. **Fourcroy** (Ant. de). Leçons élém. de chimie. 1782. 2 vol.

2049. **Fresnel** (Augustin). Édit. H. de Sénarmont, E. Verdet et Léonor Fresnel. Œuvres. P. impr. impér. 1866-70. In-4° cart. 3 vol.

2050. **Ganot** (A.). Physique (à l'usage des gens du monde). In-12.

2051. **Geauger** (Nic.). La mécanique du feu. P. 1749.

2052. **Gerhardt** (Ch.). Traité de chimie organique. P. 1853-6. 4 vol. in-8°.

2053. **Hœfer** (Ferd.). Chimie minérale. In-8°. 1841.

2054. **Jacotot** (Pierre). Cours de physique expérim. et de chimie. An IX. 2 vol. in-8° rel. et 1 atlas. In-4°.

2055. **Jullien** (B.). De quelques points des sciences dans l'antiquité ; *physique, métrique, musique*. P. 1854. In-8°.

2056. **La Caille** (abbé de). Leçons élém. d'optique. Nouv. édit. P. 1766. In-8°.

2057. **La Grange.** Méchanique analytique. 1788. In-4°.

2058. **Lamé** (G). Cours de physique (autographié). 2 vol. in-4°. 1833-35.

2059. — Physique. 2e édit. 1840. 3 vol. in-8°.

SCIENCES ET ARTS.

2060. **Lavoisier.** Œuvres. Les t. 1 à 4. In-4°. 1862.

2061. **Lesmery** (Nicol.). Cours de Chimie. 1881.

2062. **Luc** (J.-A. de). Recherches sur les modifications de l'atmosphère (sic). P. 1784. 4 t. en 2 vol. in-8°.

2063. **Martin** (Aimé). Lettres à Sophie sur la Physique. T. 2 vol. in-12. 1820.

2064. **Mascart** (E.). Traité d'électricité statistique. P. 1876. 2 vol. in-8°.

2065. **Mayer et Pierson.** La Photographie. P. 1862. Gr. in-18.

2066. **Moigno** (l'abbé). Mécanique analytique (statique). 1868. In-8°

2067. **Montferrier** (de). Physique et Chimie. in-8°. 1839.

2068. **Nollet** (l'abbé). Essai de l'électricité des corps. 3° édit. P. 1754. In-12.

2069. **Nouveau** dict. raisonné de Physique et de Sciences nat. In-8°. Amsterdam 1770.

2070. **Orbessan** (le Marquis d'). Mélanges (de physique). 4 vol. in-8°.

2071. **Ohm** (G.-S.). *Tr. Gaugain (J.-M.).* Théorie mathématique des courants électriques. In-8°. 1860.

2072. **Parkes** (Sam.). *Tr. Riffault (J.).* Chimie des gens du monde. 2 vol. in-8°. 1822.

2073. **Parkes** (S.) **et Martin** (de). *Tr. Delaunay.* Essais chimiques sur les arts et les manufactures de la Grande-Bretagne. P. 1820. In-8°. 2 vol. Fig.

1074. **Payen.** 1° Chimie industrielle. 2 vol. in-8°; 2° Atlas. Ens. 3 vol. in-8° 1867.

2075. **Péclet** (E.). 1° Traité de la Chaleur. 2° édition. (Texte). 2 vol. in-4°; 2° Nouv. documents, etc. In-4°. 1843.

2076. **Pelletan** (P.) fils. Dictionnaire de Chimie. 1822. 2 vol. in-8°.

2077. **Pelletan** (D.-J.) Le Microscope. P. 1876. Gr. In-8°.

2078. **Poncelet** (le P.). Nouvelle Chymie du goût et de l'odorat. Nouv. édit. P. an VIII. In-8° bas. 2 vol.

2079. **Privat de Mollères** (l'abbé). Leçons de Physique. 1740. 4 volumes.

2080. **Regnault.** Premiers éléments de Chimie. In-12. 1861.

2081. **Sigaud de la Fond.** Dictionnaire de Physique. P. 1781. 4 vol.

2082. **Thénard** (L.-J.) Chimie élémentaire. 2° édition. 1817. 4 vol in-8°.

2083. **Tissandier** (Gaston) Les Récréations scientifiques. 2° édit. P. (s. d.) 1 vol. gr. in-8. Fig.

2084. **Vergnaud** (A.-D.) Chimie agricole.

2085. **Voltaire.** Physique. P. 1833. In-8°.

2086. **Wurtz** (Ad.). Dictionnaire de Chimie pure et appliquée. 4 vol. in-8°. 1877-1887.

2087. — La Théorie atomique. 2° édit. P. 1879. In-8°.

2088. — Leçons élémentaires de Chimie moderne. Paris 1867-68.

SCIENCES NATURELLES

2089. **Acosta** (J.). Histoire naturelle des Indes. 1600. In-8°.

2090. **Almes** (G. A.). Traité de botanique. P. 1898. 1re livraison.

2091. **Annales** de Flore et de Pomone. (Le tome I*er* porte : Journal et Flore des jardins.) 15 vol. in-8° rel. 1832-1840.

2092. **Archives** des missions scientifiques. 3° série, tome XII. 1885.

SCIENCES ET ARTS.

2093. **Archives** nouvelles du Museum d'histoire naturelle. Tomes IV, V, VI, VII.

2094. **Baillon.** Histoire des plantes. (Les 6 premières livraisons.)

2095. — Dictionnaire de Botanique.

2096. **Barthez** (P. J.). Mécanique de l'homme. 1798.

2097. **Baumé** (A.). Eléments de pharmacie théorique et pratique. 7° édition. P, an III. In-8°.

2098. **Beaumont** (Elie de) et **Dufrenoy**. Explication de la carte géologique. 1841. 2 vol. et cartes en 1 étui.

2099. **Beaumont** (Vte E. H. de). 1° Etudes sur la pisciculture. (Ouvrage cour.) P. (s. d.) 1869.

2100. **Bernard** (P.) et **Couailhac**. Le Jardin des plantes. 1842. 2 vol. gr. in-8°.

2101. **Bernard** (Claude). Leçons sur les phénomènes de la vie. 2 vol. 1878.

2102. — La science expérimentale. In-12.

2103. **Bernstein.** Les sens. 1880.

2104. **Beudant.** Minéralogie. 1830. 2 vol. in-8°.

2105. — Minéralogie et zoologie. P. 1854. In-12.

2106. **Bichat.** 1° Anatomie générale. 1861. 4 vol. 2° Anatomie descriptive. 5 vol in-8°. (Ens. 9 vol.)

2107. **Blanchard.** Tableau de la nature. In-12.

2108. **Boisse** (Ad.). Esquisse géologique du département de l'Aveyron. P. imp. nation. 1870. In-4.

2109. **Bonnet** (C.). Considérations sur les corps organisés. Amst. 1762. 2 vol. in-8°.

2110. — Contemplation de la nature. Amst. 1764. 2 vol. in-8°.

2111. — Œuvres d'histoire naturelle et de philosophie. 1779-83. 18 vol.

2112. — Contemplation de la nature. 1782. 3 vol.

2113. **Boreau.** Flore du centre de la France. 1849. 2 vol. in-8°.

2114. **Bourgery** (Dr) et **Jacob** (N. H.) p. les pl. Traité complet de l'anatomie de l'homme. 1840-54. 8 vol. gr. in-f°.

2115. **Bras** (Ant.). Catalogue des plantes vasculaires de l'Aveyron. Villef. 1877. In-8°.

2116. **Brard.** *Edit. Guillebot.* Nouveaux éléments de minéralogie, ou manuel du minéralogiste voyageur. 3ᵉ édit. rev. P. 1838. In-8°.

2117. **Brierre de Boismont.** Eléments de botanique. 1825.

2118. **Buc Hoz.** Toilette de Flore, ou essai sur les plantes et les fleurs qui peuvent servir d'ornement aux dames... P. 1771. In-12.

2119. **Buffon.** *Edit. Flourens.* Œuvres complètes. 12 vol. gr. in-8°, rel. fig. col. 1853-55.

2120. — *Edit. Bernard (P.).* Histoire naturelle. An VIII. 10 vol. in-8° rel.

2121. **Burat** (Amédée). Géologie appliquée.. 1° Géologie pratique. 2° Gîtes métallifères.. P. 1870. 2 vol. in-8°.

2122. **Candolle** (Aug. Pyr. de). Essai sur les propriétés médicales des plantes. 2ᵉ édit. rev. P. 1816. In-8°.

2123. **Candolle** (Alph. de). Origine des plantes cultivées. 1883.

2124. — Théorie de la botanique. 1844. In-8°.

2125. **Chatin** (Ad.). Le Cresson. P. 1866. gr. in-18.

2126. **Chenu** (Dr). Encyclopédie d'histoire naturelle. 12 vol. gr. in-8°.

2127. **Chevallier** (F.-F.). Flore génér. des environs de Paris. 3 vol. in-8°.

2128. **Cochet** (L'abbé). La Normandie souterraine. 1854. Gr. in-8°.

SCIENCES ET ARTS.

2129. **Colmeiro** (Don Miguel). La botanica y los botanicos de la peninsula hispano-lusita (obra premiada). M. 1858. Gr. in-8°.

2130. **Cortambert** (E.). Curiosités des trois règnes de la nature. 1846.

2131. **Cours** élémentaire d'histoire naturelle. P. 1855. 3 vol. in-12.

2132. **Cousin-Despréaux.** *Edit. Desdouits.* Le livre de la nature. 1860. 4 vol. in-12.

2133. **Cuvier** (Georges). Histoire des sciences naturelles. 1841-5. 5 vol. in-8°.

2134. — Mémoires pour servir à l'hist. et à l'anatomie des mollusques. 1817. In-4°.

2135. — Rapport hist. sur le progrès des sciences natur. P. Impr. impér. 1810. In-8°.

2136. **David** (L'abbé Armand) et **Oustalet** (E.). Oiseaux de la Chine. Texte 1 vol. (pl.) in-8°.

2137. **Delafosse.** Notions élémentaires d'histoire naturelle. Minéralogie. Botanique. Zoologie. P. 1843-6. In-18. Fig. 3 vol.

2138. **Demerson** (L.). La botanique enseignée en vingt-deux leçons. P. 1825. In-12.

2139. **Deshayes** (G.-P.). Conchyliologie de l'île de la Réunion. 1863. In-8°.

2140. — 1° Description des coquilles fossiles. 2 vol. in-4°. 2° Atlas. In-4°.

2141. **Nouveau Dictionnaire** d'hist. natur. appliquée aux arts. 1803. 24 vol. in-8°.

2142. **Dolfus** et **de Mont-Serrat.** Géologie de Guatemala. 1 vol.

2143. **Duchesne** (E.-A.). Répertoire des plantes utiles et des vénéneuses. In-8°. 1836.

2144. **Dufrénoy** (A.). Minéralogie. 3 vol. de texte et 1 vol. de pl. 4 vol. in-8°.

2145. **Duméril.** Histoire naturelle. 2 vol. in-8°.

SCIENCES ET ARTS.

2146. **Duval-Jouve.** Bélemnites des environs de Castellane (Basses-Alpes). 1841. In-4°.

2147. **Fabre** (J.-Ant.). Essai de la théorie des torrents et des rivières. 1797.

2148. **Fourcroy.** Eléments d'hist. naturelle et de chimie. 6 vol. 1793-1784.

2148 bis. **Fuchs** (K.). Les volcans et les tremblements de terre. P. 1881.

2149. **Gall** (D^r). Cranologie. In-8°.

2150. **Genssane** (De). Hist. naturelle du Languedoc. 1777-8.

2151. **Geoffroy Saint-Hilaire.** Etudes progressives d'un naturaliste. In-4°.

2152. **Girard** (Jules). Les soulèvements sur les côtes. 1876. In-8°.

2153. **Gras** (Scipion). Statistique minéralogique des Basses-Alpes. Grenoble. 1840.

2154. **Grenier** (Ch.) Flore de la chaîne Jurassique. In-8°.

2155. **Grenier** (Ch.) et **Godron.** Flore de France. 3 vol. in-8°.

2156. **Guérin** (F.-E.). Diction. de l'histoire natur. 11 vol. gr. in-8° (dont 2 de pl.).

2157. **Hénon** et **Mouton-Fontenelle.** L'art d'empailler les oiseaux. 2e édit. Lyon, 1861. In-8°. Pl. Br.

2158. **Héron de Villefosse.** De la richesse minérale. 3 vol. in-4°, rel. P. 1810-19.

2159. **Houssaye** (J.-G.). Monographie du thé. 1843. Gr. in-8°.

2160. **Humboldt** (A. de). Tr. Faye (H.). Cosmos. 4 vol. in-8°. 1847.

2161. **Imbert-Goubeyre** (A.). Leçons sur le tabac. Clermont, 1866. In-12.

SCIENCES ET ARTS.

2162. **Jaubert** (Comte) et **Spach** (Ed.). Illustrationes plantarum orientalium. 1842-57. 5 vol. gr. in-4°.

2163. **Jussieu** (A. de). Cours élémentaire de Botanique. P. 1855. In-12.

2164. **Kner** (Dr Rudolf). *Tr. Le Piez (Albert).* Notions générales de zoologie médicale. P. 1862. Gr. in-18.

2165. **Lacépède** (Comte de). Œuvres. *Ed. Desmarest.* 1826-33. 11 vol. In-8°.

2166. **Lambert** (Mme de). *Edit. Laurentie.* Œuvres choisies de Mme. P. 1829. In-18.

2167. **Lambert** (Ed.). Botanique. 1 vol. in-12. 1864.

2168. **Langlebert** (J.). Manuel d'histoire naturelle. P. 1865. Gr. in-18.

2169. **Lapeyrouse** (Picat de). Plantes des Pyrénées. 1813. In-8°.

2170. **Lauth** (Alex.). Nouv. man. de l'anatomiste. 1835.

2171. **Le Maout** (Em.). Leçons élém. de Botanique. 3e édit. P. (s. d.). Gr. in-8°. Fig.

2172. **Leymerie** (A). Description géologique et paléontologique des Pyrénées, de la Haute-Garonne. Atlas, Cartes géol. du département de Haute-Garonne. 1879.

2173. **Linné** (C.-A.). Systema vegetabilium. 15e édition. Gottingœ 1797. In-8°.

2174. — Systema naturæ. Editio 13 aucta. Lugd. 1789. In-8°. 3 tomes en 10 vol.

2175. **Martinez et Reguera** (Léopoldo). La Fauna de Sierra-Morena. M. 1881. In-8°.

2176. **Milne Edwards.** Cours élémentaire de Zoologie. P. 1855. In-12.

2177. **Morelot** (Simon). Histoire naturelle appliquée à la Chimie, aux arts. P. 1809. In-8°. 2 vol.

2178. **Muséum.** Archives du Muséum d'histoire naturelle. Tome 1 à 10. 1861.

2179. **Œhlert** (E^r). Notes géologiques sur le département de la Mayenne. Angers 1882. In-8°. (Avec carte géologique annexée).

2180. **Orbigny** (d'). Dictionnaire d'histoire naturelle. 16 vol. petit in-4° 1842.

2181. **Passy** (Antoine). Description géologique du département de la Seine-Inférieure. Rouen 1832. in-4°.

2182. **Pettigrew** (Bell.). La Locomotion chez les animaux. P. 1874.

2183. **Pouchet** (Georges). Mémoires sur le grand fourmilier. P. 1874. In-4°.

2184. **Quatrefages** (de). L'espèce humaine. 3ᵉ édit. 1877. In-8°.

2185. **Revel** (l'abbé J.). Essai de la Flore du Sud-Ouest de la France. Villefranche 1885.

2186. **Roques** (Jos.) Plantes usuelles. 4 vol. in-8° 1837.

2187. **Saffray** (Dr). Les remèdes des champs, herborisations pratiques... 3ᵉ édit. P. Hachette. 1876. 2 vol. in-16, fig.

2188. **Sainte-Claire Deville.** Géologie et travaux d'Elie de Beaumont. In-8°. 1878.

2189. **Saint-Pierre** (Bernardin de). Etudes de la nature. 3ᵉ édit. rev. P. 1788. 5 vol. in-12.

2190. **Sauri** (l'abbé). Précis d'hist. naturelle. 1778. 5 vol.

2191. **Sicard** (Dr Adrien). Monographie de la canne à sucre de la Chine. 2ᵉ édit. revue. P. 1858. 2 vol. in-8°.

2192. **Société philomatique** de Paris. 7ᵉ série. Tome IV. 1884-85.

2193. **Tauvry** (Daniel). Anatomie raisonnée. 1693.

2194. **Thiébaut de Berneaud.** Botanique et physiologie végétale. In-8°. 1837.

2195. **Tyndall.** Les glaciers et les transformations de l'eau. 1 vol. in-8°. 1880.

SCIENCES ET ARTS.

2196. **Valmont-Bomare.** Diction d'hist. naturelle. 1800. 15 vol.

2197. **Ventenat** (E. P.). Tableau du règne végétal. P. An VII. 4 vol. in-8°. 1799.

2198. **Ville.** Notice minéralogique sur les provinces d'Oran et d'Alger. P. 1858. In-4°.

2199. **Wurtz** (Ad.) La théorie anatomique. P. 1879.

2200. **Zurcher et Margollé.** Le monde sous-marin. 4e édit. P. (s. d.) Gr. in-18.

MÉDECINE

2201. **Actes** du Congrès médical de France de 1845. In-8°.

2202. **Alard.** Siège des maladies. P. 1821. 2 vol.

2203. **Alexandre** (Dom.). Médecine des pauvres.

2204. **Alibert** (J.-L.). Nouv. éléments de Thérapeutique. P. 1814. 2 vol.

2205. — Fièvres pernicieuses. P. 1804.

2206. — Thérapeutique. P. an XII. 2 vol. in-8°.

2207. — Précis historique sur les eaux minérales. P. 1826. In-8°.

2208. — Discours sur les rapports de la Médecine avec les Sciences physiques et morales. P. an VII. In-8°.

2209. **Allen** (J.). Edition Boudon. Abrégé de toute la médecine. 5 vol. P. 1752. In-12.

2210. **Alquié.** Annales Cliniques de Montpellier. Années 1853, 1854, 1855. 3 vol. p. et in-f°.

2211. **Amoreux.** Médecine des Arabes.

2212. **Amussat** (J.-Z.). **Boyer, Filhos, Amussat** (fils). Mémoires divers. En 1 vol. in-8°.

2213. **Amussat** (J-Z.). De l'air dans les veines. 1839.

SCIENCES ET ARTS.

2214. — Enterotomie du gros intestin. 1856.

2215. **Amussat** (Dr A.). Mémoires sur la Galvanocaustique thermique. 1876. In-8°.

2216. **Andrieux** (Dr). Hydrothérapie combinée. (Etablissement de Brioude). 2e édit. P. et Brioude. 1864. In-8°.

2217. — Hydrothérapie combinée. 1864.

2218. **Andry** (Ch.-L.-F.). Rage. 1780.

2219. **Andry** (Nic.). Génération des vers. 1741.

2220. **Anglada** (J.). Traité des eaux minérales et des établissements thermaux du département des Pyrénées-Orientales. P. 1833. In-8°. 2 vol.

2221. **Annales** cliniques. 1822. 2 vol. in-8°.

2222. **Annuaire** de l'Association des médecins. 2 vol. in-12 br. 19 et 20e année. 1879-80. — Id. 20 et 21e année. 1881. 1 vol.

2223. **Art** (L') de prolonger la vie et de conserver la santé. 1852. In-8°.

2224. **Astley-Cooper.** Tr. *Chassaignac et Richelot.* Œuvres chirurgicales complètes. In-8°. 1837.

2225. **Aubry.** Oracles de Cos. 1810. In-8°.

2226. **Audin-Rouvière.** La médecine sans le médecin. In-8°. 1828.

2227. **Ayrton-Paris** (John). La physique et la chimie appliquées à la médecine. P. 1826.

2228. **Baillie.** Tr. *Ferrall.* Anatomie pathol. 1803. In-8°.

2229. **Barbier** (J.-B.-G.). Pharmacologie et matière médic. 1806. In-8°.

2230. **Barra** (Dr). Usage de la glace. 1675.

2231. **Barthez.** Thérapeutique médicale. In-8°.

2232. — Guide prat. des malades aux eaux de Vichy. 2e édit. rev. P. 1849. In-12.

SCIENCES ET ARTS.

2233. **Baudelocque.** Accouchements. 1812. In-12.

2234. **Beauchêne** (De). De l'influence des affections de l'âme dans les maladies nerveuses des femmes. Nouv. édit. Amst. 1783. In-8°.

2235. **Beaude.** Dictionnaire de médecine. 2 vol. in-4°. 1836-49.

2236. **Bennati** (F.). Etudes physiol. et pathol. sur les organes de la voix humaine. (ouv. cour.). P. 1833. In-8°.

2237. **Benoit** (J.). Mémoires de médecine et de chirurgie cliniques. P. avril 1850. In-8°.

2238. **Bergomier** (Dr). Le Guide maternel. 1842. In-8°.

2239. **Bezançon** (G. de). Les médecins à la Censure. 1677.

2240. **Bigel** (le Dr) **Pelletan** (M.). Manuel d'hydrosudothérapie. P. Baillière (s. d.). Gr, in-18.

2241. **Billerey.** Contagion du choléra morbus de l'Inde. In-8°. 1832.

2242. **Black.** *Tr. Coray.* Histoire de la médecine et de la chirurgie. 1798. In-8°.

2243. **Boré** (Léon). Les Stigmatisées du Tyrol. 2e édit. P. 1846. Gr. In-18.

2244. **Borne-Volber.** Aphorismes de médecine. In-16. 1877.

2245. **Bouchardat** (A.). **Junod** (H.). L'eau de vie, ses dangers conférences popul. P. Germer-Baillière (s. d.). Gr. in-18.

2246. **Bouchut** et **Desprès** Diction. de thérapeutique. 1 vol. gr. in-8° jésus. 1867.

2247. **Bouisson** (le prof.). Du Cancer buccal chez les fumeurs. Montp. 1859.

2248. **Boyer.** Diction. de physiologie (édition Migne). 1861. Gr. in-8°.

2249. **Brera.** Maladies vermineuses. 1807. In-8°.

SCIENCES ET ARTS.

2250. **Buch** (J.-J.). Phthisie pulmonaire. 1800.

2251. **Buchez**. Introduction à l'étude des sciences médicales. In-8°. 1838.

2252. **Burg** (V.). Métallothérapie. (Du cuivre contre le choléra.) P. 1867. In-8°.

2253. **Burggrave** (D^r). Monument à Edw. Jenner ou histoire générale de la vaccine. 1875.

2254. **Castelli** Lexicon medicum (grec-lat.). 1746. In-4°.

2255. **Caucanas** (D^r). Le conservateur de la santé. In-8°. 1830.

2256. **Caulet** (L.). Mémoire sur les eaux minérales, gazeuses, ferrugineuses d'Andabre. P. et Montp. 1826. In-8°.

2257. **Cerise** (D^r). Examen du système phrénologique. 1836. In-8°.

2258. **Chaussier** (F.). Médecine légale. 1824. In-8°.

2259. **Chevalier** (Arthur). Hygiène de la vue. 3e édit. P. 1864. Gr. in-18.

2260. **Chomel** (A. F.). Fièvres et maladies pestilentielles. 1821. In-8°.

2261. **Chopart.** Maladies des voies urinaires. 1792. In-8°.

2262. **Clavel** (le chan.). Le médecin du corps et de l'âme. P. 1844. In-32.

2263. — Almanach-manuel de la santé. P. (s. d.). In-16.

2264. **Clermont** (D^r). Recueil des observations sur les eaux minérales de Vals. (s. d.). In-8°.

2265. **Collomb.** Œuvres médico-chirurgicales. In-8°. 1798.

2266. **Combes** (Hip.). De la médecine en France et en Italie, administration, doctrines, pratique. P. 1842. In-8°.

2267. **Comet** (C. J. B.). Méthode curative ext. des douleurs. 9e édit. P. 1845. In-8°.

2268. **Coste** (E.). Manuel de dissection, ou éléments d'anatomie. P. 1847. In-8°.

2269. **Cullen.** Tr. Bosquillon. Médecine pratique. 1785. 2 vol. in-8°.

2270. **Daremberg** (Ch.). La médecine (histoire et doctrines). 1865. Gr. in-18.

2271. **Decaisne** (Emile). Guide médical et hygiénique du voyageur. P. 1864. Gr. in-18.

2272. — Guide des baigneurs aux eaux minérales. 1864. Gr. in-18.

2273. **Desbois de Rochefort.** Edit. Lullier-Winslow. Matière médicale et art de formuler. P. 1817. 2 vol. in-8°.

2274. **Dictionnaire** abrégé des sciences médicales. 1821-26. 15 vol. in-8°.

2275. **Donné** (Al.). Hygiène des gens du monde. 1870. In-12.

2276. **Doussin-Dubreuil** (J. L.). Des glaires... 6e édit. P. 1805. In-8°.

2277. **Dubois** (E. Fréd.). Traité des études médicales, ou de la manière d'étudier et d'enseigner la médecine. P. 1840. In-8°.

2278. **Dugès.** Physiologie comparée. 3 vol. in-8°.

2279. **Edwards** (H. M.). Manuel d'anatomie chirurgicale. P. 1827. In-18.

2280. **Estor.** De la simplification en chirurgie. In-8°.

2281. — Lésions traumatiques. 1823. In-8°.

2282. **Fajole** (G. de). La santé des femmes. P. 1864. Gr. in-18.

2283. **Flourens** (P.). Histoire de la découverte de la circulation du sang. P. 1854. In-12.

2284. **Fourcroy** (de). L'art de connaître et d'employer les médicaments. P. 1785. In-12. 2 vol.

2285. **Foville** (Achille). Influence des vêtements sur nos organes. 1834.

2286. **Gandoger de Foigny.** Traité pratique de l'inoculation. Nancy et P. 1786.

2287. **Gardanne** (de). Catéchisme (sur les asphyxiés). P. 1781. In-8°.

2288. **Gauthier** (Aug.). Recherches histor. sur l'exercice de la Médecine. 1844. In-12.

2289. **Gaultron de la Batè** (F.). De la première dentition. 2° édit. P. 1869. Gr. in-18.

2290. **Gilbert** (C.-M.-P.). Histoire médic. de l'armée française à St-Domingue. 1803.

2291. **Grimaud de Caux.** Dictionnaire de la Santé. In-8°.

2292. **Guérinau** (J.-D.). Du diagnostic des amauroses vraies et simulées devant les Conseils de revision. 1861. In-8°.

2293. **Guyétant** (D^r). Le Médecin de l'âge de retour. P. 1844. In-12.

2294. **Guyon** (D.). Etudes sur les eaux thermales de la Tunisie. P. 1864. In-8°.

2295. **Gypendole** (Evariste). Onguent contre la morsure de la Vipère noire. P. 1844.

2296. **Hahnemann.** *Tr. Jourdan.* Doctrine homéopathique. In-8°.

2297. **Hévin.** Pathologie. P. 1793. 2 vol. in-8°.

2298. **Hildembrand** (De). *Tr. Gauthier (Aug.).* Médecine pratique. P. 1828. 2 t. en 1 vol. in-8°.

2299. **Hippocrate.** Aphorismes. *Tr. Lallemand et Pappas (A.).* Montp. et P. 1839. In-18.

2300. **Huart** (Louis). Physiologie du Médecin.

2301. **Hufeland** (Chr. Guill.). L'Art de prolonger la vie humaine. Lausanne. 1799. In-8°.

2302. **Hureaux.** Notre délivrance de toutes les maladies, par la médecine usuelle. P. 1866. Gr. in-18.

2303. **Jahr** (D' G.-M.-G.). Notices élémentaires sur l'homéopathie. 3e édit. Corr. P. 1853. In-18.

2304. **James** (Constantin). Guide aux eaux minérales. 1861. Gr. In-18.

2305. **La Martinière Bruzende.** L'Art de conserver la Santé. (Ecole de Salerne). P. 1826. In-18.

2306. **Lambert** (le D' M.). Bains russes et orientaux. In-8°.

2307. **Lauth** (E.-Alex.). Nouv. manuel de l'anatomiste. In-8°. 1835.

2308. **Le Bêle** (Jules). Hygiène pratique. In-12. 1855.

2309. **Le Dran** (H.-F.). Traité. (Plaies.) P. 1748. In-18.

2310. **Lefèbre** (Le D'). Louise Lateau. In-12. 1870.

2311. **Le Pain** (Jean). Le Practicien François. 1629.

2312. **Le Roy de Méricourt.** Rapport sur les progrès de l'hygiène navale. In-8°. 1867.

2313. **Leroy-Pelgas.** La médecine curative (purgation). 1845. In-12.

2314. **Lessius** et **Cornaro.** De la sobriété. In-12. 1701.

2315. **Lobstein** (J.-F.). Anatomie pathol. 2 vol. in-8°. 1829.

2316. **Lorain** (P.). *Edit. Brouardel (P.).* (Médecine clinique). Température du corps humain. 2 vol. gr. in-8°.

2317. **Mahon** et **Lamauve.** Histoire de la médecine clinique. P. 1804. In-8°.

2318. **Marcé.** Maladies mentales. In-8°. P. 1862.

2319. **Martin** (J.). Mémoires de médecine et de chirurgie. P. 1835. In-8°.

2320. **Martin** (Victor) et **Foley** (L.-E.). Colonisation algérienne. 1851.

SCIENCES ET ARTS.

2321. **Matthey** (André). Les moyens de vivre heureux. P. 1802. In-8°.

2322. **Mayer** (J.-R.). *Tr Pérard. (L.).* Mém. sur le mouvement organ. dans ses rapports avec la nutrition. P. 1872. Gr. in-16.

2323. **Millet** (Martial-Alex.). Essai sur l'estomac, au point de vue anatomique physiol. et pathol. Montp. 1855. In-8°

2324. **Monin** (D' E.). La propreté de l'individu et de la maison. 1884.

2325. **Moutet** (D' F.). Clinique de Montpellier. — Mémoires et observ. de chirurgie. 1 vol. in-8°. 1858.

2326. **Murat** (J.-A.). De l'Influence de la Nuit sur les maladies. Bruxelles et Montp. 1806. In-8°.

2327. **Nauche** (J.). Journal du Galvanisme, de Vaccine' etc. P. 1805. T. 1 et 2 en 1 vol. in-8°.

2328. **Nouveaux** Mémoires de l'Académie de Dijon. Dijon 1782. In-8°. 2 vol.

2329. **Nysten** (P.-H.). Dictionnaire de Médecine et des sciences accessoires à la médecine. P. 1814.

2330. **Ollivier** (A.-F.). Pourriture d'hôpital. P. 1882. In-8°

2331. **Oribase**. Œuvres. *Tr. Bussemaker et Daremberg.* 1851-76. 6 vol. in-8°.

2332. **Patézou** (D' J.). 1° Vittel. Eaux minérales. P. 1859. In-12 ; 2° Etudes cliniques, id. P. 1862. In-12.

2333. **Paul-d'Egine**. *Tr. Brian (René).* Chirurgie (texte et trad.). In-8°. P. 1855.

2334. **Paulinier** (J.-P.-L.-Th.). Du Diabète leucomatique. Montp. 1854. In-8°.

2335. **Pauly** (P.-Ch.). Climats et endémies. In-8°.

2336. **Paz** (Eugène). La Santé par la gymnastique. In-12. 1865.

2337. **Percy**. Pyrotechnie Chirurgicale pratique P. 1811. In-12.

2338. **Pietra Santa** (Prosper de). Les Climats du Midi de la France... (sur les affections chron. de poitrine). P. Gr. in-16. 1862.

2339. **Pigeaux**. Maladies de cœur. P. 1839. In-8°.

2340. **Pinel** (Ph.). La Médecine clinique rendue plus précise et plus exacte par l'application de l'analyse. 2ᵉ édit. rev. P. 1804. In-8°.

2341. **Pomme**. Réfutation de la doctrine médicale du docteur Brown. Arles et P. 1808. In-8°.

2342. **Planche** (Dʳ Adrien). Balaruc-les-Bains. Montp. et P. 1881. In-8°.

2343. **Pougens** (M.-J.-F.). L'art de conserver la santé, de vivre longtemps et heureusement. Montp. et Paris 1825. In-8°

2344. — Dialogue entre M. Pougens, etc. Réponse au chirurgien Desmonds.

2345. **Pressavin**. Art de prolonger la vie. In-8°. 1786.

2346. **Préterre**. Les Dents. Pet. in-8°. Paris 1884.

2347. **Pringle**. Maladies des armées. 1755. 2 vol.

2348. **Quatrefages** (Fir.-Eug.). De la paralysie des aliénés. 1861.

2349. **Rambosson** (J.). Les lois de la vie (Cour.). P. 1872. In-8°.

2350. **Raspail** (F. V.). Manuel-annuaire de la santé pour 1866. P. Gr. in-18.

2251. **Raymond** (Dominique). *Ed. Giraudy.* Traité des maladies qu'il est dangereux de guérir. P. 1808. In-8°.

2352. **Raynaud** (P.). Essai sur les aliments.

2353. **Ribes** (F.). Anatomie pathol. P. 1828. In-8°. (le t. 1ᵉʳ).

2354. **Biencourt** (comte de). Les militaires blessés. 1875. 2 vol. in-8°.

2355. **Rodrigues**. Clinique de Montpellier. — Rétrécissements. Montp. 1855 et 1843, en 1 vol. in-8°.

2356. **Rosen de Rosenstein** (Nils). *Tr. Lefebvre de Villebrune.* Traité des maladies des enfants. P. 1778. In-8°.

2357. **Roubaud** (D' Félix). Annuaire médical et pharmaceutique de la France. 1871-2. P. Gr. in-18.

2358. **Roy** (Denis-Prudent). Traité médico-philosophique sur le rire. P. 1814. In-8°.

2359. **Rufus d'Ephèse.** *Edit. Daremberg (Ch.), et Ruelle (Ch. Em.).* Œuvres. P. impr. natio. 1879. In-8°.

2360. **Saffray** (D'). Les Moyens de vivre longtemps, principes d'hygiène. P. 1878. In-16 fig.

2361. **Sarcone** (Michele). Historia ragionata de mali osservati in Napoli nell'intero corso dell'anno 1764. En Napoli 1765. In-8° 2 vol.

2362. **Scarpa.** *Tr. Léveillé.* Maladies des yeux. P. 1802. 2 vol. in-8°.

2363. **Selle.** *Tr. Nauche.* Pyrétologie méthodique. P. 1817. In-8°.

2364. **Serres-Bouillaud.** Actes du Congrès médical de France. Session de 1845. P. Mai 1846. In-8°.

2365. **Service** de médecine gratuite. Règlement. R. 1876.

2366. **Séverin** (Marc-Aurèle). De la médecine efficace ou la manière de guérir les plus grandes et dangereuses maladies. Genève 1668. In-4°.

2367. **Soubeiran** (Léon) et **Dabry de Thiersant.** Matière médicale chez les chinois. P. 1874. In-8°.

2368. **Stoll** (Max) et **Boerhaave.** *Tr. Mahon.* Médecine pratique. P. 1855. In-8°.

2369. **Swediaur** (F.). Pharmacologia seu materia medica. P. 1803. In-12.

2370. — Pharmacopœia medici practici universalis. P. 1803. In-12.

2371. — Traitement des maladies syphilitiques. P. An IX. 2 vol. in-8°.

SCIENCES ET ARTS.

2372. **Tessier.** La médecine et la chirurgie populaires. In-12. 1845.

2373. **Tissot.** Essai sur les maladies des gens du monde. Lausanne. 1770. In-18.

2374. — L'onanisme. Dissertation sur les maladies produites par la masturbation. Nouv. édit. Lausanne. 1803. In-18.

2375. **Tourrette** (Dr Aug.). Quelques mots sur Vals et ses environs. Aubenas. 1863. Gr. in-18.

2376. — Guide pratique des malades aux eaux de Vals. Aubenas. 1866. In-12.

2377. — Eaux minérales de Vals. Etudes cliniques. Aubenas. 1867. In-12.

2378. **Tourtelle** (Et.). Matière médicale. P. 1802. In-8°.

2379. **Vidal** (Ferdin.). Traité de l'épilepsie. P. 1862.

2380. **Watton** (F.-M.-L.). Fièvre typhoïde. P. 1843.

2381. **Zimmerman** (G.). Traité de la dyssenterie. 1794.

2382. — Traité de l'expérience. P. 1774. 3 vol. et Montp. 1818. 3 vol.

AGRICULTURE.

2383. **Abu-Zacharia.** Libro de Agricultura Sevilla. Madrid. 1878. Gr. in-16. 2 vol.

2384. **Agronome** (L'). Journal. 1833 à 1835. 3 vol.

2385. **Almanach** agricole. 1852.

2386. — du Laboureur. 1872.

2387. — du Cultivateur. 1835.

2388. **Annuaire** des Cultivateurs (Aveyron). An XII.

2389. **Barral** (J.-A.). Almanach de l'Agriculture pour 1878. P. In-16. Fig.

SCIENCES ET ARTS.

2390. **Béchamp**. Leçons sur la Fermentation vineuse et sur la fabrication du vin. Montp. 1863. In-12.

2391. **Berdoulat** (J. de). Multiplication des Grains. 1765.

2392. **Bertrand** (Jean). Traité des Arbres fruitiers. 1768.

2393. **Bixio** (Al.). Journal d'Agriculture pratique. 1837-1852. 14 vol. gr. in-8°.

2394. **Blanc-Montbrun.** Vignoble de la Rolière. 1860.

2395. **Blachot** (B.). Du Trèfle. 1786.

2396. **Bonnefous** (Nic.). Le Jardinier français. 1654.

2397. **Bourgelat** (C.). Eléments de l'art vétérinaire. P. 1803. In-8°. Fig.

2398. **Carrère** (Mme Zélie). Les Veillées de Jacques Bernard ou Entretiens sur l'Agriculture. Toulouse. 1862. In-12.

2399. **Chasteigner** (Vicomte P. de). Les Vins de Bordeaux. Guide prat. des gens du monde. 2e édit. rev. Bordeaux. 1869. Gr. in-18.

2400. **Chavanne** (de) de la Giraudière. La Ferme modèle. 1846. In-8°.

2401. **Congrès** international d'agriculture. N^{os} de la série 1, 2, 4, 6, 7, 8, 10. (En 2 vol.). 11, 12, 13, 14, 15. 16, 17, 18, 19, 20, 21, 22, 23, 24, 25, 26, 27, 29, 30. Ensemble, 27 vol. In-8°.

2402. **Nouveau** cours complet d'agriculture. 16 vol In-8° 1821.

2403. **Delaire.** Construction et Chauffage des Serres. 1846. Gr. in-18.

2404. **Dictionnaire** domestique par Roux, Goulin et la Chenage de Bois. 1872. 3 vol. in-8°.

2405. **Frarière** (A. de). Les Abeilles et l'Agriculture. P. 1855. In-12.

2406. **Freycinet** (Charles de). Rapport sur l'emploi des Eaux d'égout de Londres. P. 1867. In-8°.

2407. **Girou**, de Buzareingues (Ch.) Précis de Physiologie agricole. P. 1849. In-8°.

2408. **Gobelin** (l'abbé). Le Jardinier royal. 1671.

2409. **Gottschalk** (Vallerius). Tr. *d'Helbach (baron)*. L'Agriculture réduite à ses vrais principes. P. 1774. In-12.

2410. **Hocquart** (E.). Le Bouvier modèle. P. (s. d.). In-18. Fig.

2411. — *Édit. Noisette (L.)*. Le Jardinier pratique. P. 1848. In-18. Fig.

2412. **Huzard** (J.-B.). Instruction sur l'amélioration des Chevaux en France. P. An X. In-8°.

2413. **Issartier** (Dr Henri). Le Prunier, sa culture. 1874.

2414. **Joigneaux**. Le Livre de la Ferme. 2 vol. gr in-8°. 1863.

2415. **Jourdier**. Catéchisme d'Agriculture. 1 vol. in-12. 1857.

2416. **Julien** (Stanislas). Résumé des principaux traités Chinois, sur la culture des muriers et l'éducation des vers à soie. P. 1837. In-8°.

2417. **Lefèvre** (And.). Parcs et Jardins. In-12. 1867.

2418. **Jauze**. Art complet du Vétérinaire et du Maréchal-ferrant. In-4°. 1827.

2419. **Magne** (J. H.) Rapport sur les Progrès de la Médecine vétérinaire. P. impr. impér. 1867. Gr. in-8°.

2420. — Choix du cheval. P. 1853. Gr. in-18.

2421. — Nourriture des chevaux de travail. P. 1870. Gr. in-18.

2422. — Races porcines (du porc). 3e édit. Gr. in-18.

2423. — Races ovines (mouton et chèvre). 3e édit. Gr. in-18.

2424. — Etude des races chevalines (cheval, âne, mulet). 2e édit. P. 1857. In-8°.

2425. — Races bovines (du bœuf). 3ᵉ édit. augm. Gr. in-18.

2426. — Hygiène vétérinaire appliquée P. et Lyon. 1845. 2 vol. in-8°.

2427. — Choix de vaches laitières. 3ᵉ édit. 1859. Gr. in-18.

2428. — Agriculture pratique et hygiène vétérin. 4ᵉ édit. 1873. 2 vol. gr. in-18.

2429. **Maison** rustique du XIXᵉ siècle. 5 vol. gr. in-8°. N. B. Le t. 5ᵉ contient l'horticulture. 1835-45.

2430. **Malo** (Armand). Eléments de comptabilité rurale. (ouvr. couronné). P. 1841. In-12.

2431. **Malpighi.** *Tr. Maillot (E.).* Mémoires et documents sur la sériciculture. Montpellier 1878. Gr. in-4°.

2432. **Mérault.** Art du Jardinier. In-12. 1827.

2433. **Méthivier** (l'abbé). Etudes rurales... P. 1854. In-12.

2434. **Odart** (le comte). Manuel du vigneron. In-12.

2435. — Ampélographie. In-8°. 2ᵉ édit. P. 1849.

2436. **Phylloxéra** (Etudes relatives au). Rapports de Cornu-Duclau-Fau. 1873. — Rapport sur les mesures à prendre. 1874. — Rapport sur les produits de goudron. 1875. — Instruction pour combattre le phylloxéra. 1876. — Séance de l'Institut sur le phylloxéra. 1876. — Le phylloxéra dans la Gironde. 1876. — Mémoires de Balbiani sur..... 1876. — Mesures à prendre pour éloigner. 1876. — Analyses sur la vigne saine phyll. 1877. — Observation des délégués de l'Académie. 1881. — Les parasitaires de la vigne. 1882. — Observations sur les parasitaires. 1883.

2437. **Roche** (Lubin). Guide pratique du cultivateur aveyronnais sur l'hygiène et le traitement des maladies du bétail. Rodez, 1850. In-8°.

2438. **Rodat** (A.). Le Cultivateur aveyronnais. Rodez. Carrère. 1839. In-8°.

2439. **Roger Schabol** (l'abbé). 1° La Théorie du jar-

SCIENCES ET ARTS. 147

dinage. Nouv. édit. P. 1874. In-12. Fig. 2° La Pratique du jardinage. Id. 2 vol. in-12. V. M.

2440. **Tableaux** des récoltes de la France. 1882-83-84.

2441. **Traité** des arbres fruitiers. Extrait des meilleurs auteurs. (Traduit de l'allemand). Yverdon. 1768 In-12.

2442. **Verardi.** Manuel du destructeur des animaux nuisibles. P. Roret. 1834. In-18. Fig.

2443. **Vergnes** (Henri). Syndicats de Marcillac, Conques et Rignac. R. 1882.

2444. **Ville** (Georges). Recherches sur la Végétation. In-8°. 1857.

2445. **Wallerius** (Jean Gottschalk). L'Agriculture réduite à ses vrais principes. P. 1774.

2446. **Young** (Arthur). Le Cultivateur anglais. P. 1800-1. 18 vol.

2447. **Ysabeau** (A.). La Ferme et le Presbytère. 1859. In-12.

2448. **Ysabeau** et **Bixio.** Horticulture. 1845.

2449. **Yvart** (Victor). Sol, Climat et Agriculture de la France. 1807.

2450. — Excursion agronomique en Auvergne. 1819.

2451. — Origine des assolements raisonnés. P. 1821.

BEAUX-ARTS.

2452. **Alvarès** (Lévi). Salon Carré du Louvre. 1853.

2453. **Armengaud.** Galeries de l'Europe. Rome 1857. In-f°

2454. — Les trésors de l'Art. P. 1859. In-f°.

2455. **Artigue** (J. d'). Dictionnaire de Plain-Chant. Gr. in-8°. 1854.

SCIENCES ET ARTS.

2456. **Aubin.** Mémoire de la Peinture didactique des anciens mexicains dans la Mission scientifique au Mexique et dans l'Asie centrale.

2457. **Auvray** (L.). Exposition des Beaux-Arts. Salon de 1864. In-8°

2458. — Le Salon de 1867 à l'Exposition Universelle. In-8°.

2459. **Baillargé** (Alphonse). Les Châteaux de Blois, Chambord, Chaumont, Amboise, Chenonceaux. 1852.

2460. **Barbet de Jouy** (Henri). Les Della Robbia. Sculpteurs en terre émaillée. P. avril 1855. Gr. in-16.

2461. **Bayet** (Ch.). L'Art Byzantin. In-8° Paris Quantin (s. d.).

2462. **Bérault** (J.). Coutume de Normandie. 1620.

2463. **Bischoff** (J.-B.). La Pratique du Plain-Chant. Rodez. de Br. 1878. Gr. in-16.

2464. **Blanc** (Charles). Le Trésor de la curiosité. 1857. 2 vol. in-8°.

2465. — L'Œuvre de Rembrandt. Atlas.

2466. — L'Œuvre de Rembrandt. Atlas et texte.

2467. — Grammaire des Arts du Dessin. In-4°. 1867.

2468. — L'Œuvre complet de Rembrandt. P. 1859. 2 t. en 1 vol. gr. in-8°.

2469. **Blanchard-Boismarsas.** Itinéraire de l'Ami des Arts. 1821.

2470. **Blaserna** (P.) et **Helmoltz** (H.). Le Son et la Musique. — Causes physiol. de l'harmonie musicale. P. 1877. In-8° cart. perc.

2471. **Boitard.** Composition et Ornements des Jardins. Texte et pl. 2 vol. in-8° obl. 1834.

2472. **Bourgault-Ducoudray.** Etudes sur la Musique ecclésiast.-grecque. Gr. in-8°. 1877.

2473. **Briseux** (Ch.) Architecture moderne. 1728. 2 vol.

SCIENCES ET ARTS. 149

2474. **Catalogue** des objets d'Art de l'antiquité du Musée des Thermes. P. 1861. In-8°.

2475. — des objets d'Art du Prince Soltykoff. In-8° cart. (s. d.). 1861.

2476. **Caumont** (de). Statistique monumentale de l'arrondissement de Bayeux. Caen et P. 1858. In-8°.

2477. — Définition élémentaire de quelques termes d'Architecture. P. 1846. In-8°.

2478. **Cean-Bermudez** (D. Juan-Agust). Sumario de las Antigüedades romanas que hay en España en especial las pertinecientes à las Bellas Artes. M. 1832. In-4°.

2479. **Chabouillet.** Catalogue génér. des Camées de la bibliothèque impér. Gr. in-18.

2480. **Chesneau** (Ernest). Les Nations rivales dans l'art. In-12.

2481. — La Peinture anglaise. In-8° (s. d.)

2482. — L'Art et les Artistes modernes. Gr. in-18. 1864.

2483. **Cinti-Damoreau** (Mme). Nouv. Méthode de chant. Gr. in-8°.

2484. **Clarac** (Comte de). Manuel de l'hist. de l'Art chez les anciens. 1847-9. 3 vol. in-12.

2485. **Coussemaker** (De). Histoire de l'Harmonie au moyen âge. 1852. In-4°.

2486. **Danjou** (F.) De l'état et de l'avenir du Chant ecclésiastique en France. P. et Bordeaux (s. d.) 1861.

2487. **Darcel** (Alf.). Trésor de l'Eglise de Conques. P. 1861. In-4°.

2488. **Daviler** (A.-C.). Cours d'architecture. 1691, 2 vol.

2489. **Delaborde** (H.). La Gravure. In-8°. Paris. Quantin. (s. d.).

2490. **Denecourt** (C.-F.). Guide du Promeneur et de l'Artiste à Fontainebleau. 7e édit. Font. et P. (s. d.). In-8°.

SCIENCES ET ARTS.

2491. **Derand** (Le P.). L'Architecture des voûtes. 1643. In-f°.

2492. **Description** de la colonne Vendôme. 1838.

2493. **Didron.** Iconographie Chrétienne. Histoire de Dieu. P. Impr. roy. 1843. In-4°. Vol. (Doc. inéd.).

2494. **Duchesne** (aîné). Notice des Estampes de la biblioth. royale. P. 1839. In-12.

2495. — Voyage d'un Iconophile. 1834. In-8°.

2496. **Duplessis** (Geor.). Les Merveilles de la Gravure. 1 vol. in-12. 1871.

2497. **Durand** (Paul). Monographie de N.-D. de Chartres. Explication des planches. In-4°.

2498. **Duval** (Mathias). L'Anatomie artistique. In-8° (s. d.)

2499. — Kaufmann. Renaud. Petites Maisons de ville et de campagne. P. (s. d.) Atlas. In-f°. 1880.

2500. **Elwart** (A.). Histoire des Concerts populaires de Musique classique. P. 1864. Gr. in-18.

2501. **Émeric-David.** Recherches sur l'Art statuaire. (Ouvrage couronné). P. 1805. In-8°.

2502. **Fau** (J.). Anatomie artist. du corps humain. In-8°.

2503. **Gaborit** (L'abbé P.) Etudes élém. sur l'Architecture. Nantes et P. 1865. In-12.

2504. **Gailhabaud** (Jules). Monuments anciens et modernes. 1850. 4 vol. gr. in-4°.

2505. — L'Architecture du Ve au XVIIe siècle. 1858. 5 vol. gr. in-4°. (Le 5e in-f°).

2506. **Galeries** historiques du Palais de Versailles. 9 vol. in-8°.

2507. **Gauthier** (Théoph.). Beaux-Arts. Feuilleton.

2508. **Gavarni.** Œuvres choisies. 2 vol. gr. in-8°.

2509. **George.** Catalogue des tableaux du Musée de Toulouse. In-12. 1864.

SCIENCES ET ARTS.

2510. **Gérard** (Le colonel). Description de l'hôtel des Invalides. 3e édit. P. 1859. Gr. in-18.

2511. **Gerspach**. La Mosaïque. In-8°. Paris. Quantin (s. d.)

2512. **Gisors** (Alphonse de). Le Palais du Luxembourg. P. Plon. 1847. Gr. in-8°.

2513. **Grétry**. Mémoires ou Essais sur la Musique. P. An V. 3 vol. in-8°.

2514. **Guedeonow** (E.). Notice sur la galerie Campana à Rome. P. 1861. In-8°.

2515. **Gueullette** (Charles). Les Peintres de genre au Salon de 1863. In-16.

2516. **Guignet de Salins**. Man. des ordres d'Architecture. P. 1839. In-8°.

2517. **Havard** (Henri). Histoire de la Peinture hollandaise. 1882.

2518. **Hélart de Rheims** (J.). Galerie d'Etoges peinte par. In-8°. P. 1871.

2519. **Helmholtz** (H.). Théorie physiol. de la Musique. In-8°.

2520. **Hennin**. Monuments de l'histoire de France (Sculpture, Peinture et Gravure). 10 vol. in-8°. 1856-63.

2521. **Henriet** (L. d'). Cours de Dessin des écoles primaires. P. 1879. Gr. in-16.

2522. **Herland** (A.). Lois du Chant d'église et de la Musique moderne. 1854. Gr. in-8°.

2523. **Histoire** pittor. des Cathédrales. Gr. in-8°. 1846.

2524. **Hugo** (A.). France pittoresque. P. 1838. 3 vol. In-4°.

2525. **Indicateur** du Palais et du Musée de Versailles. 1852.

2526. **Inventaire général** des Richesses d'Art de la France. Archives du musée des monuments français. T. 1 et 2. P. 1883 et 1886. Gr. in-8°.

SCIENCES ET ARTS.

2527. — des Richesses d'Art de la France. Paris. Monuments civils. T. 1er. Gr. in-8°. 1880.

2528. — des Richesses d'Art de la France. Paris. Monuments religieux. T. 1er. Gr. in-8°. 1877.

2529. — des Richesses d'Art de la France. Province. Monuments civils. T. 1, 2, 3. 1878-1885-1887. Gr. in-8°.

2530. — des Richesses d'Art de la France. Province. Monuments religieux. T. 1er. 1886. Gr. in-8°.

2531. **Jacquemart** (A.). Merveilles de la Céramique. 1866. In-12.

2532. **Jacquemin** (R.). Hist. génér. du costume civil, religieux et militaire du IVe au XIIe siècle.

2533. **Lacordaire** (A.-L.). Notice histor. sur les Manufactures impér. de tapisserie des Gobelins et de tapis de la Savonnerie. 2e édit. P. 1852. In-8°.

2534. **Lacroix** (Paul). Mœurs, Usages et Costumes du Moyen-Age et à l'époque de la Renaissance. P. Gr. in-8°. 1873.

2535. — Vie militaire et religieuse au Moyen-Age et à l'époque de la Renaissance. P. Gr. in-8°. 1873.

2536. — Les Arts au Moyen-Age et à l'époque de la Renaissance. P. Gr. in-8°. 1874.

2537. — Sciences et Lettres au Moyen-Age et à l'époque de la Renaissance. P. Gr. in-8°. 1877.

2538. — Lettres, Sciences et Arts au XVIIe siècles. P. Gr. in-8°. 1882.

2539. — Institutions, Usages et Costumes au XVIIe siècle. P. Gr. in-8°. 1880.

2540. — Lettres, Sciences et Arts au XVIIIe siècle. P. Gr. in-8°. 1878.

2541. — Institutions, Usages et Costumes au XVIIIe siècle. P. Gr. in-8°. 1875.

2542. — Mœurs, Usages, Lettres, Sciences et Arts sous le Directoire, le Consulat et l'Empire. P. Gr. in-8° 1884.

SCIENCES ET ARTS.

2543. **Lagrèze** (G. Basile de). Le Château de Pau. 1854. In-8°.

2544. **Lalanne** (Max). Gravure à l'eau forte. In-8°. 1866.

2545. **La Saussaye** (L. de). Le Château de Chambord. Blois 1866. Gr. in-18 fig.

2546. **Lavoix** (H. fils). Histoire de l'Instrumention depuis le XVI° siècle jusqu'à nos jours (ouvr. couronné). P. 1878. In-8°.

2547. **Lecomte** (Jules). L'Italie des gens du monde. In-8°. 1844.

2548. **Lenoir** (Albert). Statistique monumentale de Paris. 36 livr. gr. in-f°. 1867.

2549. — Architecture monastique. P. impr. natio. 1852-1856. In-4°. 2 vol.

2550. **Lenormant** (F.). Monographie de la voie Sacrée Eleusienne. Le t. 1er. P. 1864. Gr. In-8°.

2551. **Lespès** (Léo) et **Bertrand** (Ch.). Paris. Album histor. et monumental. P. (s. d.) 186..

2552. **Liszt** (Franz). L'art musical en Allemagne. Feuilleton.

2553. **Mantellier** (P.). Mémoire sur les Bronzes antiques du Newy en Sullias. P. 1865. In-4°.

2554. **Marolles** (Michel de). Le livre des peintres et graveurs. Bibl. elzévir. P. 1872. In-16.

2555. **Martin** (N.). Le parfait Connaisseur (critique d'art). P. 1861. Gr. in-18.

2556. **Martinez** (Jusepe). Edit. Cardera y Solano (D. Val). *Discursis practicables* de nobilisimo arte de la Pintura. M. 1866. Gr. in-8°.

2557. **Masson** (Louis). Guide au musée de Rodez. Tableaux. 1879.

2558. **Mazaudier** et **Lombard**. Cours complet et guide prat. d'architecture navale. P. 1848. In-8°. 2 vol.

2559. **Mazeau** (Jean). 1° Histoire de l'église de N.-D. de Ceignac. Rodez 1660. In-16.

SCIENCES ET ARTS.

2560. **Menard.** Antiquités de la ville de Nismes. In-8°. 1840.

2561. **Mercey** (de) Etudes sur les Beaux-Arts. 3 vol. in-8°. 1855.

2562. **Miché** (A.). Nouvelle Architecture pratique. 2 vol. in-8°. 1825.

2563. **Michiels** (Alfr.). Histoire de la Peinture flamande 1865-76. 10 vol. in-8°.

2564. **Monchablon** (E.-J.). Dictionnaire abrégé d'Antiquités. P. 1760. Pet. in-12.

2565. **Mongez.** Iconographie Romaine. 4 vol. in-4°. 1821.

2566. **Montégut** (Président de). Inventaire des bijoux de Jeanne de Bourdeille. 1595-1881.

2567. **Muntz** (Eugène). La Tapisserie. (s. d.).

2568. **Musée** français-anglais. 1855. 12 numéros.

2569. **Nicomaque de Gérase.** Manuel d'harmonique. 1 fas. in-8°. 1881.

2570. **Noël** (l'abbé). Plus de Jubé. R. 1863.

2571. **Notice** des Peintures et Sculptures du Palais de Saint-Cloud. (Biblioth. du Palais de Saint-Cloud). In-8°. Mar. tr. d. P. 1843.

2572. 1° **Notice** des ouvrages de peinture exposés au salon de Montpellier le 1ᵉʳ mars 1860. Montp. 1860. Gr. in-18 br. — 2° Notice des tableaux exposés au musée Fabre de la ville de Montpellier. 6ᵉ édit. Montp. 1859. In-12.

2573. **Notice** sur les collections du Musée d'artillerie. P. 1845. In-12.

2574. **Palous.** L'Art national (s. d.).

2574 *bis*. **Parrocel** (Etienne). L'Art dans le Midi. — Célébrités marseillaises. 4 vol. in-8°. 1881.

2575. — L'Art dans le Midi, des origines jusqu'au XIXᵉ siècle. 1 vol. in-8°. 1884.

2576. **Pascal** (l'abbé). Institutions de l'Art chrétien. 1856. 2 vol. in-8°.

2577. **Perrier** (Charles). L'Art français au Salon de 1857, peinture, sculpture, architecture. P. 1857. Gr. In-18.

2578. **Perthuis** (de). Traité d'Architecture rurale. P. Crapelet 1810. In-4°.

2579. **Planche** (Gust.) Etudes sur l'école française. Peinture et Sculpture. In-12. 1855.

2580. **Raguenet.** Matériaux et Documents d'Architecture et de Sculpture de 1881 à 1887.

2581. **Ramée** (Daniel). Man. de l'hist. génér. de l'Architecture au Moyen-Age. 2 vol. in-12. 1843.

2581 bis. **Raoul-Rochette.** Lettre à M. Schorn. Supplément au catalogue des artistes de l'antiquité. P. 1845. In-8°.

2582. **Réorganisation** de l'Ecole des Beaux-Arts. P. 1864. In-8°.

2583. **Restaurations** des monuments antiques par les archit. pension. de l'Acad. de Rome. 4e fasc. 1879. Dubut et Coussin. Temple de la pudicité et Temple de Vesta. (Dans un carton gr. in-f°.)

Revue des Deux-Mondes

(Sous ce titre sont compris les numéros 2584 à 2648.)

2584. **Ampère** (J. J.). L'Art grec et l'Art romain. 15 juin 1855.

2585. **Beaumont** (A. de). Les Arts décoratifs en Orient et en France. 15 octobre 1861.

2586. — Les Arts industriels à l'exposition de 1863.

2587. — L'Architecture persane. 1er septembre. 1866.

2588. **Beulé** (E.). Art céramique. Les vases chinois et les vases grecs. 1er décembre. 1856.

2589. — La Statuaire d'or et d'ivoire. — La Minerve de M. Simart. 1er février. 1856.

SCIENCES ET ARTS.

2590. — Un Préjugé sur l'Art romain. 15 mars. 1865.

2591. **Blaze-de-Bury.** Lettres sur les Musiciens français. 15 mars. 1838.

2592. — Du Romantisme dans la musique, le Chevalier Charles Marie de Weber. 15 juillet. 1846.

2593. — Le chevalier Gluck à propos de la reprise d'Alceste à l'Opéra de Paris. 1er novembre 1866.

2594. — La Musique française, son passé, son présent. 15 février 1872.

2595. **Chesneau** (E.). Le Réalisme et l'Esprit français dans l'Art. 1er juillet 1863.

2596. **Cousin** (V.). L'Art français au XVIIe siècle. 1er juin 1853.

2597. **Darley** (H.). L'Exposition de peinture de 1852 en Angleterre. 1er septembre 1852.

2598. **Delaborde.** 1° La Gravure depuis son origine jusqu'à nos jours. 2° Commencements de la Gravure en Italie, en Allemagne, dans les Pays-Bas, en France et en Angleterre. 1er décembre 1850.

2599. — Les Ducs et la Cour d'Urbin, Histoire de l'Art italien, par James Denistoun. 1er novembre 1851.

2600. — Histoire des peintres de toutes les Ecoles, par Charles Blanc et Armengaud. 15 juillet 1851.

2601. — La Peinture française et son histoire. 15 septembre 1854.

2602. — Les Artistes français à l'étranger, par M. Dussieux. 1er septembre 1857.

2603. — La Lithographie dans ses rapports avec la Peinture. 1er octobre 1863.

2604. — La Sculpture florentine avant Michel-Ange. 1er octobre 1865.

2605. — Les Origines de la Peinture italienne avant l'école de Giotto. 15 septembre.

2606. — Des Principes et des Traditions dans les arts du Dessin. 1er novembre 1867.

SCIENCES ET ARTS.

2607. — L'Archéologie et l'Art. 15 mars 1873.

2608. **Delacroix** (Eugène). Questions sur le Beau. 15 juillet 1854.

2609. **Du Camp** (Max.). Les Ecoles étrangères et l'Ecole française à l'Exposition universelle de 1867. 1er juillet 1867.

2610. **Ebelot** (Alf.). Les Arts au Moyen Age et à l'époque de la Renaissance, par Paul Lacroix. 1er décembre 1868.

2611. **Esquiros** (Alph.). Les Beaux-Arts à l'Exposition de Londres. 1er octobre 1862.

2612. **Feuillet** de Conches. Les Apocryphes de la peinture de portrait. 16 novembre 1849.

2613. **Figuier** (L.). Histoire et Progrès de la Photographie. 1er octobre 1848.

2614. **Fortoul** (H.). L'Art grec, les Marbres d'Egine. 15 septembre 1839.

2615. **Geffroy** (A.). Les Peintres scandinaves à l'Exposition de Paris en 1861. 15 juin 1861.

2616. **Gruyer** (A.). L'Art et l'Industrie des bronzes dans l'Antiquité et dans l'Europe moderne. 1er janvier 1856.

2617. **Henriet** (Ch.). Les Sculptures de M. Carpeaux. 1er septembre 1869.

2618. **Jouffroy** (Th.). Histoire de la Peinture italienne, par G. Rosini. 1er mai 1839.

2619. **Landoy.** (E.). Les Arts en Belgique et l'Exposition de Bruxelles. 15 octobre 1851.

2620. **Lévêque** (Ch.). Les Destinées de la Sculpture et la Critique moderne. 15 janvier 1864.

2671. — Les Arts du dessin et la Science. 1er octobre 1866.

2622. — L'Œuvre païenne de Raphaël. 1er juillet 1868.

2623. **Mercey** (F.). L'Art moderne Allemand. 15 mars 1842.

SCIENCES ET ARTS.

2624. — La Peinture flamande, ses historiens en France et en Allemagne. 16 mars 1848.

2625. — La Gravure en médaille en France. 1er mai 1852.

2626. **Mérimée** (P.). Histoire des Arts en Espagne, par W. Stirling. 15 septembre 1848.

2627. **Milsand** (J.). Une nouvelle Théorie de l'Art en Angleterre, M. John Ruskin. 1er juillet 1860.

2628. **Montégut** (E.). De quelques erreurs du goût contemporain en matière d'Art. 1er juillet 1861.

2629. — Sur l'Influence de la Musique 1er janvier 1862.

2630. — Les Expositions de la Malmaison et du Petit-Trianon. 1er décembre 1867.

2631. **Papety** (D.). Les Peintures byzantines et les Couvens d'Athos. 1er janvier 1847.

2632. **Perrens** (F. T.). Supériorité des Arts modernes sur les Arts anciens, *par M. Eg. Véron*. 15 septembre 1863.

2633. **Planche** (G.). L'Art grec et la Sculpture réaliste. 1er octobre 1856.

2634. — Les Paysages et les Paysagistes. Ruisdael, Claude Lorrain, Nicolas Poussin. 15 janvier 1857.

2605. **Quinet** (Edg.). Du Génie de l'Art. 15 octobre 1839.

2636. **Ravaisson** (F.). La Vénus de Milo. 15 septembre 1871.

2637. **Rémusat** (Ch. de). Impressions de voyages d'art en Italie. 1er octobre 1857.

1638. — L'Art par la critique. 1er novembre 1863.

2639. **Renan** (E.). L'Art au moyen âge et les causes de sa décadence. 1er juillet 1862.

2640. **Saint-René Taillandier.** Histoire et Critique de l'Art en Allemagne, le Dr Max Schaler, M. Zahn. 1er juin 1856.

SCIENCES ET ARTS.

2641. **Shuré** (Ed.) Le Drame musical et l'Œuvre de Richard Wagner. 15 avril 1869.

2642. **Scudo** (P.). La Musique dans les villes rhénanes. 1ᵉʳ octobre 1858.

2643. — La Musique de Richard Wagner. 1ᵉʳ mars 1860.

2644. — La Musique Chinoise. 1ᵉʳ septembre 1860.

2645. — De l'Influence de la Critique musicale. 15 novembre 1860.

2646. — La Musique religieuse. 1ᵉʳ avril 1864.

2647. **Vitet** (L.). Les Marbres d'Eleusis. 1ᵉʳ mars 1860.

2648. — La Musique grecque. 15 juillet 1867.

**

2649. **Rey** (G.). Etude sur les monuments de l'Architecture militaire des Croisés en Syrie... P. imp. nat. 1871. In-4°.

2650. **Rio** (A. F.). Epilogue de l'Art Chrétien. P. Hachette 1872. 2 vol. in-8°.

2651. **Ris** (Clément de). Les Musées de province. 2 vol. in-8° br. 1859.

2652. **Saint-Albin** (Phil. de) et **Durantin** (A.). Le Palais de Saint-Cloud. Gr. in-18. P. 1869.

2653. **Saint-Etienne** de Toulouse. Notice hist. sur.

2654. **Salon** de 1842. Gr. in-4° rel. (Manque le titre).

2655. **Saussaye** (de la). Château de Chambord. 1866.

2656. **Soldi** (Emile). La Sculpture égyptienne. P. 1876. In-8° br.

2657. **Soltykoff** (prince). Catalogue des objets d'art du. In-8° cart. (s. d.). 1861.

2658. **Soullier** (Ch.). Nouveau dictionnaire de Musique. In-8°. 1855.

SCIENCES ET ARTS.

2659. **Tardieu** (A.). Beaux-Arts.

2660. **Tiron** (Alex.). Etudes sur la musique grecque le plain-chant et la tonalité moderne. 1866. Gr. in-8°.

2661. **Topffer** (R.). Réflexions et menus propos d'un peintre genevois. (Essai sur le beau.) Nouv. édition. P. 1878. Gr. in-18.

2662. **Vaffier** (L.). Histoire de la Statuaire antique. P. (s. d.). Gr. in-18.

2663. **Vatout.** Le Château d'Eu. 5 vol. in-8°. 1836.

2664. **Vaysse de Villiers.** Tableau descriptif du château et du parc de Versailles. In-18 cart. 1813.

2665. — Tableau descriptif de Versailles. P. 1828. In-18.

2666. — Recueil complet des Monuments et Perspectives de Versailles. P. 1830. In-8°.

2667. **Viardot** (L.). Les Musées de France. P. 1860. In-12.

2668. **Vignole.** Ed. Leveil (J.-A.). Traité élémentaire pratique d'architecture... Nouv. édit. P. (s. d.).

2669. **Villot** (Frédéric). Tableaux du Musée national du Louvre. 1re partie. Ecoles d'Italie et d'Espagne. 5e édit. P. 1852. In-12.

2670. **Viollet Le Duc.** Entretiens sur l'Architecture. P. 1863-72. Gr. in-8°, d. ch. fig.

2671. — Réponse à M. Vitet. (Art. du dessin.) P. 1864. In-8°.

2672. — Dictionnaire de l'Architecture. 10 vol. in-8°.

2673. — Dictionnaire du Mobilier français. P. 1874. 6 vol. In-8°.

2674. **Vitet** (L.). **Ramée** (Daniel). Monographie de l'église de Noyon. P. impr. roy. 1845. In-4° cart. Atlas.

2675. **Vitruve.** Com. Perrault. Edit. Tardieu et Coussin. Les dix livres d'Architecture. In-4°.

2676. **Wauters** (A.). La Peinture Flamande. In-8°. Paris. Quantin. (s. d.).

SCIENCES ET ARTS. 161

2677. **Willemin** (N.-X.). Monuments français inédits pour servir à l'histoire des arts (du VIe au XVIIe siècle). 1839. 2 vol. gr. in-f°. (fig. col.).

2678. **Winkelmann.** *Tr. Hubert.* Histoire de l'Art dans l'antiquité. 3 vol. in-4°.

ARTS ET MÉTIERS, COMMERCE, INDUSTRIE

2679. **Adhémar** (J.). Coupe des pierres. In-8°. rel. L'atlas in-f°.

2680. **Albrest** (Albert). Art de l'Ebéniste. 1828. In-12.

2681. **Annales** du Commerce extérieur. Année 1885-86.

2682. **Annuaire** du ministère de l'Agriculture et du Commerce. 1876, 1877, 1878.

2683. — Almanach du Commerce. Didot-Bottin. 1859. Gr. in-8°.

2684. **Ausseur** (J.-J.). Coupe des bois et art du Trait. 1819. In-4°.

2685. **Babbage** (Ch.). *Tr. Isoard.* Science économique des manufactures. P. 1834. In-8°.

2686. **Banque de France.** Comptes-rendus. Années 1875, 1879. 1880, 1886.

2687. **Baric** (A.). Rares secrets. 1846.

2688. **Barrow** (Jean). *Tr. Targe.* Abrégé chron. ou histoire des découvertes faites par les Européens. P. 1766. 12 vol. in-12.

2689. **Bastenaire d'Audenart.** L'art de fabriquer les poteries communes. 1835. In-8°.

2690. **Bastide** (Etienne). Vins sophistiqués.

2691. **Bergeron** (L. E.). Manuel du tourneur. 1816. 2 vol. de texte. 1 vol (atlas) cart. in-4°.

11

SCIENCES ET ARTS

2692. **Bernard** (Aug.) Origine et débuts de l'imprimerie en Europe. 1853. 2 vol. in-8°.

2693. — Notice sur l'Imprimerie Nationale. 1848.

2694. **Bertheux** (L.) Le parfait Serrurier. 1843. In-8°.

2695. **Berthollet**. Art de la teinture. 1791. 2 vol.

2696. **Bréguy** (de). Secrets (beauté et santé). 1688.

2697. **Belleau** (Etienne). Edit. Depping. (G. B.) Règlements sur les Arts-et-Métiers de Paris. P. Crapelet. 1837. In-4°.

2698. **Boitard et Canivet**. Man. du naturaliste préparateur (Art d'empailler, etc.). 2ᵉ édition, rev. P. 1828. In-18.

2699. **Bonneau**. Réduction des bois de charpente équarris. 1845. In-12.

2700. **Boué** (Placide). Traité d'orfévrerie et de bijouterie. In-8°. 1832.

2701. **Bovy**. Omnium commercial, manuf. et agric. In-8°.

2702. **Brevets d'Invention**. Description des Machines et Procédés avant 1844. 63 vol. (Lacunes).

2703. **Brevets d'Invention**. Description des machines et Procédés. Régime de 1844. 115 vol. (Lacunes).

2704. **Bue Hoz**. Recueil de Secrets sûrs et expérimentés à l'usage des artistes. 2ᵉ édit. P. 1783. In-12. 3 vol.

2705. **Bury**. Modèles de Marbrerie... P. (s. d.) Atlas In-f°.

2706. — Modèles de Menuiserie. P. (s. d.). Atlas in-f°.

2707. **Cadrès-Marmet**. Principes de tenue des livres. 1846.

2708. **Camus**. Lettres sur la profession d'avocat. 1771.

2709. **Chalain et Grubier**. Rapport d'ensemble sur l'Exposition Universelle d'Amsterdam 1883. 1886. 2 vol. in-8° Paris.

SCIENCES ET ARTS. 163

2710. **Chambres** de Commerce diverses.
2711. **Chevalier** (M.). Pharm. L'Immense trésor des Sciences et des Arts (600 recettes). 6e édit. Saintes 1853. In-8°.
2712. **Chevalier** (Michel). Rapports du Jury internat. (Exposition univers. 1867). 14 vol. in-8°.
2713. **Clément** (Jules). Manuel des Familles et des Ménages (Recettes). Sens 1859. Gr. in-18.
2714. **Coulon** (A. G.). Menuiserie descriptive. 1844. 1 vol. de texte, 1 vol. de pl. 2 vol. in-4° rel.
2715. **Curiosités** (les) de l'Exposition universelle. P. septembre 1867. Gr. in-18.
2716. **Defodon** (Ch.) et **Ferté** (H.). Les Expositions scolaires départementales de 1868. P. 1869. Gr. in-18.
2717. **Delahaye** (Victor). Rapport sur l'Exposition d'Amsterdam. 1 vol. in-8°. Paris 1886.
2718. — Ouvrier mécanicien. 1883.
2719. **Descottez**, Nouv. Manuel des découvertes scientifiques modernes. P. 1838. In-18.
2720. **Dictionnaire** de l'industrie manufact. commerc. et agric., par Baudrimont. 1843. 10 vol. in-8°.
2721. — du Commerce et des Marchandises. 2 volumes gr. in-8° rel.
2722. — univers. du Commerce (sous la direction de Montbrion). 1848. 2 vol. gr. in-8°.
2723. — technologique. 22 vol. in-8°. — Atlas. 2 vol. in-4°. 24 vol. rel. 1822-35.
2724. **Dubief.** Art de faire la bière. 1821. In-8°.
2725. **Dudon** (M.). Manuel du pédicure. P. 1825. In-12.
2726. **Du Fouilloux** (J.). La Vénerie. pet. in-4°.
2727. **Dufrayer.** (Ant.). Manuel du prêteur sur hypothèque. 2e édit. P. 1837. In-18.
2728. **Encyclopédie Raret.**

SCIENCES ET ARTS.

2729. **Estudio** sobre la exposicion vinicola nacional de 1877. (Ministerio de Fomento.) M. 1878-79. Gr. in-4°.

2730. **Etenaud** (Alfr.). La Télégraphie électrique en France. 2 vol. in-8°.

2731. **Exposition** univer. de 1855. Catalogue officiel.

2732. — Univers. de 1867. Guide de l'exposant et du visiteur. P. 1866. Gr. in-16.

2733. — Universelle de 1876 à Philadelphie (Brésil).

2734. — Universelle de Paris. 1878.

2735. — Universelle. 1878. Règlement général.

2736. — Universelle. 1878. Guide du visiteur.

2737. — Universelle. 1878. Congrès et Conférences.

2738. — Universelle. 1878. (Travaux divers.)

2739. — Universelle. 1878. Catalogue du ministère de l'Instruction publique. Tomes I, II et III. 5 vol. in-12.

2740. — Universelle de 1878 à Paris. 1e Section anglaise, 2° partie. 2° Colonies anglaises, 1re partie. 3° Indes britanniques, 1re partie. 4° Grande-Bretagne. Beaux-arts. Ens. 5 vol. dont 4 in-8° et 1 in-16.

2741. — Universelle du Japon. 1878.

2742. — Universelle de 1878. Les Instruments de précision. In-8°.

2743. — Universelle de 1878. La sellerie et la bourrellerie. In-8°.

2744. — Universelle de 1878. Rapports du Jury international sur le matériel et les procédés de la couture. In-8°.

2745. **Faraday**. Histoire d'une chandelle. In-12.

2746. **Faucheux** (F.). Traité de conserves alimentaires. Nantes, 1851. In-8°.

2747. **Figuier** (Louis.) Exposition et histoire des principales découvertes scientifiques. P. 1858. 4 vol. gr. in-18.

2748. — Les merveilles de l'industrie. P. (s. d.) in-4°. 4 vol.

2749. **Fournel** (H.). Gîtes houillers et metallifères du Bocage vendéen. In-4°. 1836.

2750. **Frontin** (G. J.) **Rondelet** (J.). Commentaire sur les aqueducs de Rome (texte et traduc.) P. 1820-1. 1° Texte 2 vol. in-4° br. 2° Atlas 2 cahiers in-f°.

2751. **Gauthier** (Hip.) et **Desprez** (Adrien). Les curiosités de l'Exposition de 1878. P. 1878 gr. in-18 fig.

2752. — Les curiosités de l'Exposition de 1867 et 1878. P. 1878. 2 vol.

2753. **Gérard**. L'art d'empêcher les cheminées de fumer. P. 1828.

2754. **Glépin** (G.). Appareils appliqués à la ventilation des mines. Mans, 1844. In-4°.

2755. **Grand atlas** de l'Exposition universelle. 1867. 150 dessins par les premiers artistes. P. 1868, gr. in-f° cart.

2756. **Greco** (Giacomo). Le jeu des Echecs. P. 1707.

2757. **Guibal**. Rapport sur les Mines de houille de l'Angleterre. Mons. 1844. In-4°.

2758. **Huard** (A.). Cristallographie. In-12. fig. P. 1854.

2759. (Le) **Japon** à l'Exposition universelle de 1878. 2 vol. in-8°.

2760. **Jourdan Le Cointre**. La pâtisserie de santé. P. 1793. In-12. 2 vol.

2761. **Karsten** (C. J. B.). Tr. Culmann. Métallurgie du fer. 3 vol. in-8°. 1830.

2762. **La Blanchère** (H. de). Nouveau dictionnaire général des Pêches. Gr. in-8°. 1868.

2763. **Laboulaye** (Ch.). Dictionnaire des Arts et Manufactures, 4° édit. 4 vol. gr. in-8°. 1875.

2764. **Lefèvre** (Théotiste). Guide du Compositeur d'imprimerie. In-8°. 1855.

SCIENCES ET ARTS.

2765. **Le Normand.** L'art du Distillateur des eaux-de-vie. 1817. 2 vol. in-8°.

2766. **Lepage.** L'art du Charpentier. In-12. 1827.

2767. **Loi** anglaise sur les Marques de Fabrique. In-8°. 1876.

2768. **Lottin de Laval.** Manuel complet de Lottinoplastique (moulage de la sculpture). P. 1857.

2769. **Mahélin.** Traité de l'Office. In-12. 1844.

2770. **Maiseau.** 1° Filature et tissage du coton. In-8°. 2° Atlas. 1827.

2771. **Mariette-Bey.** Exposition universelle de Paris 1878. La galerie de l'Egypte ancienne. In-8°.

2772. **Maviez.** Peinture en bâtiments. In-8°. 1838.

2773. **Monge** (Gasp.). Art de fabriquer les Canons. An II. In-4°.

2774. **Morin.** Manuel de l'Amidonnier. In-18. 1830.

2775. **Morisot.** 1° Comptabilité du bâtiment. 7 vol. 2° Vocabulaire des arts et métiers. 1 vol. Ensemble 8 vol. dont le n° 2 doit être le dernier et porter le n° 7 et non 5. 1820.

2776. **Napoléon** (Jérome). Visites et études au palais de l'Industrie (Exposition de 1855). 2 vol. in-12.

2777. **Normand-Douliot** et **Krafft.** Cours de dessin industriel. Texte, 2° édit. P. Hachette. 1841. In-8°. (V. l'atlas.)

2778. **Notice** sur les objets envoyés à l'Exposition de 1806. In-8°.

2779. **Nouveau** manuel de la Cuisinière bourgeoise, par un ancien cordon bleu. 1873. In-12.

2780. **O'Reilly.** Annales des Arts et Manufactures. 61 vol. in-8°.

2781. — Essai sur le Blanchiment. P. 1801. In-8°, pl.

2782. **Pajot-des-Charmes.** Art du Blanchiment. 1800. In-8°.

SCIENCES ET ARTS.

2783. **Palteau.** Nouv. construction de Ruches en bois. Metz. 1756. In-12.

2784. **Parmentier** (A.). **Deyeux** (N.). Précis d'expériences et observations sur le Lait. Strasbourg, an 7. In-8°.

2785. **Payen** (A.). Des Substances aliment. et des moyens de les améliorer etc. P. 1854. Gr. in-16. (Le vol. a une lacune de la page 33 à 48.)

2786. **Pelouze.** Secrets Modernes des arts et métiers. 3 vol. in-12. 1840.

2787. **Perdonnet** (Aug.) Traité élém. des Chemins de fer. 3° édit. rev. etc. P. 1865. 4 vol. in-8°.

2788. **Petitpoisson** (l'abbé). Le Trésor des Ménages. In-12. 1861.

2789. **Rapports** des Ouvriers délégués à l'Exposition d'Anvers en 1885. Tomes I et II.

2790. — de la Commission Militaire sur l'Exposition univers. de 1878. Gr. in-8°. P. 1879.

2791. **Recueil** des Documents relatifs à l'exploitation des Mines métallifères du département de l'Aveyron. P. 1847. Gr. in-8°.

2792. **Régis** (Marcel). Connaissance commerciale des produits de la nature. In-8°. 1828.

2793. **Riffault, Vergnaud** et **Malepeyre.** Manuel du Brasseur (Roret.).

2794. **Rondelet.** 1° Art de bâtir: 5 vol. de texte in-4° rel. 2° Atlas in-f° obl. rel. 1802.

2795. **Roubo** (Fils). L'art du Menuisier. 1769. 6 t. en 3 vol. in-f°. (fig.).

2796. **Roumeguère** (Casimir) et **Gabolde** (Hippol.). Revue... des produits de l'industrie de l'Exposition Toulousaine. Toulouse 1850. In-8°.

2797. **Scheffer.** Essai sur l'art de la Teinture. In-8°. 1803.

2798. **Secrets** (1200), Recettes, Procédés et Remèdes, etc. P. 1837. In-18.

SCIENCES ET ARTS.

2799. **Tenue** des livres. In-8°.

2800. **Thevenot** (Melchior). L'Art de nager. 1782.

2801. **Thiollet**. Serrurerie et Fonte de fer. P. (s. d.) Atlas in-f°.

2802. **Trésor** (le). Des recettes de Gastronomie. 2ᵉ édit. P. 1856. In-16.

2803. **Tudot** (F.). Traité de Lithographie. 2ᵉ édit. P. 1834. In-18.

2804. **Turgan**. Grandes Usines de France, 33 livraisons. In-4° fig.

2805. **Valicourt** (E. de). (Man. du Tourneur). 1848. 3 vol. atlas.

2806. **With** (Emile). Les Machines. 2 vol. in-8° 1873.

ART MILITAIRE

2807. **Brialmont** (Gᵃˡ A.). La défense des Etats et les camps retranchés. 1880.

2808. **Gauldrée-Boileau**. L'Administration militaire dans les temps modernes. In-8°.

2809. **La Fontaine** (Gᵃˡ de). Les Devoirs militaires des officiers. 1673.

2810. **Roguet** (Gᵃˡ). L'Officier d'infanterie en campagne. 1869. In-8°.

2811. — Approvisionnement des armées. 1848. In-8°.

MÉLANGES DE SCIENCES

2812. **Académie** (Institut). Mémoires de l'Académie des sciences morales et politiques. Les tomes 1 à 13. In-4°.

SCIENCES ET ARTS.

2813. — Mémoires présentés par divers savants à l'Académie des sciences. Du tome 3 au tome 26.

2814. — Mémoires de l'Académie des sciences. Les tomes 11 à 41. In-4°.

2815. — Recueil de Mémoires etc. (Passage de Vénus.) Tom. 1er, 2 vol. et supplément ; tome 2e, 1re partie.

2816. — 1° Comptes-rendus hebdomadaires des séances de l'Académie des sciences. Les tomes 1 à 90. — 2° Tables A des 31 premiers volumes B des vol. 32 à 61. — 3° Supplément. T. 1 et 2. In-4°.

2817. **Alstedius** (Jean-Henr.) Encyclopœdia. Lugd. 1649. In-f° rel.

2818. **Annuaire** des sociétés savantes. 1re année. Gr. in-8° rel. 1846.

2819. **Babin** (Augustin). Collection générale des ouvrages scientifiques, psychologiques et moraux. 2e édit. P. 1879. In-8°.

2820. **Berthoud** (S.-Henry). Les Petites Chroniques de la Science. Nouv. édit. P. 1864-75. 10 vol. gr. in-8°.

2821. **Bouillet.** Diction. univers. des Sciences. 1re édit. Gr. in-8° rel. 1854.

2822. **Congrès** scientifique de France. Rodez. R. Carrère, 1874, 2 vol. in-8°.

2823. 1° **Congrès** scientifique de France. 35e session. 1872. 2 vol. in-8°. — 2° id. (Pau). 39e session. 2 vol. in-8°.

2824. **Diderot** et **d'Alembert.** Encyclopédie. (XVIIIe siècle). 1751. 1° 17 vol. de texte. — 2° 5 vol. de supplément. — 3° 12 vol. de planches. In-f°.

2825. **Encyclopédie** moderne. (2e édit.). 1842. 25 vol. in-8° rel.

2826. — Portative. 53 vol. in-32.

2827. 1° **Encyclopédie** du XIXe siècle. 26 vol. Gr. in-8° rel. — 2° Supplément. 2 vol.

2828. **Hément** (F.). Menus propos sur les Sciences. P. (s. d.). In-8°. (Illustré).

2829. **Journal** des connaissances utiles. 1831-35. 4 vol. in-8° rel.

2830. — des Mines. (n° 1ᵉʳ vendémiaire an III à l'an XIII). 1806. P. impr. de Bossange. 19 vol. in-8° bas.

2831. — des Savants. 1877-1887.

2832. **Moigno** et **Foucault**. Académie des sciences. 1848-50-51. Feuilleton.

2833. **Privat-Deschanel** et **Focillon** (Ad.). Diction. génér. des sciences théor. et appliq. 2 vol. gr. in-8° rel. 1864.

2834. **Revue** des travaux scientifiques. T. 1 (12 nᵒˢ et table). T. 2 (nᵒˢ 1 à 9).

HISTOIRE

GÉOGRAPHIE

2835. **Atlas** des enfants; traité de la sphère. 1793.

2836. — de toutes les parties du monde connu, dressé pour l'histoire philosophique et politique des établissements et du commerce des Européens dans les deux Indes.

2837. **Audenelle** (J.). Statistique des frontières Nord-Est. 1827.

2838. **Aynès** (F. D.). Nouveau dictionnaire universel de la géographie moderne, avec cartes. P. 1816. 1 vol.

2839. **Balbi** (Adrien). Abrégé de géographie. 1850.

2840. **Barbié du Bocage.** Le Maroc. Notice géographique. P. 1861.

2841. **Bastié** (Maurice). Le Languedoc. Description du département du Tarn. 1 vol. Albi. 1876.

2842. **Bellin.** Carte du Portugal.

2843. **Bouillet.** Dictionnaire universel d'histoire et de géographie. 1857. 2 vol.

2844. — Atlas universel d'histoire et de géographie. (Plus traité de blason.) 1865.

2845. **Bouteiller** (de). Dictionnaire topographique de la Moselle.

2846. **Cambon.** Album des villes d'eaux. 1885.

2847. **Carrié** (J. P.). Géographie du département du Tarn. 1862.

2848. **Chaix.** Livret-Chaix (tous les chemins de fer français) avec cartes. 1881.

HISTOIRE.

2849. Clavier (Guide). Atlas complet des chemins de fer. 1879.

2850. Cluverius (Phil.). Geographia. 1630.

2851. Cotte (Narcisse). Le Maroc. 1860.

2852. Couadeau. Le plan de Jérusalem d'après Couadeau. Perpignan 1878.

2853. Cuvillier et Bouin. Ports et mouillages du monde connu. 1er demi-vol. 1845.

2854. Dardé (J. L.). Dictionnaire des lieux habités du département de l'Aveyron. R. 1868.

2855. Delamarche (Félix). Atlas de géographie. 1828.

2856. Depaux (Victor). Dictionnaire général des communes de France. 1846.

2857. Diccionario de voces españolas geograficas. (s. l. n. d.).

2858. Dictionnaires topographiques. P. In-4°. Imp. nationale.
   1° Aisne **(Matton)**. 1 vol.
   2° Aube **(Boutiot et Socard)**. 1 vol.
   3° Dordogne **(de Gourgues)**. 1 vol.
   4° Eure (de **Blosseville)**. 1 vol.
   5° Eure-et-Loir **(Merlet)**. 1 vol.
   6° Gard **(Germer-Durand)**. 1 vol.
   7° Hérault **(Thomas)**. 1 vol.
   8° Mayenne **(Maître)**. 1 vol.
   9° Meurthe **(Lepage)**. 1 vol.
   10° Meuse **(Liénard)**. 1 vol.
   11° Morbihan **(Rosenzweig)**. 1 vol.
   12° Moselle (de **Boutellier)**. 1 vol.
   13° Nièvre (de **Soultrait)**. 1 vol.
   14° Basses-Pyrénées **(Raymond)**. 1 vol.
   15° Haut-Rhin **(Stoffel)**. 1 vol.
   16° Yonne **(Quantin)**. 1 vol.
   17° Vienne **(Rédet)**. 1 vol.

2859. Dufour (H.). *Grav. Dyonnet (Ch.).* Atlas universel. P. (s. d.).

2860. Edom. Géographie de la Sarthe. Le Mans 1863.

HISTOIRE.

2861. **Galtier** (Amans). Notice géographique sur le département de l'Aveyron. R. 1866.

2862. **Germer-Durand.** Topographie du Gard. 1868.

2863. **Gerville** (de). Etudes géographiques sur le département de la Manche. Cherbourg. 1854.

2864. **Gourgues** (Vte). Topographie de la Dordogne. 1873.

2865. **Govantes** (D. Angel Casimiro de). Diccionario geografico-histor. de España, por la real Acad. de la historia. Seccion II. (La Rioja o toda la provincia de Logrono). M. 1846.

2866. **Gravot** (A.). Etude sur l'Alesia de César. Alise. Izernore (Ain). Nantua. 1862. In-8° br. gr. pap. vel.

2867. **Guthrie** (Wil.). Nouvelle géographie universelle. P. An VII. 3 vol.

2868. **Guyot** (Edme-Gilles). Dictionnaire des postes. P. 1754.

2869. **Hippeau** (C.). Topographie du Calvados. 1883.

2870. **Houzé.** Atlas universel. 1853.

2871. **Joanne** (Ad.) Dictionnaire des communes de la France. 1864.

2872. — Géographie de l'Aveyron. P. 1881. 14 grav. et carte.

2873. **Jus** (M.). Les forages artésiens de la province de Constantine. P. 1876.

2874. **Lacaze** et **Clergue.** Atlas cantonal du département de l'Aveyron.

2875. **La Martinière** (Bruzen). Le grand dictionnaire géographique histor. et crit. P. 1768. 6 vol.

2876. **Lapie** et **Darmet.** Atlas de géographie. 1840.

2877. **Le Page** (H.). Topographie de la Meurthe. 1862.

2878. **Levasseur.** Géographie de l'Aveyron. 1873.

2879. — Géographie moderne. P. 1837

HISTOIRE

2880. **Liouard** (Félix). Topographie de la Meuse. 1872.

2881. **Mac-Carthy**. Dictionnaire de géographie. P. 1844. 2 vol.

2882. **Malte-Brun**. Géographie univ. 6 vol. 1842.

2883. **Marmocchi** (F.-C.). Géographie de l'île de Corse. 1852.

2884. **Massabuau** (L'abbé). Vue stéréoscopique de l'Aveyron. R. Ve C. 1874.

2885. **Matton**. Topographie de l'Aisne. 1871.

2886. **Mentelle**. Cours de cosmographie, géographie, etc. P. 1800. 3 vol.

2887. **Merlet** (Lucien). Topographie d'Eure-et-Loir. 1861.

2888. **Migeon**. Géographie universelle.

2889. **Monteil** (A.-A.). Description du département de l'Aveyron. R. Carr. An IX. 2 vol.

2890. **Moussy** (Martin de). Description géogr. et statist. de la Confédération Argentine, avec atlas.

2891. **Peiffer**. Légende territoriale de la France. 1877.

2892. **Pianta** topographica della citta di Roma. 1857.

2893. **Pinkerton** (J.). Tr. *Walckenaer (C.-A.)*. Géographie moderne. P. An XII (1804). 6 vol.

2894. **Quantin** (Max.). Topographie de l'Yonne. 1862.

2895. **Rayet et Thomas**. Milet et le golfe Latmique.

2896. **Raymond** (P.). Topographie des Basses-Pyrénées. 1863.

2897. **Reclus** (Elisée). Nouvelle géographie. P. 1877. T. 1 à 11. (En cours de publication).

2898. **Reclus** (Onésyme). La terre à vol d'oiseau.

2899. — En France. 1887;

2900. **Redet** (M.-L.). Topographie de la Vienne. 1881.

HISTOIRE. 175

2901. **Ritter** (Karl). *Tr. Buret (E.). Desor (Éd.).* Géographie générale comparée. P. 1836. 3 vol.

2902. **Roman** (J.). Topographie des Hautes-Alpes. 1884.

2903. **Rosenzweig** (M.). Topographie du Morbihan. 1870.

2904. **Sardou.** Géographie commerciale. P. 1848.

2905. **Soultrait** (G. de). Topographie de la Nièvre. 1865.

2906. **Stoffel** (G.). Topographie du Haut-Rhin. 1868.

2907. **Thomas** (Eug.). Topographie de l'Hérault. 1865.

2908. **Tissot** (Charles). Géographie comparée de la province rom. d'Afrique. 1884.

2909. **Truel** (H.). Cours élémentaire de géographie ancienne et moderne à l'usage des maisons d'éducation. Toulouse 1859.

2910. **Vaysse de Villiers.** Description routière de la France. P. 1813. 6 vol. in-8°.

2911. — Itinéraire descriptif de la France. P. 1830. 6 vol. in-8°.

2912. **Vivien St-Martin.** Dictionnaire de géographie (en cours de publication).

2913. **Vosgien.** Diction. géographique portatif. 1808.

2914. **Vuillemin.** *Ed. Migeon.* Atlas des départements (illustré). P. In-4°.

2915. — Atlas illustré de géographie commerc. et industrielle. P. (s. d.). Gr. in-f°.

2916. — Petit atlas à l'usage des commençants. P. (s. d.) In-4°.

VOYAGES

2917. **Alazard** (l'abbé). Souvenirs de mon pèlerinage aux Lieux Saints. Rodez. 1883.

2918. **Albouy** (A.). Esquisse de Jérusalem. 2 vol. in-12.

2919. **Ali-Bey el Abbassi**. Voyages en Afrique et en Asie. P. Didot. 1814. 3 vol. in-8°.

2920. **Ali-Bey**. Voyages (atlas). In-4° obl.

2921. **Aloë** (Stanislas d'). Naples, ses monuments et ses curiosités. Naples 1847. In-18.

2922. **Alquié** (D'). Délices de la France. 1670.

2923. **Annales** des voyages (nouv.). 1° 1855 à 1857. 28 livraisons; 2° 1858 à 1865. 32 vol.; 3° 1866 à 1870. 18 vol.

2924. **Archives** des Missions Scientifiques de 1864 à 1887. 41 livr. Gr. in-8°.

2925. **Argeliez**. Vallée du Tarn. 1846.

2926. **Argenson** (D'). Liste des Postes de France. 1 vol.

2927. **Artigues** (Dr). Amélie-les-Bains. P. 1864. In-8°.

2928. **Audiffret** (L.-D.-L.). La Grande Chartreuse, le Mont-Blanc et l'hospice du Grand St-Bernard. P. 1845. Gr. in-18.

2929. **Autigeon** (Numa). De Bordeaux à Panama et de Panama à Cherbourg. R. 1883.

2930. **Barbier** (Hipp.). Une promenade à Orléans. P. (s. d.) In-18.

2931. **Barthélemy** (l'abbé). 1° Voyage du jeune Anacharsis en Grèce. P. 1807. 7 vol. in-8°; 2° Atlas, in-4°. P. 1808.

2932. **Bernier** (François). Voyages. P. août 1830. 2 vol. In-8°.

2933. **Beulé**. L'Acropole d'Athènes. 1853. 2 vol. in-8°.

2934. — Etudes sur le Péloponèse. 1855. In-8° br.

2935. **Boilat** (l'abbé P.-D.). Esquisses sénégalaises. P. 1853. In-8°.

2936. **Bory de Saint-Vincent**. Expédition scientif. de Morée. 1832-1836. 4 vol. p. f°.

2937. **Boubée** (N.). Souvenirs de Luchon. 1857.

HISTOIRE.

2938. **Boullier** (Eug.). Lettres d'un pèlerin de Jérusalem. 1854.

2939. **Bourges** (J. de). Relation du voyage de Mgr l'évêque de Bérite (Cochinchine). 1666.

2940. **Bourgoing** (J.-Fr.) Voyage du ci-devant duc du Châtelet en Portugal. P. An VI 1 vol. in-8°.

2941. **Breton** (Ernest). Pompéia. Gr. in-8°. 1855.

2942. **Brice** (Dom Germ.) Description de Paris. T. 1er.

2943. **Cabrol** (Elie). Notes de Voyage. 1 vol. in-12. 1884.

2944. **Cambry**. Voyage dans le Finistère en 1794 et 1795. P. An VII. 3 vol. in-8°.

2945. **Caumont** (de). De Caen à Bernay, par monts et par vaux. — Caen. 1863. In-8°.

2946. **Champlain** (Voyages du sieur de) P. Août 1830. 2 vol. in-8°.

2947. **Chapelle** et **Bachaumont**. Voyage suivi de quelques autres voyages dans le même genre. Londres (Cazin). 1772. In-18.

2948. **Châteaubriand**. Voyages. In-8°. 1840.

2949. **Chausenque**. Les Pyrénées ou voyages pédestres. P. 1834. 2 vol. in-8°.

2950. **Chauvierre** (l'abbé). L'Italie, voyage religieux, historique littéraire et artistique. P. 1878. Gr. in-18.

2951. **Chenavard** (Ant.-M.) Relation du voyage fait en 1843-1844 en Grèce et dans le Levant. Lyon. 1846. In-8°.

2952. **Choris** (Louis). 1° Voyage pittor. autour du monde. 1820. — 2° Vues (régions équinox). 1826. 1 vol. in-f°.

2953. **Conducteur** de l'étranger dans Nîmes, Arles, etc. Nîmes. 1852. In-18.

2954. **Cook** (Le Capitaine). Voyages autour du monde. 13 vol. in-8°.

HISTOIRE.

2955. **Damas** (le P. de). En Orient, voyage à Jérusalem. P. 1869. 2 vol. gr. in-18.

2956. **David** (Armand). Journal. Voyage dans l'empire Chinois. 2 vol. Gr. in-16.

2957. **Delaporte** (l'abbé). Le Voyageur français. 1771-91. 32 vol. in-12.

2958. **Deloche** (Maximin). Etudes sur la géographie historique de la Gaule au Moyen-Age. In-4°.

2959. **Denis** (Alph.). Promenades pittor. à Hyères. In-8°.

2960. **Dubois** (l'abbé J.-A.). Mœurs des peuples de l'Inde. 1825. 2 vol. in-8°.

2961. **Du Halde** (le P. J.-B.) Description de la Chine. 1735. 4 vol.

2962. **Dupaty**. Lettres sur l'Italie en 1785. P. 1812. 3 vol. in-18.

2963. **Dupin** (Ch.). Voyage dans la Grande-Bretagne : force militaire, force navale. 2 vol. in-4°.

2964. **Dureau de la Malle**. Province de Constantine. Renseignements. 1837. In-8°.

2965. **Duval** (Jules). Notre pays. P. 1867. Gr. in-18.

2966. — 1° L'Algérie. Tableau hist. descriptif et statist. P. 1859. In-18. — 2° Tableau de l'Algérie pour 1854.

2967. **Description** de l'Egypte. 1° Antiquités (descriptions). 2 vol. — 2° Antiquités (mémoires). 2 vol. — 3° Etat moderne. 3 vol. — 4° Histoire natur. 2 vol. — Ens. 9 vol. in-f°. P. 1809.

2968. **Desjardins** (Ern.). Alésia. 1859. In-8°.

2969. **Didier** (Charles). Rome souterraine. P. 1848. 2 vol. in-16.

2970. **Enault** (Louis). La Terre-Sainte. In-12.

2971. **Febvre**. Théâtre de la Turquie. 1682.

2972. **Flandin** (Eug.). Voyage en Perse. 2 volumes in-8°. 1851.

2973. **Flovard** (Dr Eug.). Lettres sur Marseille. Mars 1853. In-8°.

2974. **Fodéré** (Fr. Em.). Voyage aux Alpes-Maritimes. 1821. 2 vol. in-8°.

2975. **Foncin**. Guide de la cité de Carcassonne. In-12.

2976. **Fortia d'Urban** (Mis de). Itinéraires anciens. 1 vol. in-4°. 1845.

2977. **Gautier** (Th.). Voyage en Espagne. 1860.

2978. **Gemelli Carreri**. Voyage autour du Monde. P. 1727. 6 vol.

2979. **Gendrin** (V. A.). Voyage au Brésil. Versailles 1856.

2980. **Gérard** van Caloën (D.). Au delà des Monts (voyage en Espagne). (s. d.)

2981. **Giraudeau**. L'Italie, etc., etc. (voyages). In-8° rel. 1835.

2982. **Gourdault** (Jules). L'Italie ill. 1877.

2983. — La Suisse (études et voyages à travers les 22 cantons). Ill. 1879-80. 2 vol.

2984. **Grandidier** (Ernest). Voyage dans l'Amérique du Sud. In-8°. 186.

2985. **Graven** (Me Augustus). Réminiscences. 1 vol. in-12. 1879.

2986. **Guide** (Le) du voyageur dans Marseille.

2987. — du pèlerin à la Sainte-Face de Tours. 1883.

2988. — universel de l'étranger dans Paris, avec plan. 1867.

2989. — des environs de Paris. P. 1855. In-16. fig.

2990. — Indicateur de poche du voyageur dans Marseille. Marseille (s. d. in-16.).

2991. — du pèlerin à Saint-Anne-d'Auray. 1877.

2992. **Hans** et **Blanc**. Guide à travers les ruines (Paris et ses environs). 1871.

2993. **Havard** (O.) Le guide de Rome. In-12.

HISTOIRE.

2994. **Hommaire de Hell** (Mme). Une excursion en Bythinie. 1848.

2995. — Voyage en Turquie et en Perse. 4 volumes gr. in-8°. 1854.

2996. **Howel** (Thomas). Voyage en retour de l'Inde, par terre. An V.

2997. **Huc** (Missionnaire). L'empire Chinois. P. 1857. 2 volumes.

2998. **Hugo** (A.). France pittoresque. 3 vol. in-4°. 1838.

2999. **Icher de Villefort** (le B^on). Voyage à la fontaine de Vaucluse. 1809.

3000. **Jacolliot** (Mme). Trois mois sur le Gange. In-12. 1875.

3001. **Jeannel** (D^r). Excursion en Circassie. 1856.

3002. **Joanne** (Adolphe). Collection des guides diamant Pyrénées, avec 6 cartes. P. 1873. In-16.

3003. **Joanne** (Adolphe et Paul). Paris-diamant. 1870.

3004. **Jonvaux** (Emile). L'Amérique actuelle In-12. 1870.

3005. **Kervignan.** L'Angleterre telle qu'elle est. 2 vol. in-12. 1860.

3006. **Laferrière** (J.). De Paris à Guatemala. Gr. in-8°. 1877.

3007. **Lagrèze** (G.-B de). Pompéï, les Catacombes, l'Alhambra. 1872. in-8°.

3008. **La Harpe** (de). Hist. générale des voyages. 19 vol. 1780.

3009. **Lallier** (Justin). Pau. Description de la ville et du château. Pau et P. 1856. Gr. in-18.

3010. **Lalaubie.** Vic-sur-Cère. 1 plaq. in-12. 1869.

3011. **Lamartine.** Voyage en Orient.

3012. **Lantier** (E. F.). Voyages d'Anténor en Grèce et en Asie, avec des notions sur l'Egypte. P. 1804 in-18 fig.

HISTOIRE. 181

3013. **Laplace.** 1° Campagne de circumnavigation de la frégate *l'Arthémise*. 1837-48. P. 1841. 6 vol. gr. in-8°. — 2° Voyage autour du monde sur la *Favorite*. Gr. in-8°.

3014. **Le Blanc** (Vinc.). Voyages en Asie et dans les Indes Orientales. 1658.

3015. **Lechevalier** (G. B.). 1° Atlas. Voyage de la Troade. 1802. Gr. in-4°. — 2° Texte. 3 vol. in-8°

3016. **Lenthérie** (Ch.). La région du Bas-Rhône. 1881.

3017. **Léon** l'Africain. Description de l'Afrique. 1830. 4 vol.

3018. **Lespès** (Léo) et **Bertrand** (Ch.) Paris-Album histor. et monument.

3019. **Logerot** (Aug.) Plan de Paris. 1853. In-16.

3020. **Loret** (J.). Le nouveau bois de Boulogne et ses alentours. P. 1856. In-12.

3021. **Loudun** (Eug.). La Bretagne. (Paysages et récits.) 1862.

3022. **Marcellus** (Comte de). Souvenirs d'Orient. In-12. 1861.

3023. **Masselin** (E.). Sainte-Hélène. In-8° 1862.

3024. **Maynard** (D^r). Impressions de voyage de Paris à Sébastopol. 1855.

3025. **Memor** (Julius). Guide histor. du Chrétien dans Rome. 1883.

3026. **Meneval** (le Baron de). Récit d'une excursion de l'Impératrice Marie-Louise aux glaciers de Savoie. 1814.

3027. **Merc.** Tableau de Paris. Amsterdam. 1782-83. 8 vol. in-8°.

3028. **Mocquet** (Jean). Voyages en Afrique et en Asie. 1830.

3029. **Mérimée** (Prosper). Voyage dans le Midi de la France. Voyage dans l'Ouest. P. 1836.

3030. **Michaux** (Alex.) Pékin et ses habitants. P. 1861.

3031. **Mommerqué** (M. de). Tablettes de voyages. 1851.

3032. **Monnier** (Marc). Pompéï et les Pompéïens. P. 1865. Gr. in-16.

3033. **Moussy** (Martin de). Description de la Confédétion Argentine. 3 vol. in-8° 1860.

3034. **Napoléon** (Jérôme). Voyage dans les mers du Nord. 1857. Gr. in-8°.

3035. **Nibby** et **Vasi**. Itinéraire de Rome et ses environs. 1857.

3036. **Nivernais** (le). Pub. par MM. Morellet. 1838. 2 vol. gr. in-4°.

3037. **Nouveau Brest** (le) P. 1863. in-8°. Av. plan.

3038. **Nouv. Guide** de l'étranger à Bordeaux, par L. D. Bordeaux 1871. In-12.

3039. **Orbigny** (Alcide d'). Voyage dans l'Amérique méridion. 1835-47. 9 vol. gr. in-4°.

3040. — Voyage dans les deux Amériques. Gr. in-8°.

3041. **Oliver Hurtado** (D.-J.-Y.-M.). Munda pompeiana. (Memoria premiada). M. 1861. Gr. in-8° jés.

3042. **Oustry** et **Moins**. Nostice histor. et descript. du Chemin de fer de Montauban à Rodez. Villefranche 1859. Gr. in-16.

3043. **Paquebots** (les) du Levant. (Guide). 1853.

3044. **Parville** (de). Itinéraire dans Paris. (Exposition univ. de 1867.) in-16. P. Garnier.

3045. **Pelloquet** (Th.). Cherbourg et ses bains de mer. P. 1865. Gr. in-16. Fig.

3046. **Peyssy** (A.). Guide des étrangers à Menton. Menton, 1869. In-12. (Carte).

3047. **Pierre** (l'abbé). Constantinople, Jérusalem et Rome. 2 vol. in-8°. 1860.

HISTOIRE. 183

3048. **Pietro** (Dominique di). Voyage histor. en Egypte pendant la campagne des généraux Bonaparte, etc. 1827. In-8°.

3049. **Pietro** (F.-Em. di). Notice sur la ville d'Aigues-Mortes. P. 1821. In-8°. (Carte.)

3050. **Poignant**. Antiquités histor. et monument. à visiter de Montfort à Corseul, par Dinan et au retour par Jugon. Rennes 1820. In-8.

3051. **Postel** (l'abbé). Rome dans sa vie intellectuelle. 1864.

3052. **Potocki** (Jean). Voyage dans les steppes d'Astrakhan. In-8°. 1829.

3053. **Poujoulat**. Toscane et Rome. 1840.

3054. **Poupelier** (l'abbé). Pèlerinage à Rome en juin 1862. Neuville-sur-Seine. 1862. In-8°.

3055. **Pouqueville** (F.-C.-H.-L.). Voyage en Morée, à Constantinople. 1805. 3 vol.

3056. — Voyage dans la Grèce. 1820. 5 vol.

3056 *bis*. **Reclus** (Onésime). La France et ses colonies, tome Ier. — En France. 1887. In-4°.

3057. **Resbecq** (le comte Eug. de). La Grande-Chartreuse. Lille et P. (s. d.). Lefort. Gr. in-18.

3058. **Ribeyre** (Félix). L'Empereur et l'Impératrice en Auvergne. P. 1862. Gr. in-8°. Fig. et portraits.

3059. **Rigaud** (le P.). Souvenirs de Jérusalem. In-12. 1866.

3060. — Souvenirs de Rome. In-12.

3061. **Robiano** (Cte Eug. de). Dix-huit mois dans l'Amérique du Sud. Le Brésil, l'Urugay (1879).

3062. **Rolland** (l'abbé). Rome, ses églises, gr. in-8° (1869).

3063. **Ronchi** Ed. Guide de Milan et de ses environ Milan 1859. gr. in-16.

3064. **Rondelet** (Antonin). Londres pour ceux qui n'y vont pas. P. et Nîmes 1864 gr. in-18.

3065. **Roquefeuil** (Camille de). Voyage autour du monde. P. 1843 In-8° fig.

3066. **Rossi** (l'abbé L.). Six ans en Amérique (Californie et Orégon). P. 1863 In-8°.

3067. **Roudaire** (Cap). Mission des Chotts (Projet de mer intérieure). 1877. In-8°.

3068. **Roux-Ferrand** (H.). Lettre sur le Gard. Nîmes, 1837. In-18.

3069. **Saulcy** (F. de). Voyage autour de la Mer Morte 1858 2 vol.

3070. — (de). Voyage en Terre Sainte P. 1865 2 vol. In-8°,

3071. **Saussure** (de). Voyage dans les Alpes. Neuchâtel 1779-96 4 vol. In-4°.

3072. **Serres** (Marcel de). Voyage en Autriche. P. 1814 4 vol. In-8°.

3073. **Sincerus** (Jodocus). Itinerarium Galliæ. Janson 1655 P. In-12.

3074. **Struis et Clanius**. Voyage en Moscovie, etc. 1681.

3075. **Tachard** (le P. Guy). Voyages de Siam. 2 vol. 1686-1689.

3076. **Tauriac** (R. A. de). Esquisses sur Millau. Millau 1844. In-8°.

3077. **Tissot** (Victor). Voyage au pays des milliards. In-4° (s.d.).

3078. **Trémaux** (Pierre). Voyage au Soudan Oriental. (s. d.)

3079. — Voyage en Ethiopie au Soudan Oriental et dans la Nigritie P. Hach. 1862 2 vol. In-8°.

3080. **Trémolet** (l'abbé). Notice sur le Calvaire près Gabriac. Espalion. 1852. In-12.

3081. **Tudelle** (Benjamin de). Voyages autour du monde. 1830

3082. **Vatout**. Souvenir histor. des Résidences royales : 1° Palais de Versailles. — 2° Château d'Eu. — 3° St-Cloud. 1837. 3 vol. In-8°.

HISTOIRE.

3083. **Vaysse de Villiers**. Itinéraire descriptif de Paris à Reims. Versailles. 1825. In-18.

3084. **Verneuil**. Deux années au désert. 1854.

3085. **Véron** (L). Paris en 1860. P. 1860. In-12.

3086. **Verrier** (l'abbé). Journal d'un pèlerin de Terre-Sainte. 1671. 2 vol. In-8°.

3087. **Villamont** (de). Voyages. 1609.

3088. **Vogüé** (Vte Eug. Melch. de). Syrie, Palestine, Mont-Athos. P. 1878 gr. in-18. fig.

3089. **Voyages** à Odessa. etc. 1855.

3090. **Voyages** des pèlerins Bouddhistes. (Mémoires sur les contrées occidentales). trad. St. Julien. P. 1858. In-8°.

3091, **Walckenaer** (C. A). Collection de relations de voyages. 21 vol. 1842.

3092. **Walsh** (Vte de). Souvenirs de Voyages. 1851.

3093. **Watteville** (Baron de). Missions et voyages scientif. P. 1877.

HISTOIRE UNIVERSELLE

3094. **Anquetil**. Histoire univers. 6 vol. in-18. 1821.

3095. **Bossuet**. Discours sur l'histoire universelle. (Edit. stéréot.) P. P. Didot. 1815. 2 vol.

3096. **Bouillet**. Dictionn. univ. d'histoire et de géographie. 1857. 2 vol. gr. in-8°.

3097. **Cantu** (César). Trad. Aroux (Eug.) Histoire universelle. P. 1867. 19 vol. In-8°.

3098. **Lenglet-Dufresnoy**. Tablettes chronologiques de l'histoire universelle... P. 1744. 2 vol. In-12.

3099. **Moreri** (Louis). 1° Dictionnaire historique. Amst. 1740. In-f°. — 2° Supplément 1749. 2 vol. In-f°.

3100. **Petavius**. Rationarium temporum. Editio ultima. Francqueræ. 1689. 1 vol.

3101. **Robertson** (W.) Œuvres complètes. 2 vol.

3102. **Saint-Prosper**, etc. Monde (le). Histoire de tous les peuples, revue et continuée par M. E. de Lostalot-Bachoué. P. 1856. 10 vol. In-8°.

3103. **Streck**. Tr. Auriol (Chevalier d'.) Traits remarquables de l'histoire universelle. 1838.

HISTOIRE ANCIENNE, GRECQUE, ROMAINE.

3104. **Abrégé** de l'histoire ancienne (pour l'école milit.) Avignon 1814.

3105. **Abrégé** de l'histoire romaine. P. 1777.

3106. **Appien** (C. Didot). Histoire Romaine. 1860.

3107. **Caron** (L. Aimé). Le Rollin du jeune âge ou morceaux extraits de l'hist. ancienne et romaine. P. 1827. 2 vol.

3108. **Catrou et Rouillé**. Histoire romaine. 1725-37. 20 vol.

3109. **Chastenay** (Mme de). Du génie des peuples anciens. 4 vol.

3110. **Crevier**. Hist. des empereurs romains. 1749-55. 11 vol.

3111. **Dion Cassius**. Hist romaine. 1845-70. t. 1 à 10.

3112. **Dionysii Halicarnassensis**. Antiquitatum Romanorum quæ supersunt. Græce et Latine, ex recensione. Kiessling et Prou. P. 1886. gr. in 8°.

3113. **Duruy** (Victor) Histoire des Romains. 7 vol. illust. 1879.

HISTOIRE

3114. **Echard** (Laurent). Hist. romaine. 16 vol. 1734-42.

3115. **Flavius Joseph.** Œuvres complètes *(Hist. des Juifs)*. (panth, litt.)

3116. **Gibbon.** Décadence et chute de l'Empire romain. 2 vol. (Panth.litt).

3117. **Gobineau** (le Cte. de) Hist. des Perses. 2 vol.

3118. **Hérodote.** Histoire. P. 1858. 2 vol.

3119. **Hérodote, Etésias, Arrien.** 1 vol. (Panth.litt).

3120. **Lefranc** (Em). Histoire romaine... P. 1849.

3121. **Lenormant** (Franc). Histoire anc. de l'Orient. 1885

3122. **Levesque** (Pierre-Charles). Hist. critique de la république romaine. P. Dentu. 1807. 3 vol.

3123. **Napoléon III.** Histoire de Jules César. 1865. 2 vol. gr. in-8° br.

3124. **Nougarède**, baron de Fayet. Histoire de la révolution qui renversa la république romaine. Paris, 1820.

3125. **Polybe — Hérodien** et **Zozime.** (Panth, littér.) 1 vol.

3126. **Poujoulat.** Histoire de Jérusalem. P. 1861. 2 vol. gr in 18.

3127. **Rhoné** (Arthur). Résumé de l'histoire d'Egypte 1877.

3128. **Ring** (Maximil. de) Hist. des peuples Opiques. 1859.

3129. — Etablissements romains du Rhin et du Danube. P. 1852. 2 vol.

3130. **Rollin.** Histoire ancienne. P. 1754. 13 vol.

3131. **Saint-Martin.** J. Fragment d'une histoire des Arsacides. 1850. 2 vol.

3132. **Salluste** (tr. par Dureau De Lamalle). 1808. 2 vol. in-12. rel.

HISTOIRE

3133. **Sauley** (F. de). Les campagnes de Jules César dans les Gaules.

3134. **Sauvaire** (H). Hist. de Jérusalem et d'Hébron. in-8° 1876.

3135. **Sismondi**. Chute de l'Empire romain. 2 vol. 1835.

3136. **Suétone**. Histoire des douze Césars. 2 vol. 1886.

3137. **Tacite**. trad. de Dureau de Lamalle revue par Collet. 3 vol. 1846.

3138. **Thierry** (Amédée). — 1° Tableau de l'Empire romain. 1863. 1 vol. — 2° Récits de l'histoire romaine au Ve siècle. 1860 1 vol. — 3° Nouv. récits de l'histoire romaine au IVe et Ve siècle. 1865. 1 vol.

3139. **Thucydide** et **Xénophon**. (Pant. litt.)

3140. **Thucydide**. tr. Zévort (Ch.) Hist. de la guerre du Péloponnèse 3e édit. P. 1879. 2 vol.

3141 **Tite-Live**. Hist. romaine. 1770-2. 9 vol.

3142. **Vertot**. Hist. des révolutions romaines Amst. 1759. 2 vol.

HISTOIRE MODERNE.

3143. **Barre** (Le P. J.). Histoire d'Allemagne. 1748. 11 vol.

3144. **Benavides** (D. Antonio). Mémorias de D. Fernando IV de Castilla. M. 1860. 2 vol.

3145. **Boinette** (Alfred). Le Portugal. Le Brésil. Hist. géographie. 1882. 1 vol.

3146. **Borbstœdt** (Colonel). tr. Furcy Raynaud. Campagnes de la Prusse contre l'Autriche 1866.

3147. **Boyer-Peyreleau** (Gal). Evénements de la Guadeloupe en 1814. Alais. 1849.

3148. **Brenner** (l'abbé). Révolutions de Hongrie 1739. 6 vol.

3149. **Bréquigny (de).** Hist. des révolutions de Gênes. P. 1750. 3 vol.

3150. **Bourgoing** (J. Fr.). Tableau de l'Espagne moderne. 1797. 3 vol.

3151. **Buchon.** Conqueste de la principauté de la Morée P. 1845.

3152. **Cabrera de Cordoba** (Luis). Historia de Felipe Segundo Rey de España. M. 1876-7. 4 vol.

3153. **Capitulation** de l'Empereur Charles VII. 1743.

3154. **Carrel** (Armand). Hist. de la Contre-révolution en Angleterre sous Charles II, Jacques II. 1827.

3155. **Castagneda** (F. L. de). Hist. de l'Inde. 1553.

3156. **Catholicos** (Jean). tr. Saint-Martin (J.). Hist. d'Arménie. P. 1841.

3157. **Chodzko.** La Pologne illustrée. 1839.

3158. **Clarendon** (Edw. Cte. de). Guerres civiles de l'Angleterre. 1704-9. 6 vol.

3159. **Denina.** tr. Jardin (l'abbé). Révolution d'Italie. P. 1771. 6 vol.

3160. **Denis** (Ferdinand). Chroniques cheval. de l'Espagne et du Portugal. 1839. 2 vol.

3161. **Drioux** (l'abbé). Précis de l'histoire moderne. P. 1850.

3162. **Ducerceau** (le P. J. A). Histoire de la dernière révolution de Perse. 1728-1742. 2 vol.

3163. **Dufrey** (P. J. S.). Révolutions d'Amérique 1827. 4 vol.

3164. **Dumesnil.** Hist. de Rodolphe de Habsbourg Empereur d'Allemagne. Limoges (s. d.)

3165. **Ferreras** (D. Juan de). Hist. génér. de l'Espagne. 1751. 10 vol.

HISTOIRE

3166. **Fryxell** (André). Gustaf II Adolphe. 1839.

3167. **Garcilasso** de La Vega. Hist. des guerres civiles des Espagnols dans les Indes. 4 vol. 1830.

3168. **Geyer** (Erik-Gust). *trad. de Lundblad.* Histoire de Suède.

3169. **Guicciardini.** Histoire d'Italie. (Panth. litt.)

3170. **Guizot.** Cours d'histoire moderne. 1829.

3171. ——— Histoire d'Angleterre recueillie par Me de Witt. 2 vol. 1877.

3172. **Hammer** (J. de). *trad. Hellert* (J.). Histoire de l'empire Ottoman. 18 vol. in-8°.

3173. **Helfferich et de Clermont.** Les communes françaises en Espagne et en Portugal. P. 1860.

3174. **Hubbard** (Gust.). Hist. contemporaine de l'Espagne. 1re série. 2 vol. 1869. 2e série 1878-1879. 2 vol. 3e série 1883. 2 vol. P. 6 vol. in 8°.

3175. **Janer** (Don Florencio). Condicion social de los Moriscos de España. M. 1857.

3176. **Jimenes** (Cartas de los secretarios del Cardenal). Madrid, 1875.

3177. **Kerroux** (L. G. F.). Abrégé de l'hist. de la Hollande. 1778.

3178. **Kock.** Tableau des révolutions de l'Europe. 3 vol.

3179. **Lamartine.** Hist. de la Turquie. 8 vol. 1854.

3180. **Le Blanc** (Marcel). Révolution du royaume de Siam. 2 vol. 1692.

3181. **Le Gobien** (le P. Ch.). Histoire des îles Mariannes. 1700.

3182. **Lenglet.** Histoire de l'Europe. P. 1837-8. 3 vol.

3183. **Léo et Botta.** tr. Dochez. Histoire d'Italie. 3 vol. 1844.

HISTOIRE

3184. **Lingard** (John). tr. Roujoux (baron de). Histoire d'Angleterre. 5 vol. 1844-6.

3185. **Lestalot-Bachoué** (E. de). Le Monde. Hist. de tous les peuples. Angleterre. (ill.)

3186. — Le Monde. Hist. de tous les peuples. Allemagne, Prusse, Suisse. (illustré)

3187. — Le Monde. Hist. de tous les peuples. Russie, Pologne, Suède. (illustré)

3188. — Le Monde. Hist. de tous les peuples. Espagne, Portugal, Pays-Bas. (illustré)

3189. — Le Monde. Hist. de tous les peuples. Grèce, Italie. (illustré)

3190. **Luden**. tr. Savagner (A.). Hist. d'Allemagne. 5 vol. 1844.

3191. **Lussan** (Mlle de). Hist. de la révolution du Royaume de Naples P. 1757 4. vol.

3192. **Marsollier** (Jacques de). Hist. du ministère du Cardinal Ximénez. 1693.

3193. — Hist. de Henri VII roi d'Angleterre. 1597. 2 vol.

3194. **Martin** (l'abbé). Hist. de la Terre-Sainte. 1846.

3195. **Massuet** (Pierre). Hist. de l'Empereur Charles VI. 1742.

3196. **Mémorial** historico español. Madrid 1851-65 t 1 à 19.

3197. **Mersay** (Alfr. de). Histoire du Paraguay. 2 vol. 1865.

3198. **Mercey** (de). La Toscane et le Midi de l'Italie. 2 vol.

3199. **Mignot** (l'abbé Etienne). Hist. du Démêlé de Henri II roi d'Angleterre avec Thomas Becket. 1756.

3200. **Mondot** (Arm.). Hist. des Indiens des Etats-Unis. 1858.

3201. **Oliva** (le P.). Hist. du Pérou. 1857.

HISTOIRE

3202. **Oviedo** (Gonzalo Fernandez de). Édit. Vicente de La Tuente. Las quinquagenas de la nobleza de España M. 1880.

3203. **Paquis**. Hist. d'Espagne et de Portugal. 2 vol. 1844.

3204. **Parieu** (E. de). Hist. de Gustave Adolphe, roi de Suède. 1875.

3205. **Pidal** (El marques de). Historea de las altercationes de Aragon M. 1862-3. 3 vol.

3206. **Prescott** (William). Trad. Pichot (Amédée). Conquête du Mexique. 3 vol. 1846.

3207. **Proyart** (l'abbé). Hist. de Stanislas 1er, roi de Pologne. Lyon. 1784. 2 vol.

3208. **Raynal** (Guil Thom.). Histoire philosophique et Politique des deux Indes. 10 vol. 1783.

3209. **Raynal** (l'abbé). Révolution d'Amérique. 1781.

3210. **Robertson** (W). Tr. Suard Hist. de l'Empereur Charles-Quint. P. 1817. 4 vol.

3211. — (Will). Hist. de l'Amérique. 1778. 2 vol.

3212. **Rosseeuw-St-Hilaire**. Histoire d'Espagne. Tomes 1. à 14.

3213. **Saint-Réal**. Conjuration des Espagnols contre la république de Venise. P. Renouard. 1803.

3214. **Saint-René-Taillandier**. La Serbie. 1872.

3215. **Schaefer** (Henri). Histoire du Portugal. 1 vol. 1845.

3216. **Sismondi**. Hist. des républiques italiennes du moyen âge. 10 vol. 1840.

3217. **Targe** (J.B.) Hist. de l'avénement de la maison de Bourbon au trône d'Espagne. 1772. 6 vol.

3218. **Thierry** (Aug). Conquête de l'Angleterre par les Normands. 2 vol. 1866.

3219. **Vertot** (l'abbé de). Hist. de la conjuration du Portugal. 1689.

HISTOIRE 193

3220. — Histoire des révolutions de Suède. P. an. IV 2 vol.

3221. — Histoire des révolutions du Portugal. Londres 1752.

3222. **Vertot** (R. Aubert de). Histoire des chevaliers de Rhodes. P. 1772. 7 vol In-12.

3223. **Vincent** Récits histor. de la mort du roi de la Gde Bretagne 1649.

3224. **Voltaire**. Annales de l'Empire.

3225. — Hist. de Charles XII

3226. — Hist. de Russie.

3227. **Zarate** (Aug. de). Découverte et conquête du Pérou. 1830. 2 vol.

3228. **Zeller** (Jules). L'année historique. 2 vol. 1860.

HISTOIRE DE FRANCE

3229. **Aicard** etc. Patria. (La France ancienne et moderne.) 1847 2 vol. In-12.

3230. **Aix** ancien et moderne. In-8° Aix, 1833. In-8°.

3231. **Ancelier** (Guill). Hist. de la guerre de Navarre en 1276. P. 1856.

3232. **Anonyme** grec. tr. Buchon. Chroniques étrangères (Expedit. franc. du XIIIe s.). gr. in 8° (Panth. lit.).

3233. **Anquetil**. L'intrigue du Cabinet. (terminée par la Fronde). P. 1780. 4 vol. in-12.

3234. — Hist. de France. P. 1833-5 6 vol. in-8°.

3235 **Anselme de Ste-Marie** Hist. de la maison roy. de France. 1674. 2 vol.

3236. **Baillet** (Ad.). Démêlés de Boniface VIII avec Philippe Le-Bel. 1718.

HISTOIRE

3237. **Barante** (de). Hist. des Ducs de Bourgogne, de la maison de Valois. P. 1824. 8 vol. in-8°.

3238. **Barrau** (Théod.). Hist. de la révolution Française. 1 vol. in-12. 1857.

3239. **Bastide** (L.). Bel-Abbès et son arrondissement. 1881.

3240. **Bazancourt** (de). Campagne d'Italie. 2 vol. in-8°. 1862.

3241. — Expéditions de Chine et de Cochinchine. 2 vol. in-8°. 1861.

3242. — Expédition de Crimée. — 1° Marine française. 2 vol. 1858. — 2° Armée id. 2 vol. 1860. 4 vol. in-8°.

3243. **Beaumont** (Vassy Vte de). Histoire authent. de la Commune. 1871. in-12.

3244. **Beauvillé** (de). Hist. de la ville de Montdidier. 3 vol. in-4°. 1857.

3245. **Bellaguet** (L). Chroniques du religieux de St-Denys. P. 1839-52. 6 vol. in-4°.

3246. **Berlier** (Théoph.). Précis historique de la Gaule sous la domination romaine. 1835. in-8°.

3247. **Berthereau.** Hist. de France. 1837.

3248. **Bertrand** (J. B.). Peste de Marseille. 1779.

3249. **Besly** (J.) Hist. des Comtes de Poitou. 1647.

3250. **Blanc** (Louis). Histoire de dix ans. 1844. 5 vol. in-8°.

3251 **Bouchet** (Jean). Triomphe du roi François 1er 1549.

3252. **Bougeant** (le P.). Hist. des Guerres et des Négociations qui précédèrent le traité de Westphalie. 1761. 6 vol. in-12. 1744. 3 vol. in-4°.

3253. **Bousquet.** Napoléon III vingt ans de règne P. 1869 gr. in-18.

3254. **Bousquet** (J). Les veillées du vieux sergent. 1843. gr. in-8°.

3225. **Boutaric** (Edg). La France sous Philippe-Le-Bel. in-8°. 1865.

3256. **Caillot** (Ant). Abrégé de l'histoire de France d'Anquetil. P. 1824. 2 vol. in-12.

3257. **Campagne** des Français en Autriche (texte Arabe). 1805. in-4°.

3258. **Capefigue**. Histoire de la France. (p^re époque 1223-1483). P. 1831 4 vol. in-8°.

3259. **Cassagnac** (Granier de). Massacres de septembre.

3260. **Cassany-Mazet**. Annales de Villeneuve-sur-Lot. 1846. in-8°.

3261. **Casteras** (P. de). Révolution franç. dans le pays de Foix. 1876.

3262. **Catel** (Guill.). Hist. des comtes de Toulouse. 1623.

3263. **Cathala-Coture**. (Ant. de). Hist. du Querci. 1785. 3 vol.

3264. **Chalamel**. Rép. Française. Histoire. Musée. 1857. 2 vol. gr. in-8°.

3265. **Champoillon-Figeac**. Captivité du roi François I. 1847. in-4°.

3266. **Chateauneuf** (A.). Louis-Philippe Ier. P. 1831. in-8°.

3267. **Chéronnet** (D. J. F.). Hist. de Montmartre. 1843.

3268. **Clément** (Pierre). Jacques Cœur et Charles VII. 1863. 2 vol. in-8°.

3269. **Combarieu et Caugardel**. Histoire générale de la province de Quercy. Cahors 1883. 4 vol. in-8°

3270. **Daniel** (le P. G.). Abrégé de l'hist. de France. 1723-4. 7 vol. in-12.

3271. — Hist. de France. 1755-7. 17 vol. in-4°.

3272. **Delamont** (Ernest). Hist. de la ville de Prades en Conflent. (Roussillon Perpignan). 1878. in-8°.

HISTOIRE

3273. **Desjardins** (Gustave). Tableau de la guerre des Allemands dans Seine-et-Oise. 1873. in-8°.

3274. **Deville** (A.). Hist. du château des sires de Tancarville. 1834. in-8°.

3275. **Dureau de la Malle**. Province de Constantine. (Renseignements). 1837.

3276. — Recherches sur la Régence d'Alger.

3277. **Dusevel** (H.). Hist. de la ville d'Amiens. 1832. 2 vol.

3278. **Duval** (César). Essai hist. sur les anciens bailliages de Tenier et Gaillard. 1879.

3279. **Duval-Jouve**. Montpellier pendant la révolution. 2 vol. gr. in-16. 1879-81.

3280. **Fabry de Cornus**. Les missionnaires de 93. 2ᵉ édit. P. 1820. in-8°.

3281. **Fauriel**. Hist. de la Gaule méridionale. 1836. 4 vol. in-8°.

3282. **Favyn** (André). Hist. de Navarre.

3283. **Feuilleret** (Henri). Les premières armes de St-Louis. 1860.

3284. **Foy** (Général). Hist. de la guerre de la péninsule, sous Napoléon. 4 vol. in-8° 1827.

3285. **Gaillard** (G. H.) Hist. de la rivalité de la France et de l'Espagne. P. 1807. 8 vol. in-12.

3286. **Garnier** (J. J.). Histoire de France. 1774. 7 vol. in-12.

3287. **Germanes** (l'abbé de). Histoire des révolutions de Corse. P. 1771. 3. vol. in-12.

3288. **Gomot** (H.). Hist. du Château féodal de Tournoël (en Auvergne). 1881.

3289. **Gourgaud** (Gal.) Campagne de 1815. P. 1818. in-8°.

HISTOIRE. 197

3290. **Granier de Cassagnac.** Chûte de Louis-Philippe. P. 1857. 2 vol in-8°.

3291. **Gravot** (A.). Etude sur l'Alésia de César. 1862.

3292. **Gréhan** (Amédée). La France maritime. 4 vol. g. in-8°. 1844.

3293. **Guérin** (Léon). Hist. maritime de France. 2 vol. in-8°. P. 1843.

3294. **Guerre** des Albigeois. Toulouse 1863. in-8°.

3295. **Guiffrey** (J. J.). Réunion du Dauphiné à la France. P. 1868. in-8°.

3296. **Guinodie** (R.). Hist. de Libourne. Bord. 1845. 3 vol. in-8°.

3297. **Guizot.** Essais sur l'hist. de France. P. 1833. in-8°.

3298. — Hist. de France de 1789 à 1848. Leçons recueillies par Mme de Wit. 2 vol. in-4° 1878.

3299. **Habasque.** Notions histor. sur le littoral des Côtes-du-nord. St. Brieuc. 1832-6; 3 vol. in-8°.

3300. **Hénault.** continué par **Michaud.** Abrégé chrono. de l'hist. de France. gr. in-8° 1821-1822.

3301. **Héricault.** (Ch. D.). et **Moland** (L.). La France guerrière. in-12 1876.

3302. — La révolution de Thermidor. in-8° 1876.

3303. **Histoire** de la guerre d'Orient (ill.). gr. in-8° rel. (s. d.).

3304. — génér. du Languedoc. 1er édit. P. 1730. 5 vol. in-f°.

3305. — du Mont-St-Michel in-12. 1876.

3306. — de Napoléon 1er. par l'auteur de l'hist. de Vauban. Lille. 1846. in-12.

3307. **Hue** (Fr.). Règne de Louis XVI. 1814. in-8°.

3308. **Huguenin.** Hist. d'Austrasie. P. 1862. in-8°.

HISTOIRE

3309. **Huguenin** (A.). Suger et la monarchie française. in-8°.

3310. **Jaligny** (de) et **La Vigne** (A. de). Histoire de Charles VIII Roi de France. 1684 in-f°.

3311. **Khalil-Bey**. Traduction en Arabe de l'histoire de France de Demoyencourt. Boulaq. 1848. gr. in-8°.

3312. **Lachanal**. Notes d'un chercheur sur Alésia. In-12 Paris. 1887.

3312. bis **Lacoste** (Guillaume). Histoire générale de la province de Quercy. Cahors. 1883-4-5-6. 4 vol. in-4°.

3313. **La Cretelle**. De la convocation de la prochaine tenue des états généraux. 1788. in-8°.

3314. **La Cretelle** (Charles). Histoire de France, pendant les guerres de religion. P. 1814-16, 4 vol. in-8°.

3315. **Ladoucette**. Histoire des Htes-Alpes. 1834. (avec atlas). 2 vol. in-8°.

3316. **Laindet de la Londe**. Hist. du Siège de Toulon. 1834. in-8°.

3317. **Lamartine**. Hist. des Girondins. 6 vol. in-12. 1860.

3318. **La Place** (de). Chroniques. 1 vol. gr. in-8°. (Panth.-litt.)

3319 **Lavallée** (Théoph.) Histoire des Français 2 vol. gr. in-8°. 1845.

3320 **Lefranc** (E.). Abrégé du cours d'hist. de France. 1839. 2 vol. in-8°.

3321. **Linguet** (de). T. C. Révolution française. 6 vol. in-18. 1821.

3322. **Martin** (Henri). Hist. de France. 17 vol. in-8°. 1860.

3323. **Mathieu** (Pierre). Hist. des derniers troubles arrivés en France sous Henri III. Henri IV et Louis XIII. in-4°. 1622.

3324. — Hist. de Henri IV. in-8°. (s. d.)

3325. **Mayer** (P.) Hist. du deux Décembre. P. 1852. gr· in-18.

3326. **Méry** (L.). Hist. de Provence 4 vol. in-8°. 1830

3327. **Mézeray.** Hist. de France. P. août 1830. 18 vol. in-8°.

3328. **Michaud.** Hist des Croisades. 4 vol. in-8°. 1853.

3329. **Michel** (Ad.). L'ancienne Auvergne et le Velay. 1833-7. 4 vol. gr. in-f°. fig.

3330. **Michelet.** Hist. de France. édit. illustrée P. 5 vol. gr. in-8°. 1882-3.

3331. — Hist. de la Révolution française 1877-9. 9 vol. in-8°.

3332. **Mignet.** Révolution française. 2 vol. in-8° 1845.

2333. **Millerot** (Thomas). Hist. de la ville de Lunel. (s. d.).

3334. **Millot** (l'abbé). Elém. d'histoire de France. 1774. in-8°.

3335. **Montcalm** en Canada, ou les dernières années de la colonie française. (1756-1760), par un ancien missionnaire. P. Leipzig et Tournay. 1867. in-8° portr.

3336. **Monteil** (A. A.). Hist. des Français des divers états. P. 1840. 8 vol. in-8°.

3337. **Morice** (Dom). et **Taillandier** (Dom). 1° Histoire de Bretagne. P. 1750. 2 vol. 2° Mémoires (preuves). 3 vol. P. 1742. Ensemble. 5 vol. in-f°.

3338. **Née de la Rochelle** et **Gillet** (Pierre). Mémoires sur le département de la Nièvre. Bourges. 1827. 3 vol. in-8°.

3339. **Norvins** (de). Histoire de Napoléon 1er. P. 1837. 4 vol. in-8°. fig.

3340. **Notice** sur le couvent des Jacobins de Toulouse. Toulouse. 1865. in-12.

3341. **Ollivier** (Jules). Essai histor. sur la ville de Valence. P. 1831. in-8°.

3342. **Pascal** (Adrien). Histoire de Napoléon III. in-8°. 1853.

3343. **Pepin** (Alphonse). Deux ans de règne. 1830-32. P. 1833. in-8°.

3344. **Péréfixe** (Hardouin de). Histoire du Roy Henry le Grand. P. 1662. in-12.

3345. **Piguerre** (M.). Hist. de France. 1582. in-f°.

3346. **Pommeraye** (Dom Fr. de). Hist. des archevêques de Rouen. 1667.

3347. **Poujoulat**. Hist. de la Révolution française. 2 vol. in-8°. 1848.

3348. **Raisson** (Horace). Hist. populaire de la Révolution française. P. 1877. in-12.

3349. **Reboulet** (S.). Hist. du règne de Louis XIV. 1746. 9 vol. in-12.

3350. **Riencourt** (Simon de). Histoire de la monarchie française sous Louis XIV. 1693. 3 vol. in-12.

3351. **Rosny** (Hector de). Histoire du Boulonnais. Am. 1875. 4 vol. in-8°.

3352. **Roy** (J.-J.-E.). Hugues-Capet et son époque. Tours 1854. in-12.

3353. **Saint-Aulaire** (Cte de). Histoire de la Fronde. 2 vol. in-8° 1843.

3354. **Sassone** (Frédéric). La Savoie armée, pendant la guerre Franco-Allemande. Chambéry 1875. in-8°.

3355. **Ségur** (Cte de). Hist. de Charles VIII. 1835. 2 vol. in 8°.

3356. **Sismondi** (J. C.). Hist. des Français. 1821-44. 51 vol. in-8°.

3357. **Sue** (Eug.). Histoire de la marine française. 5 vol. in-8°. br. 1835.

3358. **Tableaux**. des Campagnes des Français. 1° du 8 septembre 1793 au 15 pluviôse an III ; 2°, du 15 pluviôse au 1er ventôse an V. P. an V. in-f°.

HISTOIRE.

3359. **Taine.** Origines de la France contemporaine. P. 1885. in-8°.

3360. **Tardieu** (Ambroise). Histoire de la ville d'Herment.

3361. **Thierry** (Am.). Histoire des Gaulois. 3 vol. in-8° 1844.

3362. — (Augustin). Dix ans d'études historiques. P. 1839. in-8°. Lettres sur l'hist. de France. P. 1834. in-8°. Récits des temps Mérovingiens. P. 1840. in-8°. 2 vol.

3363. **Thiers.** 1° Hist. du Consulat et de l'empire. 20 vol. In-8°. 2° Atlas un vol. In-f°. 1847.

3364. — Hist. de la Révolution française. P. 1837. 10 vol. In-8° fig.

3365. **Thiessé** (Léon). Résumé de l'histoire de la Révolution française. P. 1826 in-18.

3366. **Thouret** Révolution française. 1815. In-18.

3367. **Tisserand** (Le chan. E). Hist. de la Révolution franç. dans les Alpes marit. Nice. 1878. In-8°.

3368. **Tissot** (P. F). Hist. de France. 1837. gr. in-16.

3369. **Vallet** (A). Histoire de Charles VII. 3 vol. In-8°

3370. **Vaulabelle** (de). Hist. des deux restaurations. 8 vol. In-8° 1864.

3371. **Velly, Villaret, Garnier.** Hist. de France 1761-81. 28 vol. In-12.

3372. **Vic** (dom) et **Vaissete** (dom). Histoire gén. de Languedoc. 1874. In-4°

3373. **Vitet** (L). Histoire de la ville de Dieppe. 1833. 2 vol.

3374. **Voltaire.** Précis du siècle de Louis XV. P. 1826. In-8°

3375. — Le siècle de Louis XIV avec les pièces qui forment l'hist. des querelles de Voltaire avec MM. de Maupertuis et de la Beaumelle. Dresde. 1755. In-12.

HISTOIRE

CHRONIQUES, MÉMOIRE ET DOCUMENTS HISTORIQUES

3376. **Albéroni** (Cardinal). Testament politique. 1754 1 vol.

3377. **Almanach** royal. 1709-1734-1762-1776-1781-1782 1786-1787.

3378. **Annuaire** statistique de la France. 1878-1880-1885. 3 vol. gr. in-8°. br.

3379. **Annuaire** du bonhomme Michel. 1819.

3380. **Archives** de l'empire. 1° BOUTARIC. Actes du parlement de Paris. 2 vol. — 2° LABORDE. (Jos. de) Layettes du trésor des chartes. 3 vol. — 3° DOUET-D'ARCQ. Collection de sceaux, 3 vol. — 4° Titres de la maison Ducale de Bourbon. 2 vol. in-4°.

3381. **Archives** communales antérieures à 1790. Mâcon (Saône et Loire). 1790. Toulon (Var). — Avallon (Yonne). — Armentières (Nord). — La Bresse (Vosges) — Gaillac (Tarn). — St-Malo (Ille-et-Vilaine). — Verdun-sur-Garonne (T. et G.). — La Bassée (Nord). — Limoges (Hte Vienne). — Uzès (Gard). — Nîmes (Gard). — Obernai (Alsace). — Chatellerault (Vienne). — Bouchain (Nord). — Béthune (Pas-de-Calais). — Lyon (Rhône). — Lyon (Charité). — Dijon (Côte d'Or) — Moulins (Allier). — Hondschoote (Nord). — Bourbourg (Nord). — Comines (Nord). — Lille (Nord). — Lombez (Gers). — Loudun (Vienne). — Sens (Yonne). — Rochefort (Char.-Inf). — Nevers (Nièvre). — Linselles (Nord). — Châlons-s.-Saône.

3382. **Auriac** (Eugène d'). Essai histoire sur la boucherie de Paris. 1861.

3383. **Bachaumont**. Mémoires secrets. 1 vol. in-12. 1859.

3383 bis. **Balthazar**. Hist. de la guerre de Guienne. P. 1858. bibl. elzev.

HISTOIRE

3384. **Barié et de la Platière.** Louis XVI peint par lui-même ou correspondance et autres écrits de ce monarque. P. 1817. in-8°.

3385. **Barrau** (de). Documents sur les ordres du Temple et de St-Jean. 1861.

3386. **Baschet** (Armand). Hist. du dépôt des archives des affaires étrangères. 1875. in-8°.

3387. **Bassanville** (Ctesse de). Code du Cérémonial. 1873. gr. in-18.

3388. **Beaulieu.** Recherches sur le comté de Dachsbourg. 1836.

3389. **Bassompierre** (Maréchal. de). Mémoires et Ambassades. 4 vol. 1665-8.

3390. **Beaumarchais.** Mémoires. 5 vol. 1868.

3391. **Beauvillé** (de). Recueil de documents inédits concernant la Picardie. 3 vol. in-4° 1860.

3392. **Belbeuf** (Mis. de). Hist. des grands panetiers de Normandie. in-8° 1856.

3393. **Bellay** (Mart. du). Mémoires. 1570.

3394. **Benoit.** Chronique des Ducs de Normandie. 1836-44. 3 vol. in-4°.

3395. **Berger de Xivrey** — 1° Recueil des lettres mis. de Henri IV. 1843-58. — 2° Sup. 1872-1876 — 3° Tab. 1874.

3396. **Bernard** (Aug.). Cartulaire de l'abbaye de Savigny. 1853. 2 vol.

3397. — Chartes de Cluny. 1876-80. 2 vol.

3398. — Procès-verbaux des Etats généraux de 1593. P. 1842. in-4°.

3399. **Bernard et Bruel.** Chartes de l'abbaye de Cluny.

3400. **Bernier** (A.). Procès verbaux des séances du conseil de régence du roi Charles VIII. P. 1836. in-4°.

3401. — Journal des états généraux de Tours. 1835.

HISTOIRE.

3402. **Bertrand de St-Germain.** Statist. du bagne de Toulon. 1862.

3403. **Bertrandy Lacabane.** Les Seigneurs et le marquisat de Blaru.

3404. **Boisguilbert.** Testament politique de Vauban. 1708.

3405. **Bouchitté.** Négociations, lettres et pièces relatives à la conférence de Loudun. 1862. in-4°.

3406. **Boutaric.** Actes du Parlement de Paris. 2 vol. in-4°.

3407. **Buchon.** Négociations du Président Jeannin gr. in-8°. 1838.

3408. **Cabaret d'Orville** (J.). Chronique du duc Loys de Bourbon. 1876.

3409. **Champion** (Henri de). Mémoires. Bibli. elzer. P. 1857. in-16.

3410. **Cartulaire** de l'abbaye de Conques. Publié par Gust. Desjardins. P. 1879. gr. in-8°. Jés.

3411. **Casati** (Ch.). Lettres royaux et lettres missives inédits. in-8°.

3412. **Caylus.** (Les souvenirs de M. le comte de). P. 1803. in-8°.

3413. — (Mme de). Souvenirs. 1770. in-8°.

3414. **Champollion**-Figeac. Documents historiques inédits (de la biblioth. royale). P. 1841-8. 4 vol. in-4°.

3415. — et **Brequigny.** Lettres des rois, reines et autres personnages des cours de France et d'Angleterre depuis Louis VII jusqu'à Henri IV. (Archives de Londres). P. 1839-47. 2 vol. in-4°.

3416. **Charmes** (Xavier). Le comité des Travaux hist. et scientifiques. 3 vol. in-4°.

3417. **Charrière** (E.). Négociations de la France dans le Levant. P. 1848-60. 4 vol. in-4°.

3418. **Chartier** (Jean). Chronique de Charles VII. Bibli. elzévir P. 1858. 3 vol. in-16.

HISTOIRE.

3419. **Chastellain.** Chroniques. gr. in-8° (Panth. littér.)

3420. **Chateaubriand.** Mémoires d'outre-tombe. 1860. 6 vol.

3421. — Mémoires sur le duc de Berry. — De la Vendée. — Les quatre Stuarts. — Mélanges politiques. — Opinion et Discours.

3422. **Choisy** (l'abbé de). Mémoires pour servir à l'hist. de Louis XIV. Utrecht. 1727. 1 vol. in-12.

3423. **Chronique** du siège de Paris. 1871.

3424. **Clerc** (Jacques du). Chroniques. Panth. litt. P. 1838. in-8°

3425. **Cléry** (P. L. Hanet). Mémoires. P. 1825. 1 vol. in-8°.

3426. **Colbert.** Lettres. 9 vol. gr. in-8° 1863.

3427. **Commines** etc (mém.). gr. in-8° rel. (Panth. litt.).

3428. **Conférence** diplomatique du mètre. 1875. gr. in-8°.

3429. **Coucherie.** Le moniteur secret ou tableau de la cour de Napoléon en 1814.

3430. **Couey** (M. de). Chroniques. gr. in-8° (Panth. littér.).

3431. **La cour** à Compiègne. 1866. in-12.

3432. **Courson** (Aurélien de). Cartulaire de l'abbaye de Redon en Bretagne. P. 1863. in-4°.

3433. **Cavelier.** Chronique de Bertrand-du-Guesclin P. 1839. 2 vol. in-4°.

3434. **Davous** Prince d'Eckmühl. Mémoire au Roi. 1814.

3435. **Déclaration** sur le décret du 13 avril 1790 sur la religion.

3436. **Delahante** (Adrien). Une famille de finance au XVIIe siècle. P. 1881. 2 vol. in-8°.

3437. **Delisle** (Léopold). Mandements et actes divers de Charles V. P. 1874. in-4°.

3438. **Delmas** (Em.). De Froeschwiller à Paris 1871. gr. in-18. br.

3439. **Deloche** (Maximin). Cartulaire de l'abbaye de Beaulieu (en Limousin). 1859. in-4°.

3440. **Depping** (G. B.) Correspondance administ. sous le règne de Louis XIV. 1850-1855. 4 vol. in-4°.

3441. **Desjardins** (Abel). Négociations diplomatiques de la France avec la Toscane. P. 1859-75. 5 vol. in-4°.

3442. **Documents** inédits (Rapports au roi, sur la collection des). in-4° 1835.

3443. — (Rapports au ministre sur la collection des). in-4° 1839.

3444. — (Rapports au ministre sur la collection des). in-4°. 1874.

3445. **Doniol** (H.). Cartulaire de Sauxillanges. in-4°. 1864.

3446. **Douët d'Arcq.** Collection de sceaux. 3 vol. in-4°.

3447. **Du Cange.** Les familles d'outre-mer. 1769. in-4°

3448. **Dufles.** L'éducation de Henri IV. P. 1822. in-12.

3449 **Du Laurens** (Jeanne). Une famille au XVI° siècle. P. 1868. gr. in-18.

3450. **Duval** (Georges). Souvenirs Thermidoriens. 2 vol. 1844.

3451. **Eckard.** Mémoires histor. sur Louis XVII. 1817.

3452. **Fabre** (Joseph). Les Libérateurs. 1882.

3453 **Fain** (baron). Manuscrit de l'an 3 à 1814 P. 1829-30. 6 vol. in-8°.

3454. **Faudet** (l'abbé) et **Mas-Latrie** (L. de). Notice hist. sur la paroisse de St-Etienne du Mont. P. 1840. in-12. fig.

3455. **Foucault** (Nicol-Jos.). Mémoires. 1862. in-4°. cart.

HISTOIRE

3456. **Fourcy** (A.), Hist. de l'Ecole polytechnique. in-8°. 1828.

3457. **Froissart.** Chroniques de *Froissart* 3 vol. gr. in-8° (Panth litt.).

3458. **Gautier** (Léon). Hist. des corporations ouvrières. P. 1877 in-16.

3459. **Géraud** (H.). Paris sous Philippe Le Bel. P. 1837. in-4°. br.

3460. **Germain** (A.). Hist. du commerce de Montpellier M. 1861. 2 vol. in-8°.

3461. **Gilbert** (C. N. P.). Hist. médic. de l'armée française à St Domingue P. 1803.

3462. **Girard** (Ant.). Mémorables journées des Français. P. 1647.

3463. — (Et.) Trois livres des offices de France. P. 1638.

3464. **Glaumeau** (Jehan). Journal de Jehan Glaumeau. Bourges. 1868. P. in-8°.

3465. **Goibaud** du Bois. Mémoires du Duc de Guise. P. 1681.

3466. **Granvelle** (Cardin. de). Papiers d'État. P. 1841-52 9 vol.

3467. — Correspondance. (Suite aux Papiers d'État). Bruxelles. 1877. in-4°.

3468. **Grün** (Alph.). Les états provinciaux sous Louis XIV. P. 1853. in-12.

3469. **Guérard** (B. E. C.). 1° Cartulaire de St Bertin. 1841. 2° Appendice. 1867.

3470. — Cartulaire de l'abbaye de St-Père de Chartres. P. 1840. 2 vol. in-4°.

3471. — Cartulaire de l'abbaye de St-Victor de Marseille. P. 1857. 2 vol. in-4°.

3472. — Cartulaire de l'Eglise Notre-Dame de Paris. P. 1850. in-4° 4 vol.

HISTOIRE

3473. **La guerre illustrée** du n° 14 1870 au n° 75. 1871.

3474. **Guiffrey.** Comptes des Bâtiments du roi. 2 vol. in-4°. 1864-1887.

3475. **Guizot.** Collection des mémoires relatifs à l'histoire de France. 31 vol. in-8°.

3476. **Hapdé.** Relat. histor. des événements de la nuit du 13 février 1820. (mort du Duc de Berry).

3477. **Haton.** (Claude). Mémoires. P. 1857. 2 vol. in-4°.

3478. **Hauréau** (Barth.). François 1er et sa cour. in-12. 1855.

3479. **Histoire** secrète de la cour de Berlin.

3480. **Hist. véritable** de ce qui s'est passé à Toulouse. (Mort du Duc de Montmorency.) 1859.

3481. **Ideville** (H. d'.). Journal d'un diplomate en Allemagne. in-12. 1875.

3482. **Journal** des Communes. 1830-1844. 15 vol.

3483. — d'un bourgeois de Paris. in-8°. 1854.

3484. **Laborde** (J. de). Layettes du trésor des Chartes. 3 vol. in-4°.

3485. — Titres de la maison ducale de Bourgogne. 2 vol. in-4°.

3486. **La Brune.** Mémoires pour servir à l'histoire du prince de Condé. 1693. 2 vol.

3487. **La Ferrière.** Lettres de Catherine de Médicis.

3488. **La Guette** (Mme de). Mémoires. Bibl. elzevir. P. 1856. in-16.

3489. **La Huguerye** (Michel de). Mémoires inédits. 1877-8. 2 vol. in-8°.

3490. **Lamartine.** Le Conseiller du peuple. 1865. 6 vol.

3491. **Lamazou** (l'abbé). La place Vendôme et la

HISTOIRE

Roquette. (Documents sur la commune.) P. 1872. gr. in-18.

3492. **Lambert.** Chronique de Guines et Ardre. 1855. in-8°.

3493. **Las Cases** (Cte de). Mémorial de Ste-Hélène. 2 vol. gr. in-8°.

3494. **Lebeuf** (l'abbé). Mémoires concernant l'hist. civ. et ecclésiast. d'Auxerre. 4 vol. gr. in-8°. P. 1848.

3495. **Leclere** (D. H.). Tableau stat. des pertes des armées allemandes pendant la guerre de 1870-71. 1873. 2 vol.

3496. **Lefèvre d'Ormesson** (Olivier). Journal. P. 1860-1. 2 vol. in-4°.

3497. **Le Glay.** Négociations diplomatiques entre la France et l'Autriche. P. 2 vol. in-4°.

3498. **L'Etoile** (Pierre de). Mémoires pour servir à l'histoire de France. 1719. 2 vol.

3499. **Letronne.** Diplomata et chartæ merovingiæ ætatis. in-8°. 1848.

3500. **Louis XVI** (Testament de). P. 1820. gr. in-16.

3501. **Lussan** (Mlle de). Anecdotes de la cour de Philippe Auguste. 1734. 2 vol.

3502. **Mabille** (Emile). Cartulaire de Marmoutier. 1874. in-8°.

3503. **Maguéreau.** Chroniques. 1 vol. gr. in-8°. (Panth. litt.)

3504. **Magen Tholin.** Archives municipales d'Agen. 1876. in-4°.

3505. **Marais** (Mathieu). Journal. 4 vol. in-8°. 1863.

3506. **Marguerite de Valois.** Mémoires Bibl. elzévir. P. 1858. in-16.

3507 **Marion** (Jules). Cartulaire de l'Eglise cathédrale de Grenoble. 1869. in-4°.

HISTOIRE

3508. **Marolles** (abbé de). Edit. Cte de Soultrait. Inventaire des titres de Nevers. 1873. in-4°.

3509. **Masselin** (Johan). trad. Bernier. Journal des états généraux de France, tenus à Tours en 1484. P. 1835. in-4°.

3510. **Maurepas** (Cte de). Mémoires. 1792. 4 vol.

3511. **Laury** (Alf.). Rapport sur les archives nationales. P. 1878. gr. in-8°.

3512. **Mazarin** (Cardin). Lettres. P. 1872-79. 2 vol. in-4°.

3513. **Mélanges** historiques, choix de documents. P. 1873-80. 3 vol. in-4°.

3514. **Mémoires** d'un apothicaire sur la guerre d'Espagne. 1828. 2 vol. in-8°.

3515. **Memorias** de la real Accademia de la historia. Madrid. 1796-1852. in-4°.

3516. **Merruau** (Paul). Mémoires de Phinéas Barnum. P. 1855.

3517. **Meynier** (le Père). De l'exécution de l'édit de Nantes. Pézenas. 1662. in-4°.

3518. **Michel** (Francisque). Rôles gascons. tome 1er. 1242-54. P. 1885.

3519. **Michelet** (J.). Procès des Templiers. 1841-51. 2 vol.

3520. **Mignet**. Négociations relatives à la succession d'Espagne, sous Louis XIV. P. 1835-1842. 2 vol. in-4°.

3521. **Moniteur** Universel et Journal officiel. in-f°. gr. in-f°. et in-4°. rel.

3522. **Mon Journal** pendant le siège et la commune, par un bourgeois de Paris. 1871. in-12.

3523. **Monstrelet**. Chroniques. P. 1572. 2 vol. in-f°.

3524. **Monteil** (Al.). Traité de materiaux manuscrits. 2 vol. 1836.

HISTOIRE

3525. **Montluc.** Commentaires. P. 1836. 1 vol gr. in-8°.

3526. **Moreau** (C.). Choix de Mazarinades. P. 1853. 2 vol.

3527. **Musée** des Archives départementales. Recueil de fac-simile héliographiques de documents tirés des Archives des préfectures, des communes, des hospices.

3528. **Mutrécy** (Ch. de). Journal de la Campagne de Chine 1861. 2 vol. in-8e

3529. **Napoléon** 1er. Correspondance. 31 vol. in-4°.

3530. **Noailles** (Adr. maur. duc de). Edit. Millot (l'abbé) Mémoires polit. et milit. P. 1776. in-12. 6 vol.

3531. **Nodier** (Ch.) Souvenirs et portraits de la Révolution 1841. in-12.

3532. **Normand** (J. H.). Charte de la ville de Magnac Péronne 1875. id-8°.

3533. **Notice** historique sur les chevaliers des divers ordres.

3534. **Ordonnances** de Louis XV. in-18. 1738.

3535. **Œxmelin** (Alex. Olivier.) Histoire des aventuriers, flibustiers. Trévoux 1744. 4 vol. in-12.

3536. **Palma Cayet.** Chronologie. 2 vol gr. in-8*

3537. **Paradin de Cuyseaulx** (G.). Chronique de Savoie. 1552.

3538. **Paris** (Louis.) Négociations, lettres et pièces diverses relatives au règne de François II. P. 1841 in-4°.

3539. **Pascal** (Adrien.) Bulletin de la grande armée. 6 vol. in-8°. 1841.

3540. **Pijardière** (de la). Pièces relatives au siège de Montpellier. in-8°.

3541. **Poirson** (Aug.). Mémoires et documents, nouv. relatifs à l'histoire de France. gr. in-8°.

HISTOIRE

3542. **Poli** (Oscar de). Souvenir du bataillon des Zouaves pontificaux. in-8°. 1861.

3543. **Pomponne** (Mis de) Mémoires. 1860 2 vol. in-8°.

3544. **Prault.** L'Esprit d'Henri IV, ou anecdotes etc. Amst. 1790. in-12.

3545. **Privilèges** accordés à la couronne de France par le saint-siège. P. 1855. in-4°

3546. **Rapin** (le P.) Mémoires 3 vol. in-8° 1865.

3547. **Retz** (cardin. de). Mémoires P. 1817. in-12 6 vol. (portr.)

3548. **Revue** de Paris. P. 1844 2 vol. gr. in-8°.

3549. — 1844-5. P. in-f°.

3550. **Richelieu** (Cardinal de). Lettres, instructions diplomatiques et papiers d'Etat. P. 1853-77. 8 vol. in-4°

3551. **Richelieu** (le maréchal de). Mémoires. 1790-93. 9 vol.

3252. **Rochambeau** (Mis de). Lettres d'Antoine de Bourbon et de Jehanne d'Albret publiées pour la Société d'histoire de France. P. 1877. in-8° br. (Gt.).

3553. **Roger** (P.). Archives hist. de l'Albigeois. gr in-8°.

3554. **Roguet** (Cte général). Mémoires militaires 1862. 4 vol. in-8° br.

3555. **Roland** (Mme). Mémoires. 4 vol. 1872.

3556. **Saint-Simon**, Mémoires. 20 vol. in-8°. 1865.

3557. **Salignac** (etc.). Mémoires et chroniques (Pant. litt.). 1 vol. gr. in-8°. P. 1836.

3558. **Savornin** (l'abbé). Notice hist. sur la Chapelle expiatoire de Louis XVI. gr. in-18. P. 1864.

3559. **Schedel.** Chronique de Nuremberg. 1493.

3560. **Segur-Dupeyron** (P. de) Négociations commerciales du règne de Louis XIV. P. 1867. 3 vol. in-8°

HISTOIRE

3561. **Le Siège** de Paris. (Du lundi 19 7bre 1870 au samedi 14 janvier 1871.)

3562. **Signouret** (R.). Souvenir du bombardement de Strasbourg. Bayonne. 1872. in-12.

3563. **Statistique** de France. tome XII N^{elle} série P. 1882.

3564. **Stoffel** (baron). Rapports sur les forces milit. de la Prusse. P. 1771.

3565. **Sully**. Mémoires. 1752. 8 vol.

3566. **Tallement des Réaux**. Les historiettes. 9 vol. in-8° P. 1854-60.

3567. **Tavannes** (Jacques de Saulx comte de). Mémoires. P. 1858. bibl. elzév.

3568. **Ténot et Dubost**. Les suspects en 1858. in-12. 1869.

3569. **Ténot** (E.). Paris en décembre 1851. in-12.

3570. **Teulet** (Alex.). Relations polit. de la France et de l'Espagne avec l'Ecosse au XVIe siècle. 5 vol. in-8° P. 1862.

3571. **Thénard** (J. F.) Mémoires d'un bourgeois de Marseille. 1881.

3572. **Thierry** (Augustin). Recueil des monuments inédits de l'histoire du tiers état. 4 vol. in-4°.

3573. **Tommaseo** (N.). Relations des Ambassadeurs vénitiens sur les affaires de France au XVIe siècle. 1838 in-4°.

3574. **Trappe** (la) mieux connue. P. 1834. in-8° br. portr.

3575. **Varin** (Pierre). 1° Archives administratives de la ville de Reims. P. 1839-48. 5 vol. in-4°.-2° Archives législatives de la ville de Reims. P. 1840-1852. 1re Partie. *Coûtumes*. 1 vol. 2e partie. *Statuts*. 3 vol. table. 1 vol. 1853.

3576. **Vault** (de) et **Pelet**. Lieutenants généraux. Mémoires militaires relatifs à la succession d'Espagne. P. 1835 à 1862. 11 vol. in-4°.

HISTOIRE

3577. **Villehardouin.** Conquête de Constantinople. (tr. par Nat. de Wailly). gr. in-8° P. 1874.

3578. **Viollet** (Paul). Les établissements de St-Louis. P. 1883.

DOCUMENTS RELATIFS AU DÉPARTEMENT DE L'AVEYRON.

3579. **Affre** (H.). Archives de Rodez. 1878. 1 vol. in-4°.

3580. — Baronnie de Peyre. R. 1871. 1 vol.

3581. — Lettres à mes neveux. Villefr. 1858. 2 vol. in-8°.

3582. — Lettres sur l'histoire de Rodez. R. 1874. in-8°.

3583. — Simples récits sur Espalion. Villefr. 1850. in-8° br.

3584. **Annuaire** de l'Aveyron.

3585. — Du petit séminaire de St-Pierre. année 1875-6.

3586. **Barrau** (Eug. de). Critique. Réponse à l'auteur des Lettres à mes neveux. R. 1849. in-8°.

3587. — 1789 en Rouergue. in-8° R. 1873.

3588. **Barrau** (H. de) 1° Documents historiques sur les familles du Rouergue. R. 1853. 4 vol. in-8°. 2° Ordres équestres. 1861. in-8°.

3589. **Bonal.** Comté et comtes de Rodez. R. in-8° 1885.

3590. **Bose.** Mémoires pour servir à l'histoire du Rouergue. 3 vol. 1797. in 8°.

3591. **Bousquet** (l'abbé, curé de Buzeins). L'ancien hôpital d'Aubrac. R. 1841. in-8° fig.

3592. — Histoire de l'Aveyron. 1 vol. in-12 1853.

HISTOIRE

3593. **Cabrol** (Etienne). 1°. Annales de Villefranche. Villefranche. 1868. 2 vol. in-8°.

3594. **Collection** des journaux publiés dans l'Aveyron.

3595. **Conseil** municipal de Rodez. Délibérations.

3596. **Constans**. Le livre de l'Epervier. P. 1882. in-8°.

3597. **Délibérations** de l'Administration centrale du département de l'Aveyron. an V.

3598. **Desjardins** (G.). Cartulaire de l'abbaye de Conques. P. 1879. gr. in-8° jés.

3599. **Extraits** des registres de la Préfecture du département de l'Aveyron, du 22 Prairial, an 8 de la République.

3600. **Gaujal** (baron de). 1°. Etudes historiques sur le Rouergue. P. 1858. 4 vol in -8°.

3601. **Géraud** (doct. P.). Evêché de Vabres.

3602. **Gros**. Rapport sur la question du cimetière. 1883.

3603. **La Roque** (L. de). et **Barthélemy** (E. de). Catalogue des gentilshommes d'Auvergne et de Rouergue, qui ont pris part à l'élection des députés aux états généraux en 1789. P. 1863.

3604. **Louchet**. Relations des troubles du Rouergue. 1790.

3605. **Lunet** (B.). Armoiries de Rodez. 1876. Aqueduc romain. Amphithéâtre romain.

3606. — Chemin de fer de Rodez à la Méditerranée.

3607. — Notice historique sur le collège de Rodez.

3608. —Histoire du Collège de Rodez. R. 1881. in-8°.

3609. — Mémoire sur les armes de Rodez. 1881.

3610. — Mémoire sur la Maison dite d'Armagnac. in-8°.

3611. **Mazenc**. Le 2 décembre. dans l'Aveyron. 1 pl. in-12 1872.

HISTOIRE.

3612. **Mouly** (Léon). La question du Cimetière de Rodez. 1883.

5613. **Palous.** Reminiscences scolaires. R. 1882. in-8°.

3614. — Cuique suum. (La crise municipale). R. 1883.

3615. — Protestations contre le projet de déplacement du cimetière.

3616. — Rodez et le Puech de la Justice. (cimetière)

3617. **Propagateur** (le) Aveyronnais. 1827 à 1832. 5 vol.

3618. **Recueil** des actes administratifs de la préfecture de l'Aveyron. 33 brochures.

3619. **Revue** de l'Aveyron et du Lot. 1839-41. 1 vol. in-f°.

3620. **Soulié.** Dénominations des voies urbaines. 1878.

3621. **Sparre** (général de). Proclamation d'état de siège (s.d.)

3622. **Vœux** de la ville de Rodez. brochure 1789.

BIOGRAPHIE.

3623. **Alazard** (l'abbé Lucien). Etude biogr. sur Mgr Frayssinous. 1868.

3624. **Alleaume.** Notice biographique et littér. sur les deux Porée. Caen. 1854. in-8°.

3625. **Amilhau** (Henry). Nos premiers présidents Toul. 1882.

3626. **Anquetil.** Vie du Maréchal Duc de Villars. P. 1784. 4 vol. in-12.

3627. **Antoine** (A.). Les petits artisans devenus célèbres. 1845. in-12.

3628. **Aubenas** (Joseph). Hist. de l'Impératrice Joséphine. 2 vol. in-8°.

HISTOIRE 217

3629. **Babin** (Aug.). Notice biographique. petit in-8° 1884.

3630. **Beauchamp** (Alph. de). Vie de Louis XVIII, roi de France. P. 1821. in-18.

3631. **Beckhaus** ou Monglave. Acteurs des théâtres de Paris. 1831-2

3632. **Bellemare** (Alex.). Abd-El-Kader. in-12.

3633. **Biographies** Aveyronnaises. t. 1er R. Rat. 1866. in-8°.

3634. **Biographie** Univers. ancienne et moderne. 1811.

3635. **Bonnechose** (Emile de). Bertrand Duguesclin. P. 1866. gr. in-16.

3636. **Bouhours** (le P.). Hist. de Pierre d'Aubusson. 1676. 2 vol.

3637. **Bury** (de). Hist. de la vie de Henri IV. P. 1667 in-12 4 vol.

3638. **Busnes** (Albéric de). Notice sur le général Viala.

3639. **Callot** (P. S.). Jean Guiton, dernier Maire de l'ancienne commune de la Rochelle. 1628. in-8°. 1847.

3640. **Cartier** (E.). Vie de Fra-Angelico de Fiésole 1857. in-8°.

3641. **Castille** (Hip.). PORTRAITS HISTORIQUES DU XIXe SIÈCLE : Louis Blanc. Armand Carrel. Ledru-Rollin. Morny. Les frères Péreire. Garibaldi. Le Père Enfantin. Le Père Félix. La Guéronnière. Achile Fould. Le Maréchal Bosquet. La Famille d'Orléans. Rouland. Dupanloup.

3642. **Céséna** (de). Notice biogr. sur Duboys (d'Angers). in-8° 1846.

3643. **Chambord** (comte de). Hist. du ... par un homme d'Etat. P. 1880 gr. in-18.

3644. **Chauveau** (P. M.). Vie de Charles Melchior Artus marquis de Bonchamps, général Vendéen. 1817.

3645. **Clément** (Ch.). Artistes anciens et modernes. 1876. gr. in-18.

HISTOIRE

3646. **Clère** (Jules). Les hommes de la Commune ; biographie. 4ᵉ édit. P. 1871. in-18.

3647. **Cohen** (Jean). Hist. de Pierre Terrail dit Chevalier Bayard. P. 1882. in-12.

3648. **Cromwel** (Olivier) (Hist. de). t. 2ᵉ 1692.

3649. **Cuvelier**. Chronique de Bertrand Duguesclin. 1839. 2 vol.

3650. **David** (Jules). Le peintre Louis David. in-4º 1880.

3651. **Delaroa** (Joseph). Galerie de portraits forésiens. 1869. in-8º.

3652. **Deschamps** (Thiep). Jacquot dit de Mirecour.

3653. **Desplaces**. Galerie des poètes vivants. 1885. 1 vol. in-12.

3654. **Dessaix** (J.) et **Folliet** (André). Le général Dessaix, sa vie politique et militaire. Annecy 1879.

3655. **Demenget**. Fouquier-Tinville. 1878 in-8º.

3656. **Dufles** (aîné). Education de Henri IV. 1822.

3657. **Duval** (Jules). Biographies Aveyron, Raymond Gayrard Notice biog. P. 1859. in-8º.

3658. — — M. le baron de Gaujal. P. 1857. in-8º.

3659. **Eckard**. Mémoires historiques sur Louis XVII. P. 1817. in-8º.

3660. **Eunape**. tr. Stéphane de Rouville. Vie des philosophes et sophistes, 4ᵉ édit. P. 1879. gr. in-16

3661. **Fabre** (Joseph). Washington. 1882.

3662. — Jeanne d'Arc. 1 vol. in-12. 1883.

3663. **Falgairolle**. Montcalm devant la postérité. 1 vol. in-12. Paris 1885.

3664. **Fallet** (C.). Bertrand Duguesclin. Rouen 1866. ni-8º

3665. **Falloux** (comte A. de). Madame Swetchine 2 vol. in-12.

3666. **Félibien** (A. et J.-Fr.). Entretiens sur les vies des peintres. 1725 6 vol.

3667. **Fénelon**. Vies des anciens philosophes.

3668. **Ferrand** (Ant.). Eloge histor. de Mme Elisabeth in-8°.

3669. **Ferrucci** (Rosa). Vie et Lettres de. *Tr. Toulza (Phil. de).* P. 1870. gr. in-18.

3670. **Forbin** (Vie du comte de). 1817 in-24.

3671. **Foucaud** (Edouard). Les artisans illustres. 1 vol. gr. in-8°.

3672. **Galerie** des Contemporains. 10 vol. in-12. 1844.

3673. **Gama** (J. P.). Esquisse histor. de Gutemberg in-8°. 1857.

3674. **Gassier** (J. M.). 1° Vie de Louis XVI P. 1815. 2°. Marie-Antoinette d'Autriche P. (s. d.). 3°. Vie de Madame Elisazeth de France, sœur de Louis. XVI P. 1814. 4° Vie de Madame la princesse de Lamballe. P. 1815. en 1 vol. in-18.

3675. **Gavard** (Ch.). Galerie des maréchaux de France. (10 mai 1804). in-4°

3676. **Gazier** (A.). Les dernières années du Cardinal de Retz. P. 1875. gr. in-18.

3677. **Glaeser** (Eru.). Biographie des contemporains. gr. in-8°.

3678. **Gordon** (le D^r. R.). F. Rabelais à la faculté de médecine Montp. 1876.

3679. **Guyart** de Berville. Histoire de Bayard. Lyon 1809. in-12.

3680. **Guizot**. vie de Washington. 6 vol. in-8°.

3681. **Hennebert**. Histoire d'Annibal. in-8°. 1870.

3682. **Hœfer** (D^r.). Biographie générale 46 vol. in-8°. 1753.

3683. **Itard**. Education d'un homme sauvage 1801.

HISTOIRE.

3684. **Jacquot** (Eug. de Mirecourt). Biographies : Arnal. — Balzac. — Barbès. — Odilon Barrot. — Beauvallet. — Berlioz. — Berryer. — Bocage. — Rosa Bonheur. — Augustine Brohan. — Eugène Cavaignac. — Philarète Chasles. — Louise Colet. — Considérant — Cormenin. — Crémieux. — François Arago. — Eugène Delacroix. — Paul Delaroche. — Louis Denoyers. — Alexandre Dumas fils. — Dupin. — Pierre Dupont. — Falloux. Le Père Félix. — Mlle Georges. — Taylor. — About. — Thiers. — H. Vernet. — Viennet. — de Vigny. — Auber. — Villemessan. — Proudon. — Clémence Robert. — Rothschild. — Sainte Beuve. — Salvandy. — Scribe. — Eugène Sue — Guizot. — Gozlan. — Gonzalès. — Th. Gautier. — Houssaye. — Mme Girardin. — Janin. — Lacordaire. — Hyacinthe. — Monnier. — Meyerbeer. — Montalembert. — Ravignan. — Véron. — Planche. — Ponsard. — Rachel. — Rossini. — G. Sand. — Sanson. — Ségalas. — Villemain. — Franç. Wey. — Blanqui. — Béranger. — Berthet. — Castille. — Champfleury. — Cousin. — Félicien David. — Déjazet. — Deschamp. — Gavarni. — Grassot. — Gérard. — Saint-Marc Girardin. — Henri Heine. — Victor Hugo. — Ingres. — Alph. Karr. — Paul de Kock. — Lachambaudie. — Lamartine. — Lamennais. — Ledru Rollin. — Frédéric Lemaître. — Pierre Leroux. — Mélingue. — Mérimée. — Méry. — Lola Montès. — Murger. — Musset. — Gérard de Nerval. — St.-Laurent Nogent. — Arnould Plessy.

3685. **Julien** (Stanislas). Histoire de la Vie de Hiouen-Thsang et de ses voyages. P. 1853. in-8° (Fait partie des voyages des pèlerins bouddhistes.)

3686. **La Bleterie** (l'abbé de). Vie de l'empereur Julien. in-12. 1746. 1775.

3687. **Lalaubie** (Henri de) M. le G^{al}. Higonet. 1862.

3688. **Lamartine**. Vie des grands hommes. 4 vol. in-8°. 1856.

3689. **La Vallière** (Mme de). Confessions de. in-12. 1854.

3690. **Lavergne** (Alex. de). La Duchesse de Mazarin. 1 vol. in-18. 1846.

3691. **Leclerc**. Complété par Bayle 1855. Biographie médicale. 2 vol. in-8°.

3692. **Leti** (Gregorio). Vie de Cromwel. t. 1er.

3693. — Vie d'Elisabeth, reine d'Angleterre. 1743

3694. **Loménie** (de). Galerie des contemporains 10 vol. in-12 1844.

3695. **Longnon** (Aug.) Etude biogr. sur François Villon. 1877. in-12.

3696. **Mandrin** (Histoire de) et de plusieurs autres chefs de voleurs, terminée par le jargon de l'argot. P. (s. d.)

3697. **Marandet** (J.). Enfance de Napoléon 1er in-12 1857.

3698. **Mathée**. Histoire de Théodorite. in-8°. 1544.

3699. **Maynard** (L'abbé). Vie de Voltaire. 2e édit. P. 1870. in-12.

3700. **Mennechet** (Ed.). Le Plutarque français. 7 vol. in-4°. 1835.

3701. **Menessier** Nodier (Mme). Charles Nodier. P. 1867. gr. in-18.

3702. **Michaud**. Biographie univer. 45 vol. gr. in-8°, 1811-25.

3703. **Mirecourt** (Eugène de). Les contemporains : Louis Blanc. P. 1859. in-16.

3704. **Montbel** (de) Le Duc de Reichstadt. 1832.

3705. **Monter** (Mathieu de). Louis Lambillotte et ses frères in-12 1871.

3706. **Mortimer** (Thomas). Le Plutarque anglois trad. par la bar. de Vasse. P. 1785. 6 vol. in-8°.

3707. **Nodier** (Ch.). Episodes et souvenirs de sa vie. 1 vol. in-12 1867.

3708. **Peisse** (L.). Louis David.

3709 **Pidansat de Mairobert.** Anecdotes sur la comtesse du Barri, Londres. 1775. in-12.

3710. **Plutarque.** trad. Ricard. Vies. 1844. 4 vol. in-8°

HISTOIRE

3711. **Plutarque Français** (le). Vies des hommes illustres de France. P. 1835 gr. in-8°.

3712. **Pure** (l'abbé de). Hist. du maréchal de Gassion. 1696. 2 vol.

3713. **Quatremère de Quincy.** Canova et ses ouvrages. gr. in-8° 1834.

3714. — Raphaël. gr. in-8° 1835.

3715. **Rastoul** (Alph.). Pétrarque. P. 1836. in-8°.

3716. **Rey.** Galerie biogr. des personnages célèbres du Tarn-et-Garonne. in-8°.

3717. **Richeprey.** (Notice sur Henri de) in-8° 1824.

3718. **Robert.** Vie politique de tous les députés à la Convention nationale in-8° 1814.

3719. **Salvandy** (de). Histoire de Jean Sobieski. in-12 1844.

3720. **Santeuil** (La vie et les bons mots de M. de). Cologne 1742. in-12.

3721. **Silvestre** (Théophile). Eugène Delacroix. P. 1864. gr. in-18.

3722. **Soulié** (P.). F. Cabrol. 1882.

3723. **Soumet** (Alex.). Jeanne d'Arc. in-8° 1846.

3724. **Taschereau** (J.). Hist. de la vie et des ouvrages de P. Corneille. 1855.

3725. **Tourdes** (J.). Vie littéraire de Spallanzani. Milan 1800. gr. in-16.

3726. **Valentin.** Artisans célèbres. in-12 1844.

3727. **Vapereau** (G.). Dictionnaire des contemporains. P. 1880. gr. in-8°.

3728. **Vasari** (Giorgio). Trad. Leclanché. Vie des peintres, sculp. et archit. 10 vol. in-8° 1839.

3729. **Vauvilliers** (Mlle) Hist. de Jeanne d'Albret. 1818. 3 vol.

HISTOIRE.

3730. **Vera y Figueroa** (J. A. de). Vida del Emperador Carlos V. En Brusselas 1656. P. in-4°.

3731. **Voltaire** (Biographie de). P. 1828. in-8°.

3732. **Wallon** (H.). Jeanne d'Arc 2 vol. in-8° 1860.

ARCHÉOLOGIE.

3733. **Adam** (Alex.). Antiquités romaines. P. 1826. 2 vol.

3734. **Arguel**. Catal. du musée archéol. de Constantine. Const. 1878. in-8°.

3735. **Bion** de Marlavagne (L.). Hist. de la Cathédrale de Rodez. R. et P. 1875. in-8°.

3736. **Boissière** (de). Devises. 1654-7.

3737. **Bulletin** archéologique. 1882 à 1886.

3738. **Caumont** (de). Abécédaire d'archéologie religieuse et civile. 2 vol. in-8° 1853-4.

3739. — Rapport verbal fait à la Société franç. d'Archéolog. P. et Caen 1863. in-8° fig.

3740. **Chassant**. Dictionnaire de Sigillographie. 1 in-12 1860.

3741. **Cochet** (l'abbé). Répertoire archéologique de Seine-Inférieure. 1 vol. in-4° 1872.

3742. — Sépultures gauloises, romaines, franques. in-8° br.

3743. **Collignon** (Max.). Manuel d'archéologie grecque.

3744. **Congrès** archéologique de France. 1863 à 1880. 18 vol.

3745. **Crozes** (Hip.). Répertoire archéologique du département du Tarn. 1 vol. in-4° 1865.

3746. **Daremberg** (Ch.) et **Saglio** (Edm.). Dictionnaire des antiquités grecques et romaines. P. 1880. gr. in-4°.

3747. **Didron** aîné. Annales archéologiques. Mai 1844 à décembre 1872. 27 vol.

3748. **Ducourneau** (Alex.). La Guienne histor. et monum. 2 vol. in-4°.

3749. **Du Mersan**. Eléments de numismatique ou introduction à la connaissance des médailles antiques et supputation sur leur valeur, par de Hennin. P. 1834. in-18. br.

3750. **Gourdon de Genouillac** (H.). Diction. histor. des ordres de chevalerie. P. 1854. gr. in-8°.

3751. **Guilhermy** (F. de). Inscriptions de la France du Ve au XVIIIe Siècle. P. 1873-77. 4 vol. in-4°.

3752. **Hennin**. Hist. numismatique de la Révolution française. (Texte et pl.) 2 vol. in-4°. 1826.

3753. **Histoire** chronologique du vêtement. P. 1867. gr. in-18. (1 fig.)

3754 **Jubainville**. Répertoire archéologique du département de l'Aube. 1 vol. in-4°. 1871.

3755. **Labarte** (Jules). Inventaire du mobilier de Charles V, roi de France. P. 1879. in-4°. fig. chromol.

3756. **Le Blant** (Edmond). Etude sur les sarcophages chrétiens antiques de la ville d'Arles. P. imp. nation. 1878. 1 vol. gr. in-4°.

3757. — Sarcophages chrétiens de la Gaule. 1886.

3758. **Lenormant** (Fr.). Recherches archéol. à Eleusis. (Inscriptions.) P. 1862. in-8°.

3759. **Lunet** (B.). Amphithéâtre romain.

3760. — Aqueduc romain.

3761. — Mémoire sur la maison dite d'Armagnac. in-8°. 1886.

3762. **Magne** (L'abbé). 1° Notice archéologique sur la cathédrale de Rodez. R. 1842. in-12.

3763. **Mazeau** (Jean). Hist. de l'église de N.-D. de Coignac. 1660.

HISTOIRE.

3764. **Mélanges** d'Archéologie Egyptienne et Assyrienne. 10 fasc. in-4°. 1872-1878.

3765. **Mémoires** lus à la Sorbonne. Archéologie. Novembre 1861, Avril 1863, Mars et Avril 1864, Avril 1865, Avril 1866, Avril 1867, Avril 1868. Ensemble 7 vol. in-8°.

3766. **Monchablon** (E-J.). Diction. abrégé d'antiquités 1760.

3767. **Notice** historique sur l'église St-Etienne de Toulouse.

3768. — sur l'Hôtel de ville de Paris. P. 1855. gr. in-18.

3769. **Guin-Lacroix**. Hist. de l'église Ste-Geneviève. in-8°. 1852.

3770. **Patin** (Ch.). Introduction à l'histoire, par la connaissance des médailles. P. 1665. P. in-12.

3771. **Poussin** (l'abbé). Manuel classique d'archéologie chrétienne, suivi d'un dictionnaire. P. 1861. in-8°.

3772. **Quantin**. Répertoire archéologique du département de l'Yonne. 1868.

REVUE DES DEUX-MONDES.

(Sous ce titre sont compris les numéros 3773 à 3808.)

3773. **Ampère** (J. J.) Les Pyramides d'Égypte. Novembre. 1846. — Le Caire. Mars 1847. — Thèbes. Décembre 1847.

3774. **Barthélemy-Saint-Hilaire**. Architecture d'Ahmed-Abad, capitale de Guzarate. Octobre 1866.

3775. **Beulé** (E.). L'ancienne Campanie et le Vésuve primitif. Mai 1870.

3776. **Bierzi** (H.). L'archéologie préhistorique dans le Nouveau-Monde. Mars 1876.

3777. **Boissier** (G.). Travaux et découvertes de l'archéologie grecque et romaine. Mai 1864. — Le Christianisme et la vie chrétienne dans les Gaules d'après les inscriptions antérieures au VIIIe siècle. 15 Juin 1866. — Les tombes étrusques de Corneto. Août 1882.

3778. **Brunetière** (F.). L'archéologie préhistorique. Décembre 1880.

3779. **Burnouf** (Emile). La ville de Troie, d'après les dernières fouilles faites en Troade. — Janvier 1874.

3780. **Carné** (M. de). Les ruines d'Angcor (Cambodge). Mars 1869.

3781. **Charmes** (Gabriel). La Réorganisation du musée de Boulaq, et les études egyptologiques en Egypte. Septembre 1880.

3782. **Cogerdan** (George). Les Fouilles de Pergame. Avril 1881. — Une cité grecque des temps héroïques, Mycènes et ses trésors. Juin 1878.

3783. **Delaborde** (H.). L'archéologie et l'art. 15 Mars 1873.

3784. **Delaporte** (Louis). Une mission archéologique aux ruines de Khmers. Septembre 1877.

3785. **Desjardins** (Ernest). Les Découvertes de l'égyptologie française. M. A. Mariette. Mars 1874.

3786. **Flandin** (Eug.). Voyage archéologique à Ninive. Juin 1845.

3787. **Fortoul** (H). Les Marbres d'Egine. Septembre 1839.

2788. **Fouqué** (F). Une Pompéi antéhistorique en Grèce (Santorin). Octobre 1869.

3789. **Geffroy** (A). Etudes archéologiques en Danemarck. 1re janvier 1853. — Les Etudes et les découvertes archéologiques dans le Nord scandinave. 1er Novembre 1862. — Architecture antique de la Sicile, recueil des monuments de Segeste et de Sélinonte, par M. Hittorff. Juillet 1872.

3790. **Girard** (Jules). Dodone et ses ruines. Février 1879.

3791. **Lauandre** (Ch). Les Etudes historiques et archéologiques dans les provinces depuis 1848 1er Novembre 1851. —*Comptes de l'argenterie des rois de France* au

HISTOIRE

XIVe siècle, publiés Douet d'Arcq. 1er janvier 1852. — Bas-reliefs gaulois trouvés à Entremont, près d'Aix. 1er février 1852. — Récents travaux d'histoire et d'archéologie. 15 Novembre 1852.

3792. **Marc Monnier.** Les Fouilles de Pompéi. Septembre 1863.

3793. **Martins** (Charles). Une ville oubliée ; Aigues-Mortes, son passé, son présent, son avenir. Février 1874.

3794. **Maury** (Alf). Des découvertes modernes sur l'Egypte ancienne. Septembre 1855. — Les Voies romaines en Italie et en Gaule. Juillet 1866.

3795. **Mercey** (F.). Le Musée étrusque du Vatican. Décembre 1839.

3796. **Papety** (D). Les peintures byzantines et les couvents de l'Athos. Juin 1847.

3797. **Perrot** (G). La ville de Trèves, étude d'archéologie et d'histoire. Avril 1865. — Florence depuis l'annexion au royaume d'Italie ; le caractère de la ville, les musées. Mai 1878. — L'Architecture civile de l'ancienne Egypte. Février 1881. — id août 1884.

3798. **Raoul-Rocette.** Athènes sous le roi O thon, archéologie. Octobre 1838.

3799. **Rémusat** (P. de). Etudes sur l'homme d'après les anciens monuments par MM. J-C. Nott et G. Gliddon. 1er Octobre 1854. — (Ch. de). Un Musée chrétien à Rome et les catacombes. Juin 1863.

3800. **Reinach** (Salomon). Le Vandalisme moderne en Orient. Mars 1883.

3801. **Renan** (E). Les antiquités Egyptiennes et les fouilles de M. Mariette. Avril 1865.

3802. **Sauley** (de). Les Ruines de Masada, sur la mer Morte. Février 1852.

3803. **Schlumberger** (L. G.). Les Principautés franques d'Orient. Juin 1876.

3804. **Soury** (J). L'Asie-Mineure d'après les dernières découvertes archéologiques. Octobre 1873. — La Phénicie selon les dernières recherches archéologiques Décembre 1875.

3805. **Stendhal.** Les Tombeaux de Corneto. Septembre 1853.

3806. **Vitet** (L). Notre-Dame de Noyon et l'architecture du moyen âge. 15 Décembre 1844. — Des Etudes archéologiques en France. 15 août 1847. — Les Marbres d'Eleusis. Mars 1760.

3807. **Vogüé** (V. E. M. de) Chez les Pharaons. Boulaq et Saqqarah. Janvier 1877.

3808. **Warren** (E. de) Excursion aux ruines de Vijayanagar. Juillet 1845.

*
* *

3809. **Rich** (Antony). trad. Chéruel. Diction. des antiquités romaines gr. in-8°. 1861.

3810. **Rosenzweig** (M). Répertoire archéologique du département du Morbihan. 1 vol in-4° 1863.

3811. **Sauley** (de). Ateliers monétaires de France. P. 1877 in-4°.

3812. — Hist. numismatique du règne de François Ier. P. 1876 in-4°

3813. **Société** franç. d'archéologie, séance acad. internationale tenue à Dives .... (Listes des compagnons de Guill. le Conq. en 1866). Caen 1863 in-8°.

3814. **Vattemare** (Alex.). Collection de monnaies et médailles de l'Amérique du Nord de 1652 à 1858. P. 1861 gr. in-18.

3815. **Vincent** (Charles). Histoire de la Chaussure. in-8° 1859.

3816. **Zienkowiez** (Léon). Costumes du peuple polon. 1841. in-4° fig.

HISTOIRE

ÉTUDES HISTORIQUES.

3817. **Amador de los Rios** (don José). Etudes sur les juifs d'Espagne. (trad. Magnabel.) 1861. in-8°

3818. **Anquetil** (J. P.). Louis XIV, Sa cour, et le Régent. 1793. 4 vol.

3819. **Art** (l') de vérifier les dates. 1750. in-8°.

3820. **Bardoux** (A.). Le comte de Montlosier et le gallicanisme. 1881.

3821. **Barthélemy** (Ch.). Erreurs et mensonges historiques. 2e édit. P. 1863. 2 vol. gr. in-18.

3822. **Bayle** (Pierre). Diction. hist. et critique. Amst. 1740. 4 vol. in-f°.

3823. **Beaumont** Vassy (de). La préface du 2 décembre. 1853. in-8°.

3824. **Beaune** (Henri). Des distinctions honorifiques et de la particule. P. 1863. gr. in-18.

3825. **Belain** d'Esnambuc ou les normands aux Antilles. 1863.

3826. **Bitaîn** (Ant.). Droits de la Reine.

3827. **Blanchard** (Pierre). Beautés de l'histoire de France. P. 1824. in-12. fig.

3828. **Boulanger**. Œuvres. 6 vol. in-8° 1792.

3829. **Bourbon-Lignières** (Cte de). L'Assemblée Constituante d'après M. Taine. P. 1880. in-18.

3830. **Capefigue**. L'Europe depuis l'avènement du Roi Louis-Philippe. 1845. 10 vol. in-8°.

3831. **Charmes** (Gabriel). L'avenir de la Turquie. 1882.

3832. **Châteaubriand**. Etudes historiques. Révolutions anciennes. Analyse raisonnée de l'hist. de France.

HISTOIRE

3833. — De la monarchie de la Charte. 1816.

3834. **Chéruel**. Diction. des Institutions de la France. 1874. 2 vol. in-12.

3835. **Chevalier** (Michel). Lettres sur l'Amérique du Nord. 1838. 2 vol.

3836. **Christophe**. Lettres Athéniennes. 1803. 4 vol. in-12. rel.

3837. **Condorcet**. Fonctions des assemblées provinciales. 2 vol. 1788-9.

3838. **Constitutions** françaises depuis l'origine de la révolution jusques et y compris la Charte constitutionnelle et les lois organiques. P. 1827. 1 vol. in-12.

3839. **Cooper** (Joseph). Un continent perdu ou l'esclavage en Afrique. 1876.

3840. **Coulanges** (Fustel de). La cité antique. 1864. in-8°.

3841. **Dareste** de la Chavanne. Hist. de l'administration en France. 1848. 2 vol. in-8°.

3842. **Desmaze** (Edm.). Etudes et souvenirs Helléniques.

3843. **Dumax** (l'abbé). Les princes d'Orléans-Bourbon, le traité d'Utrecht et la loi Salique. 1883.

3844. **Dussieux** (L.). Essai historique sur les invasions des Hongrois en Europe et spécial. en France. P. 1879.

3845. **L'Epinois** (Henri de). Critique de l'hist. de France de H. Martin. 1872.

3846. **Ferrand** (Ant.). Esprit de l'histoire. 4 vol. in-8°.

3847. **Forster** (Charles). La vieille Pologne.

3848. **Fournier** (Edouard). L'esprit dans l'histoire. in-12.

3849. **François**-Joseph 1er et l'Europe. in-8° 1860.

HISTOIRE

3850. **Gaillard** (G. H.). Rivalité de la France et de l'Espagne. P. 1807. 8 vol.

3851. **Galerie** militaire Russe. L'empereur Alexandre 1er et ses coopérateurs de 1812 à 1815.

3852. **Gandy** (G.). La Saint-Barthélemy. P. 1877. in-16.

3853. **Guichard** (Claude). Funérailles des Romains. Lyon. 1581.

3854. **Guizot**. Hist. de la Civilisation en Europe. 1828.

3855. — Hist. de la Civilisation en France. 1846. 4 vol.

3856. — Monk.

3857. **Hamel** (Ernest). Les principes de 1789 et les titres de Noblesse. 1858.

3858. **Henri** V et la monarchie traditionnelle. Toulouse. 1871. gr. in-18.

3859. **Hist.** philos. anecdot. et crit. de la cravate. P. 1854. in-18.

3860. **Jardot**. Révolution des peuples de l'Asie moyenne. 2 vol. P. 1839.

3861. **Jullien** (B.). Thèses d'histoire et nouvelles historiques. P. 1865. in-8°.

3862. **Lacroix** (Paul). Mœurs, usages, coutumes, vie militaire, arts, sciences, lettres. 2 vol. (illustrés).

3863. **Laigue** (A. L. de). Les familles françaises considérées sous le rapport de leurs prérogatives honorifiques. (Origine de la noblesse). P. 1815. in-8°.

3864. **Le Bouvier** (Gilles). Armorial de France. 1866.

3865. **Legrand d'Aussy**. Hist. de la vie privée des Français. 2 vol. in-8°. 1815.

3866. **Liber** (J.). Histoire de la chevalerie en France.

3867. **Mably** (de). Œuvres complètes. P. 1790. in-12 bas. 22 vol.

3868. **Maigne**. Abrégé Méthodique de la science des Armoiries. 1860.

3869. — (W.). Diction. encyclop. des ordres de chevalerie P. 1861.

3870. **Maistre** (Joseph de). Considération sur la France.

3871. **Marmier** (X.). Lettres sur l'Islande 2 vol. 1837.

3872. **Mémoires** lus à la Sorbonne, de 1861 à 1868. Histoire. 7 vol.

3873. **Molins** (El marques de). La sepultura de Cervantes. M. 1870.

3874. **Monseignat** (Ch. de). Un chapitre de la Révolution. P. 1878.

3875. **Montalembert**. Avenir politique de l'Angleterre. P. 1856.

3876. **Monteil** (A.). Les Français pour la première fois dans l'histoire de France.

3877. — (A. A.) 1° Traité de matériaux manuscrits de divers genres d'histoire. 2 vol in-8°. P. 1836.

3878. **Montesquieu**. Considérations sur les causes de la grandeur des Romains, et de leur décadence. Lyon. 1805.

3879. —Lettres persanes P. 1824. 1 vol. in-12.

3880. **Murat** (J. A.). Origine des hôpitaux. M. 1813.

3881. **Naudet**. De la noblesse chez les Romains. 1863.

3882. **Navarrete** (D. Martin Fernandez). Disertacion sobre la historia de la nautica. M. 1846. in-8°. br. (Gt).

3883. **Nourrisson**. Le dix-huitième siècle et la Révolution française. P. 1863. gr. in-18.

3884. **O'Gilvy** et Bourrousse de Laffore. Nobiliaire de Guienne. 3 vol.

3885. **Person** (Emile). Essai sur l'administration des provinces romaines sous la république P. 1878.

HISTOIRE

3886. **Peou** (Dom Baltasar). Disserţacion sobre la cronica de Paros. (O'de Arundel). M. 1864.

3887 **Perroud** (Cl.). Les origines du premier duché d'Aquitaine. P. 1881.

3888. **Persécution** des Israélites en Russie. 1882.

3889 **Perthes** (de) et Née de la Rochelle. (J. F.). Le guide de l'histoire. P. 1803. 3 vol.

3890. **Pietet** (Adolphe). Les origines indo européennes, ou les Aryas primitifs. 2 vol. 1859.

3891. **Politique** anglaise (la). P. 1860.

3892. **Pradt** (de). L'Europe et l'Amérique depuis le congrès d'Aix-la-Chapelle. P. 1821. 2 vol.

3893. **Rome**, l'Italie et le Pape-Roi. Le Clergé en 1791 et en 1862 en face de la Révolution, par un catholique français. Discussion de la constitution civile du clergé, par un prêtre. Toulouse. 1862. in-8°.

3894. **Rott** (Edouard). Henri IV. Les Suisses et la Hte-Italie. La lutte pour les Alpes (1598-1610). P. 1882. in-8°.

3895 **Sauzet** (Paul). Rome devant l'Europe. P. 1860. gr. in-18

3896. **Ségur** (Le marquis de). Le concordat et les articles organiques. P. 1880. in-18.

3897. **Sidenbladh** (Elis). tr. Sager (Robert). La Suède. 1876.

3898. **Staël-Holstein** (Mme de). De l'Allemagne. P. 1815. in-12. 3 vol.

3899. **Teste** (Léon). Léon XIII et le Vatican. P. 1880. gr. in-18.

3900. **Thomassy**. De la nécessité d'appeler au trône les filles de France. 1820.

3901. **Traversier**. Armorial national de France. 1842-60. 2 vol.

3902 **Veuillot** (Louis). Le droit du seigneur au moyen âge. P. 1854. gr. in-18.

3903. — Le pape et la diplomatie. P. 1861. in-8°.

3904. **Vigroux** (André). Hist. de la souveraineté du peuple. P. 1850.

3905. **Villemain**. Etudes d'hist. moderne. 1846.

RELIGION

HISTOIRE DE LA RELIGION

3906. **Abrassevin.** Affaire des Jésuites. Avignon 1762.

3907. **Affre** (Mgr). Chapitre de St-Denis. P. 1847. 1 vol.

3908 — Administration des paroisses. P. 1827. 1 vol.

3909. — (l'abbé). Introduction à l'étude du christianisme. P. 1845. 1 vol.

3910 — Suprématie temp. du pape. 1829.

3911. **Alazard** (l'abbé). Souvenir de mon pèlerinage aux Lieux-Saints. R. 1883. 1 vol.

3912. — Mémorial du pèlerinage de 4,000 hommes à N.-D. de Lourdes. R. 1874. 1 vol.

3913. **Alembert** (d). Sur la destruction des Jésuites. 1865.

3914. **Annuaire** des universités catholiques. in-12. br.

3915. **Arnaud** (E). Protestants du Dauphiné. 1873-1875. 3 vol.

3916. **Arsac** (J. d.). La papauté. 1867. in-12. br.

3917. **Artus** (E.). Les miracles de N.-D. de Lourdes. P. 1873. in-16.

3918. **Aubert** (l'abbé Marius). Traité des marques de l'Eglise. 2ᵉ édit. Lyon 1844. in-18. br.

3919. **Aubineau** (Léon). Paray-Le-Monial et son Monastère de la Visitation. La bienheureuse Marg. Marie et le Sacré-Cœur. P. 1873. in-18.

3920. **Aurignac** (J. M. d'). Hist. de la Compagnie de Jésus. Le t. 2ᵉ. P. 1862. in-12 br.

3921. **Azaïs** (l'abbé). Pèlerinage en Terre Sainte 1855.

RELIGION

3922. **Bajole** (J.). Hist. Sacrée d'Aquitaine. 1644.

3923. **Basnage** (J.) Hist. du vieux Testament. 1712. 4 vol.

3924. **Bassompierre** (L.). Pouvoir des Evêques. 1691.

3925. **Beaumont** (Vte J. de). Histoire de la Papauté. P- 1865. gr. in-18 br.

3926. **Bédouet** (l'abbé Zach). Hist. et culte de Ste Geneviève. P. 1866. gr. in-18 br.

3927. **Beelzebuth** (de) Conseils de satan aux Jésuites.

3928. **Belleau** (L.). Translation de St Paulin. 1655.

3929. **Bible** (La Sainte). Trad. sur la Vulgate. Par Lemaistre de Sacy. P. 1832. gr. in-8°.

3930. **Blancs** de Frigolet par les rédacteurs de la *Cour d'honneur de Marie* Abbaye de St Michel de Frigolet à Tarascon. Nov. 1880. in-12 br. 1 fig.

3931. **Bonald** (Maurice de). Les volontaires pontificaux. 1868.

3932. **Bonnechose** (Emile de). Histoire sacrée. P. 1839. in-12.

3933. **Bouiller** (Eugène). Lettres d'un pèlerin de Jérusalem. Laval 1854. in-8° br.

3934. **Bourdenne** (Le P. Basilide). Manuel du pèlerin à N.-D. et au calvaire de Bétharram. 5ᵉ édit. Poitiers 1879. in-18 br.

3935. **Bourgeois** du Chastelet. Hist. du Concile de Constance. 1718.

3936. **Bourret** (Evêque). Procès-verbaux authentiques.

3937. — (Ern.). L'école chrétienne de Séville. P. 1755. in-8° br.

3938. **Bulletin** de l'œuvre des campagnes. 1875 à 1888

3939. — de l'œuvre du vœu national du Sacré-Cœur de Jésus. 1879 à 18...

3940. **Bulteau** (Louis). Hist. monastique d'Orient. 1680.

RELIGION

3941. **Bussy** (Ch.). Les révoltés. 1863. 2 vol. in-12 rel.

3942. **Caillau**. Histoire de N.-D. de Roc-Amadour in-8° br 1834.

3943. **Callot** (Ch.). La Rochelle protestante. 1863. in-8° br.

3944. **Chantrel** (J). Annuaire catholique. in-8°. br. 1863.

3945. **Chauvierre** (l'abbé). Histoire des conciles œcuméniques. 1870. gr. in-18. br.

3946. **Collmar** (Ctesse de). Pèlerinage en Lorraine N.-D. de Sion-Vaudémont. Nancy 1845. in-12. br.

3947. **Corroy** (le P. Simon de). Hist. de N.-S. Jésus-Ch. Tournai 1857. gr. in-18 br. 1 fig.

3948. **Curieque** (l'abbé J. M.). Voix prophétiques. 3e édit. P. 1871. gr. in-18 br.

3949. **Daniel** (le P. G.). Conversion des Huguenots du Vivarais. 1684.

3950. **Deschamps** (Mgr). L'infaillibilité et le concile général. 1869. in-8° br.

3951. **Décret** de la Ste-Inquisition d'Espagne. 1772.

3952. **Des Erulais** (Marie). L'écho de la Ste-Montag. (La Salette). P. décembre 1853. gr. in-18 br.

3953. **Destrac** (l'abbé). Consécration de l'église de Bergerac. in-8° br.

3954. **Diction**. des légendes du christianisme, par le comte de Douhet. 1855 Migne. gr. in-8° rel.

3955. — Iconographique des fig. lég. et actes des saints, attributs. 1850. par M. L. J. Guénébault. Mig. gr. in-8° rel

3956. **Ducreux** (l'abbé) Les siècles chrétiens. P. 1787. in-12 br. 10 vol.

3957. **Dumax** (l'abbé). Rome durant la semaine sainte. 1859.

3958. **Durand** (l'abbé A.). Le culte catholique dans ses cérémonies, et ses symboles. P. 1868. in-8° br.

3959. **Fauriel** (C.). Hist. de la Croisade contre les hérétiques Albigeois, 1837.

3960. **Filhol** (l'abbé). N. D. de Lourdes. in-12 br.

3961. **Fleury** (Claude). Catéchisme historique. Edit. stéréot. d'Héran. in-12 bas fat. 1685.

3962. **Foisset**. Histoire de J.-C. in-12 br.

3963. 1° **France** ecclésiastique pour l'année 1853 (la). — 2° id. pour 1868. in-18 2 vol. br.

3964. **France** à Lourdes (la). in-12 br. 1873.

3965. **Gallois** (Léonard). Hist. abrégée de l'Inquisition d'Espagne. 1828.

3966. **Gavoty** (le R. P.). Pèlerinage de la Sainte-Baume, avec la vie de Ste Marie-Madeleine ; St Maximin. 1825. in-12 d. c.

3967. **Gérin** (Charles). Histor. sur l'assemblée du clergé de France de 1682. in-8° br.

3968. **Ginoulhiac** (l'abbé). Hist. du dogme catholique. 2 vol. in-8° rel.

3969. **Glade** (P. V.). du progrès religieux. 3 vol. in-8° br.

3970. **Gonzalès** de St-Pierre. Relation. (Persécution de la Chine). s. l. n. d. 2 vol.

3971. **Grand-Pape** (le) et le grand roi, traditions histor. et dernier mot des prophéties. Toulouse. 1871. gr. in-16 br.

3972. **Gratry** (A.). Jésus-Christ. Réponse à M. Renan. P. 1864. gr. in-18 br.

3973. **Gril** (l'abbé Ch.). Historique du concile de Trente. P. 1869. in-16 br.

3974. **Grillot** (l'abbé). La sainte maison de Lorette. gr. in-8° rel. tr. d.

3975. **Gautier** (Léon). Histoire de la charité. 2° édi- P. 1877. in-16 br.

RELIGION

3976. **Guéranger** (Dom). De la monarchie pontificale. in-8° br.

3977. — Essai sur la médaille ou croix de St Benoit. Poitiers et P. 1862. in-18. br.

3978. **Guettée** (l'abbé). Hist. de l'Eglise de France. P. 1857. 12 vol. in-8°. br.

3979. **Guénée** (l'abbé). Lettres de quelques Juifs à M. de Voltaire. 1819. 3 vol. rel.

3980. **Guillon** (M. N. Sylvestre), évêque de Maroc. Pèlerinage de Dreux. P. 1846. in-12 cart. fig. au. front.

3981. **Guyot** (l'abbé). La somme des conciles généraux. P. 1868. 2 vol gr. in-18. rel.

3982. **Haitze** (P. J. de). Les moines empruntés. 1696.

3983. — Les moines travestis. 1698. 2 vol.

3984. **Havet** (Ernest). Le christianisme et ses origines L'hellénisme. 2ᵉ édit. P. 1873-8. in-8°. 3 vol. br.

3985. **Hello** (Mme Ernest). N. D. du Sacré-Cœur d'Issoudun. in-12. br.

3986. **Histoire** des bienfaits du christianisme. P. 1833. in-32. cart.

3987. — Abrégé de l'Ancien Testament. Tours 1864. in-12. cart. fat.

3988. **Huguet** (le P.). Pie IX et les secrets de la Salette. Concordance entre la prophétie d'Orval et les lettres de Mélanie. 8ᵉ édit. Lyon. 1871. in-18. br.

3989. — L'esprit de Pie IX. Lyon et P. 1866. in-12. br.

3990. **Jacomy** (l'abbé A.). Histoire de N.-D. de Gontaud. Toulouse. 1867. in-12. br.

3991. **Jager** (l'abbé). Hist. de l'Eglise de France pendant la révolution. 3 vol. in-8°. br.

3992. **James** (l'abbé). Hist. de l'Ancien et du Nouveau Testament. 3 vol. in-4° rel. (fig.) 1844.

3993. **Janvier** (l'abbé). M. Dupont et l'œuvre de la Sainte-Face. 1882.

3994. **Jaugey** (l'abbé). Le Concile œcuménique. gr. in-18. br. P. 1869.

3995. **Jésuites** (les). Leur histoire — leurs doctrines — leur morale — leurs œuvres. Avignon et P. 1880. gr. in-18. br..

3996. — et leurs ennemis. 1857.

3997. **Jouhanneaud** (Paul). Vie de la Très Sainte Vierge. in-4°. cart. 1861.

3998. **Lafond** (comte). La Salette, Lourdes, Pontmain. 3ᵉ édit. P. 1872. gr. in-18. br. (fig.)

3999. — (Edm). La voie douloureuse des Papes. in-12. br. 1860.

4000. **Laforet** (N. J.). Les martyrs de Gorcum. in-12. br. 1867.

4001. **La Gournerie** (Eug. de). Rome chrétienne. 2 vol. in-12. rel. 1858.

4002. **Lasserre** (H.). Les guérisons miraculeuses de N.-D. de Lourdes. P. 1870. in-16. br.

4003. — Notre-Dame de Lourdes. 95ᵉ édit. P. 1878. gr. in-18. br. fig.

4004. **Laurent** (P). Cosmogonie de Moïse. in-8°. rel. 1863.

4005. **Lecler** (Mlle). Les Chrétiens sous Néron. 1846.

4006. **Le Mulier**. Vie de la Ste Vierge. 2 vol. in-8°. rel. 1859.

4007. **Le Nain** (Dom. Pierre). Hist. de l'ordre de Citeaux. 1696. 9 vol.

4008. **Le Roux** de Lincy, édit. Les quatre livres des rois traduits en français du XIIᵉ siècle P. impr. roy. 1841. in-4° br. (Doc. inéd.)

RELIGION

4009. **Levavasseur** (le P.). Cérémonial selon le rit romain. P. 1857. gr. in-18 br.

4010. **Lhomond**. Hist. abr. de l'Eglise. in-12. rel. 1847.

4011. — — de la religion. in-12. rel. 1827.

4012. **Ligny** (le P. de). Hist. de la vie de Jésus-Christ Lille. Lefort. 1847. in-12 br. 2 vol.

4013. **Longueval** (le P Jacques). Hist. de l'église gallicane. P. 1730. 18 vol. in-4° V.

4014. **Ludolphe** Le Chartreux. vie de N.-S. Jésus-Christ. 3e édit. P. 1867. in-12 br. 2 vol.

4015. **Madrolle** (A.). Le prêtre devant le siècle. (Hist. univers. du catholicisme.) Edit. nouv. P. (s. d.) in-8° br.

4016. **Martin** (l'abbé F). Les moines.... Bourg. 1865. in-8° br.

4017. **Martigny** (l'abbé). Diction des antiquités chrétiennes. in-8° rel. 1865.

4018. **Miracles** et merveilles de N.-D. de Ceignac.

4019. **Muzzarelli** (A.). De monarchia spirit. summi pontificis. 2 vol. br. in-12 Aven. 1827

4020. **Nicol** (l'abbé Maximilien). Pèlerinage de St-Anne-d'Auray. in-18 br. 1880.

4021. **Noël** (l'abbé). La chaîne d'or. (Vie de la Vierge Marie). P. 1867. 2 vol. in-12 br.

4022. **Notice** Hist. sur la médaille miraculeuse. 3e édit. aug. P. 20 novembre. 1834. in-8° br.

4023. — Hist. et crit. sur la sainte couronne d'épines de N.-S. J.-C... (de l'église métrop. de Paris). P. 1828. in-8° fig.

4024. **Notre-Dame** du perpétuel secours, vierge miraculeuse vénérée dans l'église de St-Alphonse à Rome. St-Nicolas (Meurthe). 1867. in-18 br.

4025. **Oreglia Aloysius**. Relatio de Hilariani cultu. Roma. 1883.

4026. **Pie IX**. Recueil des allocutions consistoriale encycliques. in-8° br. 1865.

4027. **Pie IX.** Bref ordonnant l'établissement de la liturgie romaine à Lyon. R. 1864.

4028. **Pinard** (l'abbé). Bienfaits du catholicisme. in-8° rel. 1846.

4029. **Pitra** (Dom). Spicilegium Solesmense. P. 1852. 4 vol. gr. in-8° br.

4030. **Plantier** (Mgr). Les conciles généraux; Instruction pastor. P. 1869. gr. in-18 br.

4031. **Pluquet.** Edit. Pérodil. Diction. des hérésies 2 vol. in-12 rel. 1845.

4032. **Pontifical** d'Amiens, d'après un Ms du XI siècle, annoté par MM. Beauvillé et Jonc. in-4° b. 1885.

4033. **Postel** (l'abbé V.). Rome dans sa vie intellectuelle, dans sa vie charitable, dans ses institutions populaires. Réponse aux appétits piémontais. Bar-Le-Duc. 1064. in-18 br.

4034. — N. D. du Pont-Main. in-12 br. 1873.

4035. — Le miracle de St-Janvier. 1857.

4036. **Ravignan** (le P. de). De l'existence de l'Institut des Jésuites. 7ᵉ édit. P 1855. gr. in-18 br.

4037. **Renan** (Ernest). Vie de Jésus. 1863.

4038. **Richou** (l'abbé L.). Histoire de l'Eglise à l'usage des séminaires. P. (s. d.). 1867. gr. in-18. br. 3 vol.

4039. **Robert** (Aug.). La parole et l'épée 1868.

4040. **Rocquain** (Félix). La papauté au moyen âge Nicolas Iᵉʳ. Grégoire VII. Innocent III. Boniface VIII. 1881.

4041. **Rodière** (A.), prof. à la faculté de Droit. Les saints et leur siècle... Toulouse et P. 1843. in-8ᵉ. br.

4042. **Rouquette** (l'abbé J.). Hist. du prieuré et de la paroisse N.-D. l'Espinasse. Villefr. 1866. in-8°. br.

4043. **Rousselot** (l'abbé). La vérité sur l'événement de la Salette. Lyon et P. 1849. in-12. br.

4044. **Rudelle** (de). Miracles et merveilles arrivés dans l'église de N.-D. de Ceignac. 1808.

4045. **Saci** (Le Maistre de). Les saints Evangiles P. impr. impér. 1862. 1 vol. gr. in-f° illus. (cart.).

4046. **Saquet** (l'abbé). Manuel du pèlerin à N-D. Ceignac R. Rat. 1867 in-18.

4047. 1° **Semaine Catholique**. 2° **Revue religieuse**. 1865-87. 23 vol.

4048. **Sepp** (D^r.). Vie de N.-S. Jésus-Christ. 3 vol. in-12. 1869.

4049. **Servières** (l'abbé L.). Histoire de l'église du Rouergue R. Carrère 1874. in-8°.

4050 **Souvenirs** de la mission prêchée à la Cathédrale de Rodez par les PP. Capucins R. 1877.

4051. **Statuts** et règlements de la Congrégation de la croix établie à Rodez... 1740. in-12.

4052. **Testamentum** vetus secundum LXX (latinè). Romæ 1588 in-f°.

4053. — (grec latin). 2 vol. in-8°. 1839.

4054. **Trémolet** (l'abbé). Notice sur le calvaire près Gabriac 1852.

4055. **Tricaud** (l'abbé). Relation de la mort du feu Pape. 1724.

4056. **Triomphe** de N-D. de la Salette dans l'un des témoins de son apparition. Maximin peint par lui-même. Nîmes 1881. gr. in-18.

4057. **Vanel**. Histoire des conclaves 1691. 2 vol. 1703.

4058. **Vergnet** (C. M. Léop.). Histoire de la première mission catholique au vicariat de Mélanésie. Carcassonne 1854 in-8°.

4059. **Wallon** (H.). Vie de N.-S. J.-C. in-12. 1865.

4060. — La Ste Bible résumée P. 1884-59 2 vol.

BIOGRAPHIE RELIGIEUSE.

4061. **Abelly** (L.). La vie du vén. serviteur de Dieu, Vincent de Paul. P. 1664. in-4°.

4062. **Abrégé** de la vie de St-Jean de Capistran. 1704.

4063. **Aubineau** (Léon). La vie admirable du bienheureux mendiant et pèlerin Benoit-Joseph Labre. P. 1873. gr. in-18.

4064. — Vie de la R. Mère Emilie. 2ᵉ édit. P. 1869. gr. in-18.

4065. **Barthe** (l'abbé Ed.). L'esprit de la Mère Emilie. 1863. 2 vol. in-12.

4066. **Beau** (le P. G. B.) Idée excellente de la haute perfection (vie de François d'Estaing) Clermont. 1656. in-4° rel.

4067. **Beaugendre** (Dom. Ant.). Le père des pauvres, vie de M. Bénigne Joly Dijon. s. d. gr. in-16

4068. **Beauvais** (le P. de). Vie du P. Ignace Azevedo. 1744.

4069. **Bélières** (J. J.). Vie d'Anne Gertrude pieuse créole de Cayenne Avignon. 1857. gr. in-18.

4070. **Benoist** (L.). Vie de S. S. le Pape Pie IX. P. 1849. in-8°.

4071. **Benoît** (le P. J.). Vie de St-Dominique. t. 1ᵉʳ. 1693.

4072. **Bergier** (l'abbé). Hist. de St-Jean Chrysostôme. 1856.

4073. **Bernard** (l'abbé). édit. vie du véné. Dom Barthélemy des martyrs. 1878 in-8°.

4074. **Bernadette** Soubirous La bergère de Lourdes, par P. M. professeur. 4ᵉ édit. Toulouse. 1880. gr. in-18.

4075. **Bion de Marlavague** (l'abbé A.). Hist. du B. François d'Estaing. R. 1839. in-12.

RELIGION. 245

4076. **Blemur** (S. J. de). Vie des Saints. 1689. 2 vol.

4077. **Bouclon** (l'abbé A. de). Vie de la sœur Rosalie Jeanne-Marie Rendu, de la congr. de St-Vincent de Paul. 5ᵉ édit. P. s. d. in-16.

4078. **Bouhours** (le P.). Vie de St-Ignace. 1859.

4079. **Bourret** (Ernest). Quelques souvenirs sur le cardinal Guibert.

4080. **Bray** (Mme Marie de). Hist. de la B. Marguerite-Marie, relig. de la visitation Ste-Marie du monastère de Paray-Le-Monial. P. 1867. in-12.

4081. **Caneto** (F.). Mgr de Salinis dans sa dernière maladie. 1861.

4082. **Caraccioli** (L. Ant.). Vie du pape Clément XIV. 1776.

4083. **Caro** (E.). St-Dominique et les Dominicains. P. 1853. in-12.

4084. **Carron** (l'abbé). Les nouvelles héroïnes chrétiennes. 1819. 2 vol.

4085. — Ecoliers vertueux. 1817. 2 vol.

4086. **Chantrel** (J.). Le curé d'Ars Notice biographique sur Jean-Baptiste Marie Viannay. P. 1859. in-16.

4087. — Le pape Benoit XIII 1724-1730. Tours 1873. in-8°.

4088. **Chas** (J.). Vie de Fénelon 1788. in-12.

4089. **Chavin** (F. Em.). Hist. de St-François d'Assise. P. 1841-42 in-8°

4090. **Collet**. Vie de St-Vincent de Paul. Lille Lefort. 1828. 2 vol in-18.

4091. **Croiset** (le P. Jés.). La vie de la B. Marguerite-Marie rel. de la visitat. Ste-Marie. P. 1865. in-18.

4092. **Cros** (le P. L. J. M.). Vie intime de St-Louis. 1876. in-18.

4093. **Cruice** (l'abbé M. P.). Vie de Denis-Aug. Affre, archev. de Paris. P. Lyon 1849. in-8°.

RELIGION.

4094. **Delrieu** (J. B. Chan°). Notice histor. (vie de Mgr Jacoupy). 1874. in-8°.

4095. **Duchesne** (J. Fr.). Hist. de tous les cardinaux français. 1660. 2 vol.

4096. **Faure** (Jean-André). Vie de St-Louis. 1671.

4097. **Flottes** (vie de M. l'abbé) par l'abbé C. D. 1866. in-8°.

4098. **Foulquier** (Mgr). Brigitte de Valady. Rodez R. Marion. 1848. in-12.

4099. **Guéranger** (Dom). Histoire de Ste-Cécile. in-12

4100. **Guillemi** (Alex.). Le P. Lacordaire. in-8°.

4101. **Guimard** (Constant). Ste-Anne d'Auray. P. 1882.

4102. **Hello** (Ernest). Physionomie des saints. in-12.

4103. **Henrion**. Vie de Mgr Frayssinous. 2 vol. in-8°.

4104. **Joinville**. Edit Wailly (Natalis de). Histoire de St-Louis. in-12 1765 et 1874.

4105. **Kostka** (Stanislas) (vie du B.). P. 1672.

4106. **Lacordaire** (le P.). Sainte Marie-Madelaine. P. 1860. gr. in-18.

4107. **Lafayette** (Calemard de). Vie de Mgr J. A. V. de Morlhon. Le Puy 1863. gr. in-18.

4108. **Lataste** (vie de Marie). in-12 1866.

4109. **Lespinasse** (R. de). Vie et vertus de St-Louis d'après Guillaume de Nangis. P. 1877. gr. in-18.

4110. **Marie-Joseph** (l'abbé). Vie populaire de la grande Sainte Thérèse de Jésus. P. et Poitiers 1882. gr. in-18.

4111. **Marty**, ancien recteur. Vie des chrétiens illustres. P. 1860. gr. in-18.

4112. **Maynard** (l'abbé). Saint-Vincent de Paul, sa vie et son temps. 4 vol. in-8° 1860.

RELIGION

4113. **Melun** (le Vte de). Vie de la sœur Rosalie in-12 1870.

4114. **Montalembert** (de). Histoire de Ste-Elisabeth de Hongrie. in-12 1849.

4115. **Morin** (Frédéric). Saint-François d'Assise et les Franciscains. P. 1853. in-12.

4116. **Périer** (l'abbé). Sainte Angèle de Foligny. P. 1825. in-12.

4117. **Pezzani** (A.) et **Gondy** (J. B.). Vie du Vénérable curé d'Ars. (s. l.) in-16.

4118. **Ramsay** (André de). Vie de Fénelon. 1723.

4119. **Raynal** (l'abbé). Quelques fleurs sur la tombe de P. B. Baduel, curé d'Espalion. 1860.

4120. **Remusat** (Ch. de). St-Anselme de Cantorbéry. in-8° 1853.

4121. **Riancey** (Henri de). Mgr Affre, archevêque de Paris. P. 1848. in-16.

4122. — — Le R. P. H. de Lacordaire. (s. l.) 1801.

4123. **Roy** (J. J. E.). Histoire du Pape Sixte-Quint. Tours 1854. in-12.

4124. **Saint-Albin** (Al. de). Histoire de Pie IX. 2 vol. in-12 1877.

4125. **Saint-Hermel** (de). Pie IX. P. 1854. in-12.

4126. **Servières** (l'abbé L.). Histoire de Ste-Foy. 4e édit. Rodez. C. 1879. in-12.

4127. — — Les saints du Rouergue. 1872. gr. in-16.

4128. — Saint Fleuret, évêque de Clermont [et patron d'Estaing. R. ve Carrère. 1880. in-18.

4129 **Sixte** V Pape, (vie de).

4130. **Terris** (Mgr). Les saints du diocèse de Fréjus. 1881.

4131. **Truel** (l'abbé H.). Les hommes illustres de l'Eglise. (Grec-franc.). 1er partie extraits d'Eusèbe. P. et Lyon. 1850. in-12.

4132. — Mgr Foulquier, évêque de Mende. 1882. M. R. Carrère, in-8°.

4133. **Veuillot** (Louis). Vie de la B. Germaine Cousin. in-12. 1854.

4134. **Vidieu** (l'abbé). Le pape Léon XIII. in-12. 1878.

4135. **Vie** de la bienheureuse Germaine Cousin, vierge séculière du village de Pibrac. Toulouse. 1867. in-18. br.

4136. **Vie** et miracles de St-Amable.

4137. **Vies** des Saints canonisés à Rome le 29 juin. 1867. P. 1867. gr. in-18.

4138. **Villemain**. Hist. de Grégoire VII. 2 vol. in-8°. 1882. La tribune moderne. 2 vol. in-8° 1858 et 1882.

ETUDES SUR LA RELIGION. — LIVRES DE PIÉTÉ.

4139. **Abelly** (Louis). Edit. Chéruel (l'abbé P. P.). De l'obéissance et soumission à N. S. P. le Pape. P. (s. d.). 1870. gr. in-16.

4140. — La couronne de l'année. Lyon 1796. 2 vol. in-12.

4141. **Aladel**. La médaille miraculeuse. P. 1878. gr. in-16.

4142. **Alet** (le P. Jet.). La France et le cœur de Jésus. 1873.

4143. **Alix** (l'abbé C.). Entretien sur l'encyclique. 1865. gr. in-18.

4144. **Almanach** du Rosier de Marie pour 1861. P. in-18.

4145. — du Pèlerin. 1881-82.

4146. **Ambroise** (L. P.) Joie de l'âme.

4147. **Amyraut.** Défense de Calvin. 1644.

4148. **Anciennes** (les) et nouvelles merveilles. (vierge de Mongerès). 1649.

4149. **Angle** (de l'). Sermons. 1664.

4150. **Angles** (J.). Flores théol. 1584.

4151. **Annat** (le P. Fr.). Remède contre les scrupules. 1665.

4152. **Anselme** (St). tr. Denain (H.). Méditations. 1848. 2 vol.

4153. **Antonius de Padua.** Sermons. 1521. 2 vol.

4154. **Arnoulx** (Fr.). Merveilles de l'autre monde. 2 vol. 1813.

4155. **Aulnoy** (C. d'). Les amis du pauvre.

4156. **Augustin** (Saint). et autres. (Panth. lit.). 1835.

4157. **Barran** (l'abbé). Exposition des dogmes et de la morale du christianisme. 1845. 3 vol. in-8°.

4158. **Berseaux** (l'abbé). 1° La foi et l'incrédulité. P. 1861. gr. in-18. 2° L'Eglise et le monde. P. et Nancy. 1861. gr. in-18.

4159. **Basile** (St). Œuvres choisies. 1846. 2 vol. in-8°.

4160. **Berulle** (Marc de). Nouv. Testament expliqué. 1679.

4161. — (Pierre de). Discours de l'état et des grandeurs de Jésus. 1866. gr. in-16.

4162. **Bliard.** St-Michel et Lucifer. in-8° 1871.

4163. **Blot** (le P.). Au ciel on se reconnaît. P. 1863. in-18.

4164. — Les auxiliatrices du purgatoire. 4e édit. P. 1868. in-18.

4165. **Bonal** (R. P. Fr.). Le Chrestien du temps en 4 parties. 1667.

RELIGION.

4166. **Bonald** (Maurice de). Divergence d'allures.

4167. **Bonaventure** (S.). Miroir des Novices. 1615.

4168. **Bonnefous** (Am.). Le Chrétien charitable. 1666.

4169. **Borderies** (Evêque de Versailles). Œuvres. P. 1834. 4 vol. in-12.

4170. **Bossuet**. Avertissements aux protestants. 1710-17 3 vol.

4171. — Elévations sur les mystères. 1753. 2 vol.

4172. — Instruction sur les états d'oraison. 1697.

4173. — Apocalypse. 1689.

4174. — Remarques (quiétisme). 1698.

4175. — Sermon (assemblée de 1681).

4176. — Traité de l'amour de Dieu. 1736.

4177. **Boulanger** (Mme Elise). Catéchisme abrégé de la foi, illustré. 1842 in-8° cart.

4178. **Bouhours** (le P.). Pensées ingénieuses des Pères de l'Eglise. 1700-1715

4179. **Bouix** (l'abbé). Tractatus de Papâ. 1869-70. 3 vol. in-8°.

4180. **Bourret** (Mgr). Lettres pastor. Mandements. 18 .

4181. — Essai sur les sermons français de Gerson. 1858. in-8°.

4182. **Buchanan** (George). Paraphrasis in (psalmis). (H. Etienne). 1565. in-8°.

4183. **Bussierre** (Baron de). L'enfant de Marie. Un frère de plus. Conversion d'Alphonse Ratisbonne. Avignon 1842. in-18. br.

4184. **Caillot** (l'abbé). Beautés du christianisme. in-12.

4185. **Castan** (l'abbé Em.). Exposition du mystère de la souffrance. P. 1853. gr. in-18.

4186. **Caussette** (le P.). Dieu et les malheurs de la France. Toulouse 1871. in-8°

RELIGION.

4187. **Catéchisme** pratique. Trad. de l'anglais. 4ᵉ édit. Avignon 1823. in-12.

4188. **Charpentier**. Lettres choisies de St Gérome.

4189. **Clausel de Montals** (abbé). La religion prouvée par la révolution. 2ᵉ édit. P. 1817. in-8º.

4190. **Collard** (l'abbé). Lettres spirituelles. 1784. 2 vol. in-12.

4191. **Dargaud** (J. M.). Les psaumes de David. 1838. in-8º. br.

4192. **David** (l'abbé A.). Semaine liturgique. gr. in-16.

4193. **Delauro-Dubez**. L'athée redevenu chrétien. P. 1839. iu-8º.

4194. **Désorges** (l'abbé). La providence et les révolutions modernes. P. 1861. in-8º.

4195. **Dictionnaire** de la liturgie catholique et arménienne. 1844. Migne. 1 vol. gr. in-8º

4196. **Diction**. des droits de la raison dans la foi. Par l'abbé Le Noir. 1860. Migne. gr. in-8º. rel.

4197. **Divine** (de la) providence ou exposé de la conduite pleine d'amour que tient Dieu envers les hommes. 2 édit. P. 1862. gr. in-32.

4198. **Dourif** (l'abbé). Philosophie chrétienne. La loi de charité. (œuvr. cour.) P. 1855. in-8º

4199. **Dubois** (l'abbé H.). Pratique du christianisme. 1858 gr. in-18.

4200. **Dupanloup** (Mgr). Les alarmes de l'épiscopat. 3ᵉ édit. P. 1868. gr. in-8º.

4201. — La souveraineté pontificale. 1860. in-8º.

4202. — L'athéisme et le péril social. P. 1866. gr. in-8º.

4203. **Duquesnoy** (Abbé F.). Kantis theologia. P. (s.d.). in-8º.

4204. **Faudet** (l'abbé). Conférences sur la religion. P. 1826. in-12.

4205. **Félix** (le P.). Jésus-Christ et la critique nouvelle. in-12.

4206. **Fénelon**. Entretiens. Lettres spirituelles.

4207. — Lettres (sermons).

4208. — Lettres sur la religion.

4209. — Instructions pastorales.

4210. — Sentiments de piété. 1737.

4211. — Explication des Maximes des Saints. 1697.

4212. **Fermé** (le P. Albert.). L'Eucharistie. 1876. gr. in-18.

4213. **Filère** (le P. J.). Le miroir sans tache. 1636.

4214. **Fléchier**. Œuvres complètes. 4 vol. in-8° 1782.

4215. **Flottes** (l'abbé). Etudes sur St-Augustin in-8°.

4216. **Frayssinous** (D.). Conférences. P. 1843. 3 vol. in-12.

4217. **Gabriel** (l'abbé). Le Christ et le monde. in-8°.

4218. **Galifet** (le P.). L'excellence et la pratique de la dévotion à la Sainte Vierge. Clermont F. 1865. in-18.

4219. **Gallerani** (le P. Alex.). De l'infaillibité pontificale. Paris-Auteuil. 1875. gr. in-18.

4220. **Gaume** (Mgr). Le signe de la croix. in-12 1869.

4221. **Gautier** (Léon). Etudes histor. pour la défense de l'Eglise. in-12.

4222. **Gerbet** (l'abbé Ph.). Coup d'œil sur la controverse chrétienne depuis les premiers siècles jusqu'à nos jours. P. 1831. in-8°.

4223 **Gerbet** (Mgr). De la papauté en réponse à l'écrit intitulé : Le pape et le Congrès. P. 1860 in-8°.

4224. **Giraud** (Cardin.). Œuvres. Lille 1850. 4 vol. in-8°.

4225. **Giraud** (P. Mgr). Instruction et mandements Lille 1842. 2 vol. in-8°.

4226. **Gorini** (l'abbé). Défense de l'Eglise. 4 vol. in-8°.

4227. **Gouraud** (Melle Julie). Le mois de Marie à l'usage de la jeunesse. 2e édit. P. 1857. in-32.

4228. **Gregory** (G. de). Mémoire sur le véritable auteur de l'Imitation de J.-C. P. 1828. in-12.

4229. **Guiol** (l'abbé L.). Du principe chrétien de la charité envers les pauvres. P. 1863. in-8°.

4230. **Habert** (Isaac). La défense de la foi (sur la Grâce). P. 1644 in-4°.

4231. **Hallet** (F.). La rage conjurée par l'œuvre de St-Hubert,

4232. **Herbet** (l'abbé). La Ste Table. (4e livre de l'Imit.) P. 1862. in-8°.

4233. **Hulot** (l'abbé). Instruction sur la danse. P. 1826. in-18.

4234. **Humbert**. Pensées appuyées de faits par Isid. Mullois. Tourcoing. (s. d.) 15e édit. gr. in-18.

4235. **Imitation** de Jésus-Christ. De l'Imitation de Jésus-Christ. Traduction nouvelle. Montp. 1856 in-16.

4236. **Instruction** pastorale de Mgr l'évêque d'Amiens. 1853.

4237. **Internelle** consolation. (Le livre de l'). Bibli. elzevir. P. 1856. in-16. perc.

4238. **Janier** (Léonard). Sermons évangéliques et apostoliques sur les dimanches et fêtes. 1581. 2 vol. Le t. 1er Lyon. 1603. P. in-8°.

4239. **Jaudon** (H.). Le culte catholique en France. P. 1879. in-8°.

4240. **Jérome** (St.) Edit. Charpentier. (J. P.) Lettres choisies de St-Jérome.

4241. **Joubert** (F.). Explication de l'hist. de Joseph. 1728.

4242. — Explication des principales prophéties de Jérémie, Ezéchiel et Daniel. 1749. 4 vol.

4243. **Lamenais** (l'abbé de). Imitation de J.-C. gr. in-8°.

4244. **La Mennais** (de). Essais sur l'indifférence. P. 1823. 4 vol. in-8°.

4245. **Laurentie**. Philosophie de la prière. P. 1864. in-18.

4246. **La Vallière** (Duchesse de). Réflexions sur la miséricorde de Dieu. P. Techener. 1860. 2 vol. gr. in-18.

4247. **Le Briard** (L.) Le sacré-cœur. Réponse à certaines attaques contemporaines. P. (s. d.) 1882. in-18.

4248. **Leclercq** (l'abbé). Théologie du catéchiste. P. 1865. 2 vol. gr. in-18.

4249. **Leroy** (Onésime). Etudes sur les mystères. in-8°. 1837.

4250. — Corneille et Gerson dans l'Imitation de J.-C. P. 1842. in-8°.

4251. **Lesueur**. Manuel des jeunes étudiants en vacances. 1825.

4252. **Liguori** (St). Abrev. Neyraguet (D.). Compendium Theologiæ moralis Tolosæ. 1839. gr. in-8°.

4253. **Loudun** (Eug.) Les Pères de l'Eglise choix de lectures morales. P. 1861. gr. in-18.

4254. **Lourdoueix** (H. de). Elévations et prières. P. 1849. in-12.

4255. **Luche** (l'abbé). Le Catéchisme de Rodez expliqué. P. 1867. 3 vol. in-8°.

4256. **Maiche** (de) Le règne de la croix. P. 1857. gr. in-18.

4257. **Maistre** (Joseph de). De l'Eglise Gallicane dans ses rapports avec le souverain Pontife.

4258. — Sur les délais de la justice divine dans la punition des coupables.

4259. **Manning** (Mgr Edw.). Conférences sur le pouvoir temporel. in-12. P. 1863.

4260. — La Mission temp. du St-Esprit. gr. in-18. P. 1867.

4261. **Martin** (abbé F.). De l'avenir du protestantisme. P. 1869. in-8°.

4262. **Martinet** (l'abbé). La société devant le concile. P. 1869. gr. in-12.

4263. **Martin** (Th. Henri). La vie future. in-12. 1855 et 1858.

4264. **Massillon**. Petit carême. Riom.1808. in-12.

4265. — Petit carême P. 1776. in-12.

4266. **Menin**. Cérémonies et prières du sacre des rois de France 1825.

4267. **Mérie** (l'abbé Elie). Les élus se reconnaissent au Ciel (s. d.)

4268. **Merveilles** (les) anciennes et nouvelles du cœur de sainte Thérèse de Jésus, opuscule historico-critique. P. Venise 1882. gr. in-18.

4269. **Michel (Francisque)**. édit. Le livre des psaumes, ancienne traduction française P. impr. natio. 1876. in-4°.

4270. **Millet** (le P.). Economie de la providence divine. gr. in-18 P. 1860.

4271. **Monbrun** (Alfr.). Une semaine à la Trappe de Ste-Marie du désert. in-12.

4272. **Montalembert**. Intérêts cathol. au XIXe siècle in-8°. 1852.

4273. — (Comte de). Du devoir des catholiques dans la question de la liberté d'enseignement. P. 1843. Novembre in-8°

4274. **Morale** de Jésus-Christ et des Apôtres. P. gr. in-18.

4275. **Moreau** (L.). Imitation de J.-C. P. 1860. in-12.

4276. **Morel** (Ant.). Liturgie romaine. P. 1873 in-12 rel.

4277. **Mullois** (l'abbé). La doctrine chrétienne de Lhomond nouv. édit. (9e). Tourcoing (s. d.) in-8°

4278. **Nicolas** (Aug.) L'art de croire... 2ᵉ édit. P. 1867. in-18. 2 vol.

4279. **Noël** (L'abbé). Le véritable langage des fleurs P. 1867. 2 vol. in-12.

4280. — Instructions sur la liturgie P. 1861. 5 vol. in-8°.

4281. — Nouv. explication du catéchisme de Rodez. P. 1859. 6 vol. in-12.

4282. **Noyers** (Paul de). Les religieux en retraite 1736.

4283. **Ouvrier** (l'). L'ouvrier philosophe, ou réponse aux objections populaires contre la religion P. 1833. in-32.

4284. **Palous** (J. P.) Divinité du christianisme. P. 1864. in-8°.

4285. **Parisis** (Mgr). Cas de conscience à propos des libertés exercées ou réclamées par les catholiques. P. 1847. in-8°.

4286. — La démocratie devant l'enseignement catholique P. 1849 in-8°.

4287. — Jésus-Christ est Dieu, démonstration 3ᵉ édit. P. 1863. gr. in-18.

4288. **Peladan** (Adrien). Preuves... (de la révélation). in-12. 1878.

4289. **Périgaud** (l'abbé). Les gloires de St-Joseph. gr. in-18. Moulins 1877.

4290. **Pie** (Mgr). Instruction synod. de Mgr l'Evêque de Poitiers (erreurs du temps). in-12. Poitiers 1864.

4291. **Pigault-Lebrun**. Le citateur P. 1803. 2 t. en 1 vol. in-12.

4292. **Pioger** (l'abbé). Le dogme chrétien et la pluralité des mondes habités.

4293. **Plantier** (Mgr). Pie IX défenseur et vengeur de la vraie civilisation (Lett. pastor.). P. 1866 in-12.

4294. **Ramière** (le P. H.) jés. L'abbé Gratry et Mgr Dupanloup Toulouse et P. 1870. in-8°.

RELIGION

4295. **Receveur** (l'abbé F. X.). Accord de la foi avec la raison 2e édit. P. 1830. in-12.

4296. **Règlement** de vie pour conserver les fruits de la mission par un missionnaire Rodez Carr. 1824 in-12.

4297. **Reyre** (l'abbé). Anecdotes Tours. (s. d.) in-12 1846.

4298. **Ribbe** (Ch. de). La famille d'après la Bible. P. 1877. in-16.

4299. **Rodriguez** (Alph). Abrégé de la pratique de la perfection chrétienne. Lille 1862 gr. in-18.

4300. **Roselly de Lorgues.** Le Christ devant le siècle. 1847.

4301. **Rougeyron** (l'abbé). Les derniers temps P. 1866 in-12.

4302. **Rousselot** (Xavier). Etude d'histoire religieuse au XIIe et XIIIe siècles. P. 1867 in-8°.

4303. **Rustan** (Fr.). Le clerc réformé. 1865.

4304. **Sabathier** (Casimir). Traité pratique de l'administration des paroisses, 1879. in-8°. 2 vol.

4305. **Saint-Amable** (Modeste de). Le pas glissant des religieuses. 1682.

4306. **Ste-Beuve** (Jacques de). Etude d'hist. privée sur le jansénisme in-8°. P. 1865.

4307. **Sainte-Foi** (Ch.). Le chrétien dans le monde. Des devoirs du chrétien dans la famille et dans la vie publique 2e. édit. P. 1857. in-18.

4308. **Saints Anges** (les). Toulouse 1808 gr. in-18.

4309. **Salinis** (Ant. de). Instruction pastor. sur le pouvoir. in-12 P. 1853.

4310. **Sambucy** (l'abbé de). De l'harmonie des évêques avec leurs chapitres P. 1845 in-12.

4311. **Santus Pagninus.** Thesaurus linguæ sanctæ. Lugd. 1529 in-f°.

4312. **Schmid** (le Chan.). tr. Bèlet (l'abbé). Conversation de deux pèlerins allant au calvaire dans le temps de la mort de Jésus-Christ. Tourcoing. (Nord) 1870 in-8°.

4313. **Ségur** (Mgr de). Opuscules. 2 vol. in-12. 1862.

4314. — Le Souverain pontife. Nouv. édit. P. 1864 in-16.

4315. **Ségur**(l'abbé de). Réponses courtes et famil. aux objections les plus répandues contre la religion 34e. édit. P. 1855. in-18.

4316. **Seigneur** (Georges). La question divine M. Hello et M. Renan P. 1859 gr. in-18.

4317. **Segneri** (Paul). Le quiétiste. in-12.

4318. **Sophismes** et mensonges, ou la foi catholique vengée. Tours 1840 in-18.

4319. **Stolberg** (Cte. de). tr. par Lugard (Ant.) Traité de l'amour de Dieu. P. 1836 gr. in-18.

4320. **Sujet** des conférences ecclésiastiques du diocèse de Rodez.

4321. **Thomas d'Aquin** (St). Opuscules in-12. 1860.

4322. **Tourouvre** (Mgr J. Arm. de la Vove). Mandements et statuts. Rodez 1698. p. in-8°.

4323. **Touzery** (l'abbé J.). Manuel du Jubilé. Rodez 1875. in-12.

4324. **Truel** (l'abbé H.). Cours de méditations à l'usage des maisons d'éducation. Toulouse 1858. in-12. 2 vol.

4325. **Vacquerie**. Imitation du parfait chrétien. P. (s. d.) gr. in-18.

4326. **Verniolles** (l'abbé Justin). La conjuration antichrétienne contre l'âme des enfants. P. 1872. in-12.

4327. **Vidal** (l'abbé Achille). Elévations à N.-D. de Lourdes Manuel du pèlerin. Rodez Carr. 1876. in-18.

4328. **Vigouroux** (F.). Manuel Biblique. P. 1881. 2 vol. in-12.

4329. — La Bible et les Découvertes modernes. P. 1879. 4 vol. in-12.

4330. **Voisin** (J. de). L'office de la nuit de Noël 1666.

4331. **Wiseman** (Nicolas). Rapports entre la science et la religion révélée. in-12. 1842.

MYTHOLOGIE.

4332. **Abrégé** de mythologie à l'usage des maisons d'éducation. Toulouse. 1839. in-18.

4333. **Thompré** (P.). Edit. Richome (Ch.). Dictionnaire abrégé de la Fable. P. 1848. in-18.

4334. **Collignon**. Mythologie (figurée. in-8°. Paris.

4335. **Ménard** (René). La mythologie dans l'art ancien et moderne. P. 1878.

4336. **Géruzez** (E.). Petit cours de mythologie. 3e édit. P. Hachette. 1849. in-12.

4337. **Emérie-David.** Jupiter. 1833. 2 vol. in-8°.

4338. — Vulcain. 1838. in-8°.

4339. **Demoustier** (C. A.). Lettres à Emilie sur la mythologie. P. Renouard. 1804. 3 vol. in-18.

JURISPRUDENCE.

4340. **Aguesseau** (d'). Méditations philosophiques sur l'origine de la justice etc. Yverdon 1780. 4 vol. in-12.

4341. **Astruc** (Louis). Traité des servitudes. 1766.

4342. — Peine des 2ᵉ noces. 1750.

4343. **Bacquet**. Œuvres t. 3ᵉ. 1616.

4344. **Beccaria**. Délits et peines. in-18.

4345. **Beck** (J. L. G.). Corpus juris civilis. (Editio Stereotypa). Lipsiæ 1829. gr. in-8°.

4346. **Bernard d'Arras**. Code des paroisses. 1746. (t. 2ᵉ.)

4347. **Berthelot de Ferrier**. Traité des droits et des domaines. 1725.

4348. **Beugnot** (comte). Les Olim, ou registre des arrêts rendus par la cour du Roi. P. imp. roy. 1839-48 in-4°. et cart. 4 vol. (Doc. inéd.).

4349. **Biret**. Justice de paix. 1819.

4350. **Blondeau**. Enseignement du droit en Hollande 1746. in-8°. 2 br.

4351. **Bordenave** (J. de). Estat des cours ecclésiastiques autorité et jurisdiction des grands vicaires. in-4° rel. 1625.

4352. **Bosquet**. Diction. des domaines. 1775. 2 vol.

4353. **Bosquillon**. Code national. 1788.

4354. **Boucher d'Argis**. Code rural. 1762. 2 vol.

4355. **Bouguier** (J.) Arrêt 1634.

4356. **Bousquet** (J.). Dict. des contrats. 1740. 2 vol. in-8°.

JURISPRUDENCE.

4357. — Explication du Code civil. 1804-6. 4 vol.

4358. **Bravard-Veyrieres.** Manuel du droit commercial. 1851. in-8°.

4359. **Bulletin** des arrêts de la cour de Cassation rendus en matière civile. 1819. 25 vol.

4360. **Cabantous** (L.). Répétitions de droit public. 1958 in-8°.

4361. **Cambacérès.** Projet de code civil, an IV.

4362. **Carré** (G. L. J.). Procédure civile. 1818-19. 2 vol.

4363. **Cazotte** (Jacques). Procès de J. Cazotte.

4364. **Chabot** (de l'Allier). Commentaires sur les successions. 1805.

4365. — Loi des successions. 1818. 3 vol.

4366. — Questions transit. sur le code Napoléon. P. 1809. 2 vol.

4367. **Cochet de Savigny** P. C. M.). Diction. de la Gendarmerie. 1836.

4368. **Cochin** Œuvres. 1757-67. 6 vol.

4369. **Code** Civil des français. 1804.

4370. **Codes** français. édit. Tripier (Louis). 1848. gr. in-8°.

4371. **Code** des lois. sur l'enregistrement, le timbre les droits du greffe et d'hypothèque, etc. 1873.

4372. **Code** rural ou recueil de lois... Arrêts relatif à l'agriculture. P. 1824. in-18.

4373. **Commentaire** de la loi du 28 mars 1882.

4374. **Cormenin** (de). Questions de droit administratif. 1826. 2 vol.

4375. **Daviel.** Pratique des cours d'eau. 1824.

4376. **Delessart** (P.). **Granvilliers** (E. de). Encyclopédie des lois françaises. (s. d.) in-8°.

JURISPRUDENCE.

4377. **Delpuech.** Des vices dans la forme des notifications.

4378. **Delsol.** Explication du code civil tome 1-111. P. in-8°.

4379. **Delsol** (J. J.). 1° Explication élément. du Code Napoléon 2e. édit. P. 1867. 3 vol. in-8°.

4380. **Des Essarts**, avocat. Procès fameux. Aviero le Duc, etc. t. 10e.

4381. **Despréaux.** Manuel des héritiers. P. 1843.

4382. **Faverie.** Le droit français expliqué sans avocat 1846. in-8°.

4383. — Législation et jurisprudence française. 1846. in-8°.

4384. **Fontaine** de Rosbecq. Notice sur le doctorat en droit. in-8°.

4385. **Fualdès** (Procès). 1°. Notice des débats. Albi 1818. in-8°. 2°. id. Toulouse décembre 1818. in-8°.

4386. — Cour d'Assises de l'Aveyron. 1817.

4387. **Gayot** de Pitaval. Causes célèbres 1738-43. 15 vol.

4288. **Goubeau** de la Bilennerie. Traité génér. de l'arbitrage. P. 1827. 2 vol. in-8°.

4389. **Guary.** Mémoire pour le Syndic d'Aubrac.

4390. **Journal** du palais. an XII à 1834. 89 vol.

4391. **Landouzy.** Privilèges et hypothèques. P. 1862. gr. in-18.

4392. **Ledru.** La clef du notariat. 4e édit. P. s. d. in-8°.

4393. **Lemoyne** (Nic.). Causes célèbres. 11 vol. 1784-6.

4394. **Louvel** (Louis-Pierre). (Procès de)

4395. **Mably** (l'abbé de). Le droit public en Europe. 1764. 3 vol.

4396. **Maulde** (de). Procédures politiques du règne de Louis XII.

JURISPRUDENCE.

4397. **Montarneil** (de). Usages locaux Aveyron. R. Rat. 1860. in-8°.

4398. **Mouton** (Eug.). Les lois pénales de France. P. 1868. 2 vol. gr. in-8°.

4399. **Nougarède** (André). Hist. des lois sur le mariage. in 8° 1803.

4400. **Nouv. cours** de droit canon par l'abbé.... in-8°. br. 1867.

4401. **Pothier.** Œuvres. 20 vol. de 1770 à 1787.

4402. **Procès** criminel de Carrier. an III. 2 vol.

4403. **Projet** de code civil présenté par la commission nommée par le gouvernement le 24 thermidor an VIII. P. an IX 1801. in-8°.

4404. **Rapetti et Chabaille** Li livres de Jostice et de plet. P. Didot 1850. in-4° cart. Doc. inéd.

4405. **Ravelet** (Armand). Code manuel des lois civiles ecclésiastiques. P. 1872. gr. in-18.

4406. **Raynouard**. Hist. du droit municipal en France. 2 vol. in-8° 1829.

4407. **Rener.** Police judiciaire pharmaco-chimique. P. 1816. in-8°.

4408. **Rivière** (H. F.). Répétitions sur le code de commerce. in-8°. 1865.

4409. **Rogron** (J. A.). Les codes français expliqués (droit civil et criminel). P. 1852. 2 vol.

4410. **Roussel** (P. A. Eug.). De argentariis. Des agents de change et des jeux de bourse. (Thèse de doctorat). P. 1859. in-8°.

4411. **Rouvellat de Cussac** (J. B.). Manuel physiologique du magistrat. P. 1845. in-18.

4412. **Rozière** (Eug. de). Formules usitées dans l'empire des Francs. P. 1858-61. 3 vol. in-8°.

4413. **Sambucy** (Gust. de). La clef des affaires. P. et Toul. 1852. in-8°.

JURISPRUDENCE

4414. **Savigny** (de). Le droit des obligations. (Trad. par Gérardin et Jauzon). P. 1863. 2 vol. in-8°.

4415. **Target** (C). Projet d'un code criminel.

4416. **Teulet** (A. F.) Les codes de l'empire français. 12ᵉ édit. P. 1864. in-18.

4417. **Valois** (Noël). Inventaire des arrêts du conseil d'Etat. 1 vol. in-4° Paris 1886.

4418. **Venatorius** (D.). Analysis juris pontificii Lugd. 1604. in-8°.

MÉLANGES

4419. **Académie**: Hist. et mémoires : 1° de l'Académie des Inscriptions et belles-lettres. 45 vol. 2° Tableau général. 1 vol. (par de L'Averdy). Ens. 46 vol. in-4°.

4420. **Ajasson**. Bibliothèque des sciences et des arts. 49 (pour 51) vol. in-8°. br. (manque 2 vol.). 1842.

4421. **Ajasson de Grandsagne**. Bibliothèque populaire. P. 1833. 120 vol.

4422. **Annuaire** de l'Institut des provinces. 3 vol. in-8°. 1869-70-71.

4423. **Aristote**. Trad. St-Hilaire (Barthélemy). 1° Logique (1844) 4 vol. rel. 2° Psychologie (1846) 2 vol. br. 3° Politique (1848). 1 vol. br. 4° Morale (1856). 3 vol. br. 5° Poétique (1858). 1 vol. br. 6° Physique (1862). 2 vol. br. 7° Météorologie (1863). 1 vol. br. 8° Traité du ciel (1866). 1 vol. br. 9° Traité de production et destruction 1 vol. br. 10° Rhétorique (1870). 2 vol. br. 11° Métaphysique (1879) 3 vol. br.

4424. **Bayle** (Pierre). Œuvres diverses. La Haye 1737. 4 vol. in-f°.

4425. **Bouclier** des Réguliers. Ce volume contient en outre : Lettre du chevalier D. à une dame. Sonnet à MM. de la cathédrale de Rodez par Boucher. Dissertation sur les Ferments-Bouillet. Lacrymæ Massiliæ-Theod-Lombard. Papyrus-Ars conficiendæ papyri. Satire contre les faux dévots.

4426. **Collection** Didot. Scriptor. græcor. biblioth.

4427. — Lemaire Bibliotheca classica latina. 150 vol in-8°.

4428. **Condillac**. Œuvres complètes. an VI. 1898. 23 vol.

MÉLANGES

4429. Condorcet. Œuvres. 1847-9. 12 vol. in-8°.

4430. Congrès méridional. 3ᵉ session, tenu à Toulouse en août 1858. Toul. 1858. gr. in-8°.

4431. Dictionnaire univ. français-latin Trévoux. P. 1752. 7 vol. in-f°.

4432. Du Marsais. Œuvres. 6 vol. in-12.

4433. Feutry édit. Le livre des enfants et des jeunes gens sans études. nouv. édit. P. 1781. in-18.

4434. Christophe (Math.). Dictionnaire des auteurs classiques. 1805. 2 vol. in-8°.

4435. Filassier (l'abbé). Eraste ou l'ami de la jeunesse. 2 vol. in-8°. rel.

4436. Furetière (Ant). Edit. Basnage de Bouval. Diction. universel (français). La Haye. 2 vol. in-f°. 1702.

4437. Instruction pour le peuple. Cent traités. 2 vol. gr. in-8° 1848.

4438. Journal des Savants. Collection incomplète.

4439. Larousse. Dict. univers. 15 vol.

4440. Magasin pittoresque de 1833 à 1886. à suivre.

4441. Mémoires de la Société, des lettres sciences et arts de l'Aveyron. 1837. la collection complète.

4442. Mosaïque (la). 3 vol. in-4° 1845.

4443. Revue contemporaine. gr. in-8°.

4444. Revue des travaux scientifiques. nˢ 5 6, 7, 8, 9, 10, 11. 1884.

4445. — du monde catholique. 79 vol. in-8°. relié. plus en livraison 1884-1885-1886. mois décembre.

4446. — des 2 mondes. 1838 à 1887 et à suivre.

4447. Univers (l') illustré du n° 299-1864 au n° 683-1867.

4448. **Un million** de faits in-12. 1846.

4449. **Voltaire**. 1° Œuvres complètes. 95 volumes. 2° Table 2 vol. Ensemble 97 vol. in-8°. Avec notes P. Delangle et Dalibon impr. de Crapelet. 1828-34.

SUPPLÉMENT

OUVRAGES ACHETÉS EN 1888

4450. **About** (Edmond). L'homme à l'oreille cassée. 1 vol. in-16. P. 1886.

4451. **Bader** (Clarisse). 1° La femme Grecque. 2 vol. in-12. P. 1873. — 2° La femme Romaine. 1 vol. in-12. P. 1877. — 3° La femme Française. 1 vol. in-12. P. 1885.

4452. **Barbey d'Aurévilly.** 1° Le Chevalier des Touches. 1 vol. in-8° P. — 2° L'Ensorcelée. 1 vol. in-12. P.

4453. **Barbier.** Les Iambes. 1 vol. in-12. P. 1885.

4454. **Bert** (Paul). 1° Discours parlementaires. 1 vol. in-12. P. — 2° La morale des Jésuites.

4455. **Canu et Larbalétrier.** Manuel de météorologie agricole. 1 vol. in-18. P.

4456. **Céllères.** Les héroïnes du devoir. P. in-8° Paris.

4457. **Cherbuliez.** Le roman d'une honnête femme. 1 vol. in-16. P. 1887.

4458. **Cherville** (de). La vie à la campagne. 1 vol. in-12. P. 1886.

4459. **Darwin.** L'origine des espèces. 1 vol. in-18. P.

4460. **Daudet** (Alf.) 1° Les rois en exil. 1 vol. in-18. P. 1887. — 2° Le Nabab. 1 vol. in-12. P. 1885.

4461. **Delord** (Taxile). Histoire du second empire. 6 vol. in-8° illustrés. P. s. d.

4462. **Desfossés.** La Tunisie. brochure. in-8° P. 1886.

4463. **Diderot**. Œuvres choisies. 4 vol. in-16. P.

4464. **Drumont**. 1° La France juive. 2 vol. in-12. P. — 2° La France juive devant l'opinion. 1 vol. in-12 P.

4465. **Dumas** (fils). 1° La dame aux camélias. in-12. P. 1886. — 2° L'affaire Clémenceau. in-12 P. 1888.

4466. **Erckmann-Chatrian**. 1° Romans nationaux. 1 vol in-4° P. 1872 — 2° L'ami Fritz. 1 vol. in-4°. P. s. d.

4467. **Fabié** (François). Le clocher. 1 vol. in-12. P. 1887.

4468. **Favre** (Jules). Conférences et discours. 1 vol. in-18. P.

4469. **Gambetta**. Discours et plaidoyers choisis. 1 vol. in-12. P.

4470. **Goncourt** (de). 1° Histoire de la Société Française pendant la révolution. — 2° Histoire de la Société Française pendant le directoire.

4471. **Guyot (Yves)**. La Prostitution.

4472. **Janvret**. Les juges de paix. 1 vol. in-12. P.

4473. **Kropotkine**. Paroles d'un révolté.

4474. **Laboulaye**. Paris en Amérique.

4475. **Lanessan** (de). Le transformisme. 1 vol. in-18. P.

4476. **Leconte de Lisle**. 1° Poèmes antiques 1 vol. in-16 P. 1886. — 2° Poèmes tragiques 1 vol. in-16 P. 1886. — 3° Catéchisme républicain. 1 pl. in-16 P. 1886.

4477. **Le Faure**. Histoire de la guerre franco-allemande de 1870. 2 vol. g. in-8°. Paris, avec atlas.

4478. **Marmier** 1° Les fiancés du Spitzberg. 1 vol. in-16 P. 1887. — 2° Gazida. 1 vol. in-16 P. 1887.

4479. **Michelet**. 1° La femme. 1 vol. in-12. P. 1882. — 2° Le peuple. 1 vol. in-12. P. 1882.

4480. **Mirbeau**. Le calvaire. 1 vol. in-12 P. 1887.

SUPPLÉMENT

4481. **Miroux** (Albert). Jean Marcellin. 2 vol. in-12. P. 1885.

4482. **Mouton** (Eugène). 1° Contes. 1 vol. in-12. P. — 2° Nouvelles. 1 vol. in-12. P. — 3° Fantaisies humoristiques. 1 vol. in-12. P.

4483. **Musset** (Alfred de). 1° Nouvelles. 1 vol. in-12. P. 1887. — 2° Comédies et proverbes. 3 vol. in-12. P. 1887.

4484. **Nordenskiold**. Lettres. 1 vol. in-18. P. 1886.

4485. **Quinet**. La Révolution. 2 vol. in-12. P.

4486. **Reinach**. Voyages en Orient.

4487. **Renan** (Ernest). Le prêtre de Nemi. 1 vol. in-8°. P. 1886.

4488. **Roche** (Jules). Le budget des cultes.

4489. **Soleillet**. Voyages. 1 vol. in-18. P. 1886.

4490. **Sue** (Eug.). Le Juif errant.

4491. **Sully-Prudhomme**. 1° La justice. p. in-12. P. — 2° Le Prisme. p. in-12. P. — 3° Le bonheur. p. in-12. P.

4492. **Taine**. L'ancien régime. 1 vol. in-8°. P. 1887.

4493. **Tissot**. La Russie et les russes. 1 vol. in-12. P. 1887.

4494. **Tocqueville** (de). De la Démocratie en Amérique. 3 vol. in-8°. P. 1874.

1495. **Trochu**. Pour la vérité et la justice. 1 vol. in-18.

Rodez, Imprimerie CARRÈRE.

www.ingramcontent.com/pod-product-compliance
Lightning Source LLC
Chambersburg PA
CBHW071420150426
43191CB00008B/981